JN224599

公立幼稚園教諭・保育士採用試験対策シリーズ

2026年度 専門試験

公立 幼稚園教諭・保育士

瑞浪市・本巣市・可児市・多治見市・中津川市

協同教育研究会 編

本書には，公立幼稚園教諭・保育士採用試験を徹底的に分析したうえで，ポイント，演習問題，解説を掲載しています。また，演習問題には，以下のように5段階で難易度を示しています。問題に取り組む際の参考にしてください。

難 易 度	
■□□□□	非常にやさしい
■■□□□	やさしい
■■■□□	普通
■■■■□	難しい
■■■■■	非常に難しい

本書に掲載されている資料や法令文の標記・基準は，2025年2月現在の情報を掲載しています。

まえがき

　本書は，瑞浪市・本巣市・可児市・多治見市・中津川市の公立幼稚園教諭・保育士採用試験を受験する人のために編集されたものである。

　保育士は小学校入学前の乳幼児に対して，幼稚園教諭は3歳から小学校に入学する学齢までの未就学児に対して，それぞれ年齢に応じた指導を行うことをその職務とする。具体的には，幼児の健康状態のチェック，遊び，絵画，音楽や運動など，幼児の心身の発達を伸ばす教育を行うものである。その他には，教室の掃除，カリキュラムの作成，園児の行動記録など，仕事の範囲は多岐に渡る。

　幼稚園教諭・保育士試験は，その職務を全うできる有為な人材を，幅広い範囲から登用するために，公務員試験の原則に則り，公開平等の原則によって実施される。すなわち，一定の基準点に達すれば合格する資格試験とは根本的に違い，有資格者であれば，誰にでも門戸が開かれた選抜競争試験である。そのため毎年，多数の人が受験している人気職種である。

　このような幼稚園教諭・保育士という職務の重要性を鑑み，激烈な関門を突破するためには，まず自分の適性・素養を確かめると同時に，試験内容を十分に研究して対策を講じておく必要があろう。

　本書はその必要性に応え，公立幼稚園教諭・保育士採用試験で出題される「専門試験」，「論作文試験」，「面接試験」について，最近の出題傾向を徹底分析した上で，問題と解答・解説，ポイントなどを加えたものである。これによって短期日で学習効果が現れ，自信をもって試験に臨むことができよう。

　公立幼稚園教諭・保育士をめざす方々が本書を十分活用され，難関を突破して目標を達成されることを心からお祈りする。

協同教育研究会

✳ 目次 ✳

第1章

瑞浪市・本巣市・可児市・多治見市・中津川市の公立幼稚園教諭・保育士

試験概要

令和5年度
瑞浪市職員採用試験案内

I．申込期間等

<申込期間>5月15日（月）～ 6月16日（金）

<試 験 日>7月9日（日）

<試験会場>瑞浪市産業振興センター ＊試験会場を変更する場合があります。

職　種		受　験　資　格（下記の要件をすべて満たすこと）	採用予定人員
事 務 職		平成5年4月2日以降に生まれ（30歳以下）、学校教育法に基づく大学、短期大学または高等専門学校(これらと同等以上の学歴を含む)を卒業した方または令和5年度中に卒業見込みの方	2名程度
事 務 職 （身体障がい者）		平成5年4月2日以降に生まれ（30歳以下）、学校教育法に基づく大学、短期大学、高等専門学校または高等学校(これらと同等以上の学歴を含む)を卒業した方または令和5年度中に卒業見込みの方で、身体障害者手帳の交付を受けている方 ※令和5年度中に高等学校を卒業見込みの方（現役高校生）は受験できません。	2名程度
資格職	保育士・幼稚園教諭	平成5年4月2日以降に生まれ（30歳以下）、保育士・幼稚園教諭の両資格を有する方または令和5年度中に取得見込みの方	2名程度
	保健師	平成5年4月2日以降に生まれ（30歳以下）、保健師の資格を有する方または令和5年度中に取得見込みの方	2名程度
消 防 職 （救急救命士）		・平成5年4月2日以降に生まれ（30歳以下）、学校教育法に基づく大学、短期大学または高等専門学校(これらと同等以上の学歴を含む)を卒業した方または令和5年度中に卒業見込みの方 ・心身ともに健康で、消防職遂行上支障がないと認められる方 ・採用後、瑞浪市消防本部から移動距離で20km以内に在住できる方（救急救命士の資格を有する方または令和5年度中に取得見込みの方は試験において加点します。）	2名程度

<諸注意>

※地方公務員法第16条各号のいずれかに該当する方は受験できません。

※受験資格の有無、申込書記載事項等の真否について確認を行います。

※合格通知後、記載内容に虚偽又は不正があることが判明した場合は、
　合格を取り消します。

※卒業見込の方が卒業できなかった場合は、合格を取り消します。

※受験資格に記載している資格について、取得見込の方がその資格を
　取得できなかった場合は、原則として合格を取り消します。

2．受験手続き

申込方法	原則オンライン申込とします。 オンライン申込が諸事情により困難な場合は書類申込とします。 Ⅰ．オンライン申込 瑞浪市採用ホームページ内の採用試験申込フォームより必要な事項を順次入力し、 申し込んでください。（申込事項が多数に及ぶため、入力途中での一時保存も可能です） Ⅱ．書類申込 必要な事項を順次記入し、郵送または持参し申し込んでください。 下記の3つの方法で申込書類を配布します。 1．市ホームページからのダウンロード 2．郵送による請求　返信用封筒（A4サイズで返信先を記入し、140円切手を貼付）を同封 　　　　　　　　　してください。 3．窓口での請求　瑞浪市役所 3階 秘書課でお渡しします。
申込時に 必要なもの	Ⅰ．オンライン申込の場合 　□顔写真データ　　申込フォーム内にアップロードする設問があります。 　　　（試験日前6か月以内に撮影、縦4：横3程度の比率、上半身、無帽、正面向き） 　□自己紹介書データ　　申込フォーム内にアップロードする設問があります。 　　①市ホームページから自己紹介書（Word形式）をダウンロードし作成してください。 　　②作成したものを申込フォーム内でWord形式のままアップロードしてください。 　　※Word形式での作成が難しい場合、手書きで作成したもの等をデータファイルにして 　　　アップロードしたり、別途郵送または持参いただいても構いません。 Ⅱ．書類申込の場合 下記の申込書類を郵送または持参してください。 　□採用試験申込書　　□自己紹介書　　□顔写真1枚（5.5cm×4.5cmのサイズ） 　（試験日前6か月以内に撮影、上半身、無帽、正面向き） 【郵送先・持参先】〒509-6195　岐阜県瑞浪市上平町1丁目1番地 　　　　　　　　　　瑞浪市役所 総務部 秘書課（本庁舎3階） 【注意事項】 ＊申込みは1つの職種に限ります。＊申込後は、受験する職種の変更はできません。 ＊郵送する場合は、封筒の表に「職員採用試験申込関連書類」と朱書きし、必ず簡易書留郵便で 　郵送してください。
受付期間等	【受付期間】5月15日（月）～6月16日（金）17時まで 　　　　＊オンライン申込の場合、採用試験申込フォームは17時に閉鎖します。 　　　　＊書類申込の場合、17時までに秘書課に届いたものを受付けます。

受験情報の連絡	Ⅰ．オンライン申込の場合	採用試験申込フォームに記載されたメールアドレスへ採用試験に関する情報を連絡します。
	Ⅱ．書類申込の場合	採用試験申込書に記載されたメールアドレスへ採用試験に関する情報を連絡します。
	hisho@city.mizunami.lg.jp 上記のアドレスからメール連絡しますので、受信出来るように設定してください。	

3．試験日時・場所・内容　*試験日時、場所、内容等は変更する場合があります。

＜第１次試験＞

試 験 日	令和５年７月９日（日）
場　　所	瑞浪市産業振興センター 瑞浪市上平町５丁目５番地の１　TEL（0572）56−0201 駐車場有　　瑞浪駅より徒歩２０分
結果発表	７月下旬までに、受験者本人宛に通知します。

＜事務職・消防職＞

職種	事務職 (身体障がい者含む)	消防職 (救急救命士)
日　程	8:50〜　　　　　受付開始 〜　9:05　着席 9:20〜11:20　試験 11:25〜　　　　諸般の説明	8:50〜　　　　　受付開始 〜　9:05　着席 9:20〜12:00　試験 12:05〜　　　　諸般の説明
試験の内　容	【事務能力試験】公務員試験対策は不要の試験です！ 照合、分類、言語、計算、読図、記憶に関する処理能力を測る試験 【適性試験】職務遂行上必要な素質と適性についての試験 【動画試験】試験日の前後で自己ＰＲ等の短時間動画を撮影し、提出いただきます。詳細は別途連絡します。	

＜資格職＞

職種	保育士・幼稚園教諭	保健師
日　程	12:45〜　　　　　受付開始 〜13:00　着席 13:15〜15:55　試験 16:00〜　　　　諸般の説明	
試験の内　容	【専門試験】 社会福祉、子ども家庭福祉（社会的養護を含む。）、保育の心理学、保育原理・保育内容、子どもの保健［択一式］ ※障害児保育については、上記のいずれかの分野で出題することがあります。	【専門試験】 公衆衛生看護学、疫学、保健統計学、保健医療福祉行政論［択一式］
	【適性試験】職務遂行上必要な素質と適性についての試験	

＜第２次試験＞　＊第１次試験の合格者が対象

試験日	８月下旬の予定
場　所	瑞浪市役所西分庁舎（予定）
試験内容	【面接試験】人柄や性格についての面接試験を対面式で行います。 ＊保育士・幼稚園教諭は、実技試験も行います。 ＊消防職・救急救命士は、体力試験も行います。
合格発表	試験及び受験資格等についての調査の結果に基づき、最終合格者を決定のうえ、 ９月上旬までに合否の結果を通知します。

４．採用予定時期および給与等

採用時期	原則として令和６年４月１日
給　与　等	初任給　　大　学　卒　１８５，２００円 　　　　　短期大学卒　１６７，１００円 　　　　　高等学校卒　１５４，６００円 ＊該当者には、期末・勤勉手当、通勤手当、住居手当等が支給されます。 ＊令和４年度の期末・勤勉手当の支給実績は、４．４０月分でした。 ＊前職歴または受験資格より上位の学歴がある場合は、一定の基準により加算されます。 【転職者のモデル例】 　大学卒業後、　５年間民間企業等で勤務した方　　２１４，３００円 　大学卒業後、１０年間民間企業等で勤務した方　　２３７，９００円 　こちらはモデル例で、上記の給与を保障するものではありません。
勤務時間等	８時３０分から１７時１５分まで 日曜日、土曜日、国民の祝日、年末年始を除く（年間休日数：約１３０日以上可能） ＊別に規則で定める施設等は除きます。

＊給与、勤務時間等は、適用する条例の改正により変更となることがあります。

５．申込・問合せ先

瑞浪市役所 総務部 秘書課　〒５０９－６１９５　岐阜県瑞浪市上平町１丁目１番地
℡（０５７２）６８－９７４３（直通）　E-Mail：hisho@city.mizunami.lg.jp

＜参考＞令和４年度実施　夏の採用試験の状況　第１次試験：７月１０日　第２次試験：８月２３日、２６日
※今年度募集する職種のみを抜粋し掲載しています。

職　　種	募集人数	申込者数	受験者数	合格者数	競争倍率
事　務　職	２名程度	２５	２１	３	７.００
事　務　職 （身体障がい者）	１名程度	０	０	０	－
保育士・幼稚園教諭	２名程度	４	４	２	２.００
保　健　師	１名程度	１	１	１	１.００
消　防　職	２名程度	１２	１２	２	６.００
合　　計		４２	３８	８	４.７５

令和5年度瑞浪市職員採用試験案内
（令和6年4月1日採用）

1. 申込期間等

＜申込期間＞ 令和5年12月1日（金）〜12月27日（水）

＜試 験 日＞ 令和6年1月中旬　※決定次第公開します

＜試験会場＞ 瑞浪市役所西分庁舎 ※試験会場を変更する場合があります

職　種	受 験 資 格 等 (以下の要件をすべて満たすこと)	採用予定人員
保育士・幼稚園教諭 （経験者）	昭和48年4月2日以降（申込時50歳以下）に生まれ、保育士・幼稚園教諭の両資格を有し、保育士または幼稚園教諭としての※職務経験が3年以上ある方	2名
保育士・幼稚園教諭	平成5年4月2日以降（申込時30歳以下）に生まれ、保育士・幼稚園教諭の両資格を有する方または令和5年度中に取得見込みの方	2名

※職務経験とは
　①雇用形態にかかわらず、1つの企業等に1週間あたり30時間以上の勤務をしていることを言います。
　②実務経験が複数ある場合は、6か月以上継続して勤務していた経験に限り通算可能とします。
　③令和6年3月31日時点で必要経験年数の要件を満たさない場合は応募出来ません。

＜諸注意＞
・地方公務員法第16条各号のいずれかに該当する方は受験できません。
・受験資格の有無、申込書記載事項等の真否について確認を行います。
・合格通知後、記載内容に虚偽または不正があることが判明した場合は、合格を取り消します。
・卒業見込の方が卒業できなかった場合は、合格を取り消します。
・受験資格に記載している資格について、取得見込の方がその資格を取得できなかった場合は、
　原則として合格を取り消します。

2. 受験手続き

申込方法	原則オンライン申込とします。 オンライン申込が諸事情により困難な場合は書類申込とします。 **Ⅰ．オンライン申込** 瑞浪市採用ホームページ内の採用試験申込フォームより必要な事項を順次入力し、 申し込んでください。（申込事項が多数に及ぶため、入力途中での一時保存も可能です） **Ⅱ．書類申込** 必要な事項を順次記入し、郵送または持参し申し込んでください。 下記の3つの方法で申込書類を配布します。 １．市ホームページからのダウンロード ２．郵送による請求　返信用封筒（A4サイズで返信先を記入し、140円切手を貼付）を同封 　　　　　　　　　してください。 ３．窓口での請求　　瑞浪市役所 3階 秘書課でお渡しします。
受付期間等	【受付期間】12月1日（金）～12月27日（水）17時まで 　　　　　　　　　　　　　　（オンライン申込みフォームは17時に閉鎖します） 書類申込の場合は、12月27日（水）17時までに秘書課に届いたものを受付けます。
受験情報の 連絡	**Ⅰ．オンライン申込の場合**　　採用試験申込フォームに記載されたメールアドレスへ 　　　　　　　　　　　　　　　　採用試験に関する情報を連絡します。 **Ⅱ．書類申込の場合**　　　　　採用試験申込書に記載されたメールアドレスへ 　　　　　　　　　　　　　　　　採用試験に関する情報を連絡します。 hisho@city.mizunami.lg.jp 上記のアドレスからメール連絡しますので、受信出来るように設定してください。
申込時に 必要なもの	**Ⅰ．オンライン申込の場合** □顔写真データ　　申込フォーム内にアップロードする設問があります。 　　　　　　　　　ファイル名は「氏名 顔写真」としてください。例「瑞浪太郎 顔写真」 （試験日前6か月以内に撮影、縦4：横3程度の比率、上半身、無帽、正面向き） □自己紹介書データ　　申込フォーム内にアップロードする設問があります。 　①市ホームページから自己紹介書（Word形式）をダウンロードし作成してください。 　②作成したものを申込フォーム内でWord形式のままアップロードしてください。 　　ファイル名は「氏名 自己紹介書」としてください。例「瑞浪太郎 自己紹介書」 　　※Word形式での作成が難しい場合、手書きで作成したもの等をデータファイルにして 　　　アップロードしたり、別途郵送または持参いただいても構いません。 □最終学歴の成績証明書　　申込フォーム内にアップロードする設問があります。 　成績証明書をカメラで撮影、またはスキャンするなどしてデータファイル化し、 　アップロードしてください。ファイル名は「氏名 成績証明書」としてください。 　例「瑞浪太郎 成績証明書」　アップロードが難しい場合は別途郵送または持参いただいても 　構いません。 **Ⅱ．書類申込の場合** 下記の申込書類を郵送または持参してください。 □採用試験申込書　　□自己紹介書　　□顔写真1枚（5.5cm×4.5cmのサイズ） 　（試験日前6か月以内に撮影、上半身、無帽、正面向き） □最終学歴の成績証明書（卒業証明書ではありません。）

9

	【郵送先・持参先】〒509-6195　岐阜県瑞浪市上平町1丁目1番地 　　　　　　　　　　瑞浪市役所総務部秘書課（本庁舎3階） 【注意事項】＊申込みは1つの職種に限ります。＊申込後は、受験する職種の変更はできません。 　　＊郵送する場合は、封筒の表に「職員採用試験申込関連書類」と朱書きし、必ず簡易書留郵便で 　　郵送してください。

3. 試験の日時・場所・方法　　＊試験日時、場所、試験内容等を変更する場合があります

試験日	令和6年1月中旬　※決定次第、公開します。
場　所	瑞浪市役所西分庁舎 瑞浪市上平町1-1　℡（0572）68-9743
試験結果の発表	2月上旬までに、受験者本人宛に通知します。
保育士・幼稚園教諭（経験者）	
日　程	決定次第、公開します。
試験の 内　容	【実技試験】絵本読み聞かせ、オルガン弾き歌いなどの実技試験 　　　　　　※保育職務経験や職歴を考慮し、省略する場合があります。
	【適性試験】職務遂行上必要な素質と適性についての試験
	【面接試験】性格や人柄についての面接試験
	【免除】【専門試験】保育士の専門的な知識を問う専門試験は免除します。
保育士・幼稚園教諭	
日　程	決定次第、公開します。
試験の 内　容	【実技試験】絵本読み聞かせ、オルガン弾き歌いなどの実技試験
	【適性試験】職務遂行上必要な素質と適性についての試験
	【面接試験】性格や人柄についての面接試験
	【専門試験】社会福祉、子ども家庭福祉（社会的養護を含む。）、保育の心理学、保育 原理・保育内容、子どもの保健［択一式］ ※障害児保育については、上記のいずれかの分野で出題することがあります。

> 保育士・幼稚園教諭（経験者）は、専門試験が
> 免除され、実技試験も省略する場合があるなど、
> 試験内容を簡素化し、受験しやすくなっています。

4. 採用予定時期および給与等

採用時期	原則として令和6年4月1日
給与等	初任給　大 学 卒　　185,200円（増額となる見込み） 　　　　短期大学卒　167,100円（増額となる見込み） 　　　　高等学校卒　154,600円（増額となる見込み） ※該当者には、期末・勤勉手当、通勤手当、住居手当等が支給されます。 ※令和4年度の期末・勤勉手当の支給実績は4.40月分でした。 ※前職歴または受験資格より上位の学歴がある場合は、一定の基準により 　加算されます。 【転職者のモデル例】 大学卒業後、5年間保育園等で正社員として勤務した方　　214,300円 大学卒業後、10年間保育園等で正社員として勤務した方　237,900円 こちらはモデル例で、上記の給与を保障するものではありません。 今後、給与が増額となる見込みです。（平均1.1%の増額改定見込）
勤務時間等	8時30分から17時15分まで 土曜日、日曜日、国民の祝日、年末年始を除く（年間休日数：約130日以上可） ※別に規則で定める施設等は除きます。

※給与、勤務時間等は、適用する条例の改正により変更となることがあります。

5. 申込・問合せ先

　瑞浪市役所　総務部秘書課

　　〒509-6195　岐阜県瑞浪市上平町1丁目1番地

　　℡(0572)68-9743　E-Mail: hisho@city.mizunami.lg.jp

1. 計画策定の趣旨

　　市は、必要な保育や子育て支援施策の確保及び次世代育成支援（少子化対策）等を実行するための計画として、2期10年にわたり「子ども・子育て支援事業計画」を策定してきました。

　　この計画に、子ども・若者の健全な育成のための計画（子ども・若者計画）やこどもの貧困解消計画の趣旨を加えるとともに、こどもの権利擁護や社会参画の推進をはかるための一体的かつ総合的な計画として、「瑞浪市こども計画」を策定します。

2. 計画の位置づけ

　　本計画は、こども基本法の規定に基づく市の行動計画です。策定にあたっては、国が定める「こども大綱」等の方向性を基に、岐阜県が定める関連計画及び市の最上位計画である第7次瑞浪市総合計画（みずなみ VISION）及びその他市の関連計画と整合・連携を図っています。

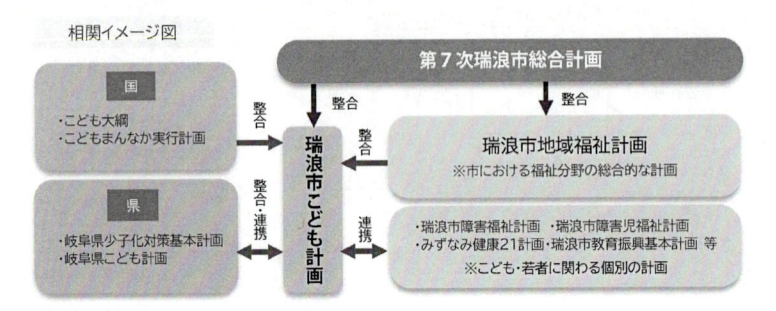

3. 計画の期間

　　本計画は、令和7年度から令和11年度までの5年間を計画期間とします。

4．瑞浪市の現状と課題

　　人口の減少が続いており、合計特殊出生率も県内平均を下回っています。また、女性の労働力率は上昇傾向にあり、共働き世帯の増加がうかがえます。

　　子育て世帯の負担を軽減し、少子化の進行を抑止するためには、子育て支援施策の充実に加えてワーク・ライフバランスの促進等が必要です。

（1）人口
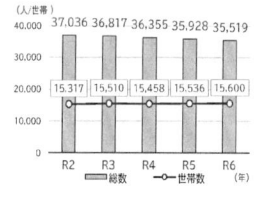

（2）合計特殊出生率
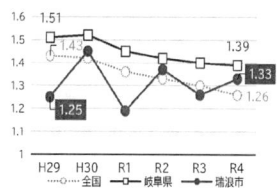

（3）女性の年齢別労働力率推移
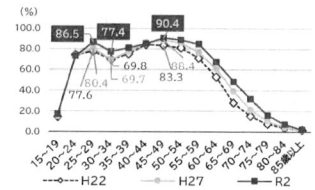

　　就学児、未就学児の保護者は、行政に対し以下のような子育て支援を望んでいます。

（4）こどもの保護者が望む子育て支援（アンケート結果より上位5項目を抜粋）

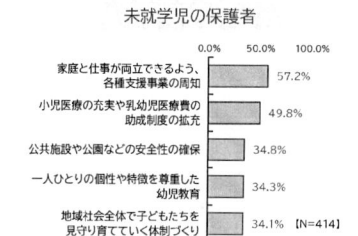

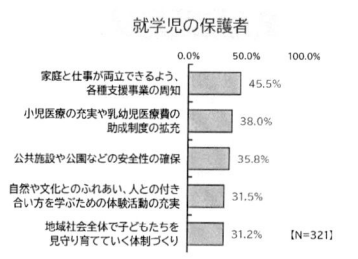

　　中学生、高校生等の中には、家の手伝いや家族の面倒をみることに負担を感じている方があり、ヤングケアラーの存在が懸念されます。また、生活が苦しいと感じている方も一定割合で存在します。

（5）中学生、高校生等のくらしの状況（アンケート結果より抜粋）

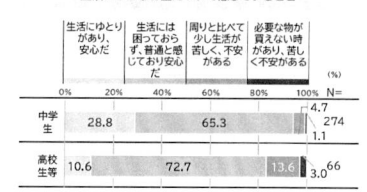

※「自分の好きなことをする時間が十分にない」と回答した中学生・高校生等のみの回答

5．基本理念

みんなで守り、みんなで育む、みんなの笑顔が満ちる子育て

「こどもまんなか社会」の実現を目指し、瑞浪市らしい個性と魅力、強みを活かしながら、こども・若者の笑顔がにぎわいと活気のあるまちを生み出し、すべての市民が心から「住んでよかった」、「住み続けたい」と思えることを目標とし、施策の実現を目指します。

「こどもまんなか社会」とは

こども・若者が自立した個人としてひとしく健やかに成長することができ、心身の状況、置かれている環境等にかかわらず、その権利の擁護が図られ、身体的・精神的・社会的に将来にわたって幸せな状態（ウェルビーイング）で生活を送ることができる社会です。国の「こども大綱」において、めざす社会として位置づけられています。

6．基本目標と目標指標

基本理念に基づき、瑞浪市では3つの基本目標を掲げ、こども・若者に関する取組を推進します。また、取組の効果を測定・評価するための目標指標を以下のように定めています。

基本目標 1　こども・若者の権利が尊重され、のびのびと育つ環境の推進

こども・若者が権利主体として認識され、社会の一員として積極的に社会参画できる環境づくりを推進します。また、こども・若者が、必要な保健・医療サービスを受けることができ、困難な時に自分を守る方法を知り、大人に助けを求め、回復することができる環境づくりを推進するとともに、とりこぼしのない支援を提供します。

基本目標 2　ライフステージに合わせた切れ目のない支援の充実

幼児期から青年期まで、こども・若者の成長にともなうライフイベントに際し、必要な支援を適切に受けることができるよう、ライフステージに合わせた支援を充実します。また、こども・若者が節目となる年齢を迎えた時、必要な支援が途切れることのないよう、関係課や関連団体の連携を強化し、切れ目のない支援を充実します。

基本目標 3　安心してこどもを産み育てられる支援の充実

子育てにおける経済的負担や、子育て中の身体的、精神的な負担軽減のため、補助や支援サービスを充実します。また、様々な家庭環境に応じて必要な支援が得られるよう支援内容を充実するとともに、子育て当事者が地域の支援とともに、こどもの成長を楽しみながら子育てができるよう、地域ぐるみでの子育て支援体制を強化します。

目 標 指 標		基準値 （R6(2024)年度）	目標値 （R11(2029)年度）
自分は幸せだと思うこどもの割合	中学生	91.2%	92.0%
	高校生	89.4%	90.0%
こどもを産み育てやすいまちだと思う市民の割合		42.5%	51.0%
学校・家庭・地域が連携してこどもの成長と安全を支えているまちだと思う市民の割合		58.0%	61.0%
合計特殊出生率		1.46	1.68

7．計画の体系図

本計画は、基本理念に基づいた3つの基本目標の達成を目指し、施策を推進します。

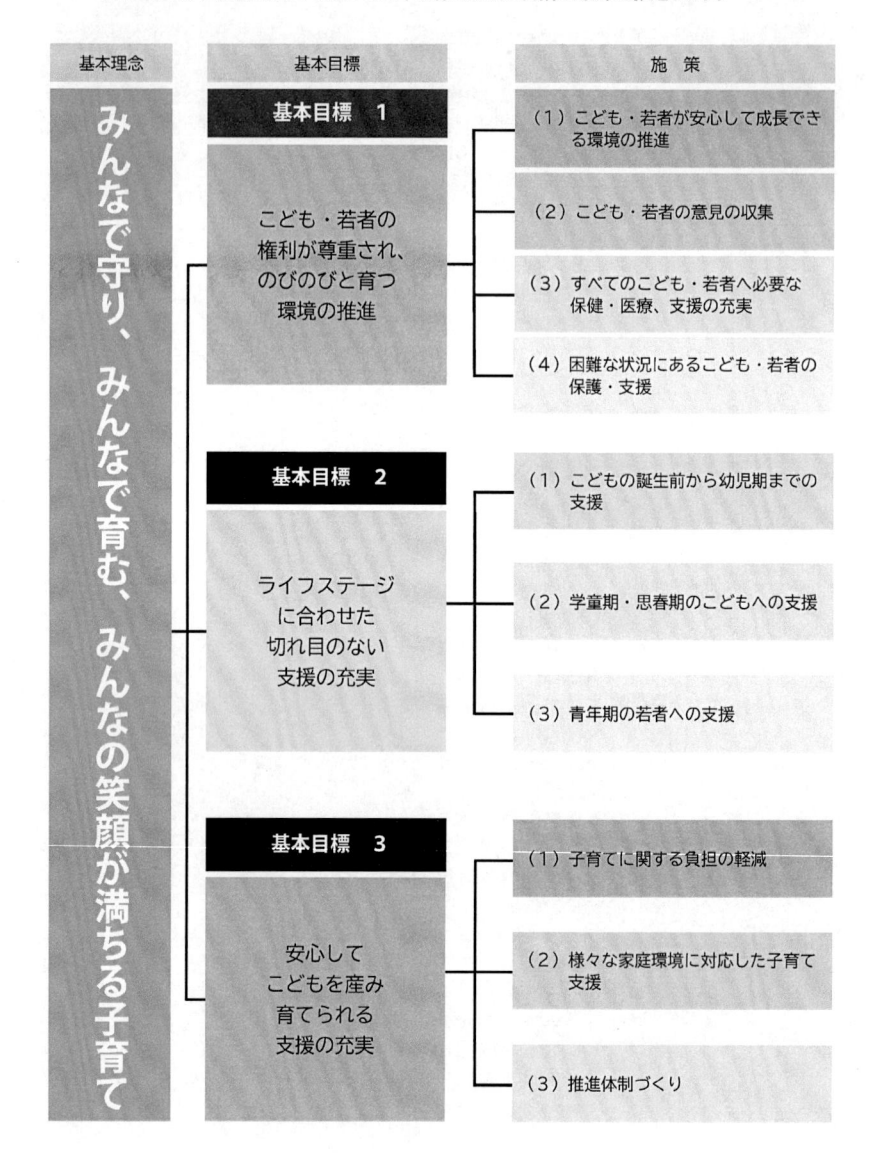

基本理念	基本目標	施　策
みんなで守り、みんなで育む、みんなの笑顔が満ちる子育て	**基本目標　1**　こども・若者の権利が尊重され、のびのびと育つ環境の推進	（1）こども・若者が安心して成長できる環境の推進
		（2）こども・若者の意見の収集
		（3）すべてのこども・若者へ必要な保健・医療、支援の充実
		（4）困難な状況にあるこども・若者の保護・支援
	基本目標　2　ライフステージに合わせた切れ目のない支援の充実	（1）こどもの誕生前から幼児期までの支援
		（2）学童期・思春期のこどもへの支援
		（3）青年期の若者への支援
	基本目標　3　安心してこどもを産み育てられる支援の充実	（1）子育てに関する負担の軽減
		（2）様々な家庭環境に対応した子育て支援
		（3）推進体制づくり

8. 実施する事業

基本目標	施策	No.	事業名
基本目標1	(1)	1	こどもまんなか社会の啓発
		2	家庭教育における人権教育の充実
		3	こども・若者の体験学習の推進
		4	安全なこどもの遊び場の確保
	(2)	5	瑞浪市役所「ミライ創(つく)ろまい課」プロジェクト
		6	こども・若者の意見の把握
	(3)	7	子ども発達支援センターぽけっとの運営事業
		8	小児医療の充実
		9	障がい児支援の充実
	(4)	10	県や専門機関の運営する相談窓口の周知
		11	要保護児童の早期発見及び保護
		12	実費徴収に係る補足給付を行う事業
		13	こどもの貧困対策の充実
		14	生活困窮者自立支援制度の推進
		15	小中学校就学援助
		16	瑞浪市奨学金制度の推進
		17	こころの健康相談事業
		18	精神保健福祉家族教室
		19	自殺予防の啓発活動
基本目標2	(1) new	20	こども家庭センターにおける相談事業
		21	妊婦等包括相談支援事業
		22	妊産婦健康診査
	new	23	妊婦相談
		24	産前産後サポート事業
		25	産後ケア事業
		26	乳児家庭全戸訪問事業(こんにちは赤ちゃん事業)
		27	乳幼児健康診査
		28	保育所等一時預かり事業
		29	幼保一体化の推進
		30	教育・保育の質の向上
		31	延長保育事業
		32	病児・病後児保育事業
	(2)	33	小学校生活への滑らかな移行
		34	小中学校へのスクールカウンセラーの配置
		35	不登校の未然防止と対応の充実
		36	いじめの防止とこどもの権利擁護
		37	法務省による「こどもの人権SOSミニレター」や「こどもの人権110番」の活用
		38	放課後児童クラブの充実

基本目標	施策	No.	事業名
基本目標2	(2)	39	こどもの居場所づくりの支援
	new	40	児童館の充実
		41	プレコンセプションケアの推進
	(3)	42	岐阜県若者サポートステーション出張相談の周知
		43	「ぎふ広域結婚相談事業支援ネットワーク」における連携
		44	「ぎふ婚活サポートプロジェクト(コンサポ・ぎふ)」における連携
基本目標3	(1)	45	地域子育て支援拠点事業(子育て支援センター事業)
		46	子どもを守る地域ネットワーク機能の強化
		47	地域での見守り活動の推進
	new	48	子育て支援情報誌の発行
		49	妊婦のための支援給付
		50	利用者支援事業
		51	出産育児一時金の支給(国民健康保険)
		52	瑞浪市第2子以降出産祝金の支給
		53	児童手当の支給
		54	乳幼児等の医療費の助成
		55	国民健康保険料の減額
		56	乳児(1か月児)健診料等の助成
	new	57	養育支援訪問事業
		58	親子関係形成支援事業
		59	幼児教育・保育の無償化
	new	60	給食費無償化事業(年少から年長まで)
		61	乳児等通園支援事業(こども誰でも通園制度)
		62	第3子保育料無償化事業
		63	ファミリー・サポート・センター事業
		64	高等学校就学準備等支援金の支給
	(2)	65	親と子の時間が確保される労働(ワーク・ライフ・バランス)の啓発
		66	産休・育休復帰を円滑に利用できる環境の整備
		67	マザーズコーナーin 瑞浪の運営
		68	児童扶養手当の支給
		69	ひとり親家庭等の自立支援の推進
		70	ひとり親家庭等への学習支援教室
		71	瑞浪市母子家庭等高等職業訓練促進給付金等事業
		72	瑞浪市母子家庭等自立支援教育訓練給付金事業
	new	73	子育て短期支援事業(ショートステイ事業)
		74	子育て世帯訪問支援事業
	(3)	75	幼稚園教諭・保育士の資質の向上
		76	コミュニティ・スクールの推進
		77	青少年育成市民会議との連携
		78	子育て支援情報等の発信機会の充実

8．教育・保育施設及び地域子ども・子育て支援事業

（1）認定区分

こどもの年齢や家庭タイプによって、教育・保育の認定区分が設定されています。

対象年齢	認定区分	対象家庭	対象事業
3〜5歳	1号認定	専業主婦（夫）家庭 短時間（64時間未満）就労家庭	幼稚園 認定こども園
	2号認定	共働きで幼稚園利用のみ希望の家庭	
		ひとり親家庭 共働き家庭	認定こども園 保育所
0〜2歳	3号認定	ひとり親家庭 共働き家庭	認定こども園 保育所 地域型保育

（2）教育・保育の量の見込みと確保方策

前年までの事業実績やアンケート結果を基に、認定区分別に量の見込みを推計しました。

① 保育について

	認定区分		R7年度	R8年度	R9年度	R10年度	R11年度
0歳	3号認定	量の見込み	45	45	45	45	45
		確保の方策	54	54	54	54	54
1・2歳		量の見込み	233	229	239	234	230
		確保の方策	253	253	253	253	253
3〜5歳	2号認定	量の見込み	592	605	603	600	599
		確保の方策	615	615	615	615	615

② 教育について

	認定区分		R7年度	R8年度	R9年度	R10年度	R11年度
3〜5歳	1号認定 2号認定※	量の見込み	148	133	132	132	131
		確保の方策	206	206	206	206	206

※学校教育の利用希望が強い保育の必要性を受けた就学前子ども
※市内に、2号認定（学校教育の利用希望が強い保育の必要性を受けた就学前子ども）が通園できる園がないため、
　確保方策は、1号認定のみの数値とする。なお、2号認定（学校教育の利用希望が強い保育の必要性を受けた就
　学前子ども）は市外の園等での確保を行う。

> **量の見込みとは**
>
> 　各事業における必要なサービス量（ニーズ量）の推計であり、これを基に確保方策を決定します。
> 教育・保育給付及び地域子ども・子育て支援事業の量の見込みは、国のワークシートに基づく算出
> （ニーズ調査ベース）を基本に、過去の利用実績等をふまえた補正を加えて算出しています。
> 　また、地理的条件、人口、交通事情等を加味し、瑞浪市全域を1圏域とし、分析を行っています。

（3）地域子ども・子育て支援事業の量の見込みと確保方策

以下に示す16の地域子ども・子育て支援事業を実施します。その他の地域子ども・子育て支援事業については、実施に向けての検討を進め、こども・子育て世帯への支援を拡充していきます。

	事業名	事業概要	指標（単位）	R7年度確保方策	R11年度確保方策
1	延長保育事業	保育認定を受けたこどもを通常の利用日や時間以外にも認定こども園、保育所等において保育を実施します。	利用者数	63	63
2	放課後児童健全育成事業（放課後児童クラブ）	共働き等で保護者が昼間家庭にいない小学生に、授業の終了後、小学校の余裕教室等を利用し適切な遊びや生活の場を提供します。	月平均利用者数	246	205
3	子育て短期支援事業	保護者の病気等で、家庭での養育が一時的に困難になった児童に対し、児童養護施設等において保護します。（短期入所生活援助事業（ショートステイ事業）及び夜間養護等事業（トワイライトステイ事業））	年間延べ利用者数	14	14
4	地域子育て支援拠点事業	乳幼児及びその保護者が相互の交流を行う場を開設し、子育てについての相談、情報の提供、助言その他の援助を行います。	実施箇所数	4	4
5	一時預かり事業	家庭での保育が一時的に困難となった乳幼児を、主に日中、認定こども園、幼稚園、保育所、地域子育て支援拠点等で一時的に預かります。	年間延べ利用者数	1,440	1,440
6	病児・病後児保育事業	病気や病気の回復期で集団保育ができない場合に、病院・保育所等に付設された専用スペース等において、看護師等が一時的に保育します。	年間延べ利用者数	480	1,440
7	ファミリー・サポート・センター事業	幼児や児童の預かり等の援助を希望する保護者と、その援助を行いたい希望者との相互援助活動に関する連絡、調整を行います。	年間延べ利用者数	25	25
8	利用者支援事業	こどもや保護者の身近な場所で、教育・保育施設や地域の子育て支援事業等の情報提供を行い、必要に応じた相談・助言等を行うほか、関係機関との連絡調整等を行います。	実施個所数	1	1
9	妊婦健康診査（妊婦健康診査費用助成事業）	妊婦の健康の保持及び増進を図るため、妊婦に対する健康診査を行うほか、妊娠期間中の適時に必要に応じた医学的検査を実施します。	年間延べ回数	2,380	2,380
10	乳児家庭全戸訪問事業	生後4か月までの乳児のいるすべての家庭を訪問し、子育て支援に関する情報を提供するほか、養育環境等を把握します。	年間延べ回数	230	230
11	養育支援訪問事業（子どもを守る地域ネットワーク機能強化事業）	養育支援が特に必要な家庭に対し、居宅を訪問し、養育に関する指導・助言等を行い、適切な養育を確保します。また、要保護児童対策協議会の専門性強化及び関係機関との連携強化を図ります。	年間実施世帯数	20	20
12	子育て世帯訪問支援事業	家事や子育てに不安・負担を抱えた家庭やヤングケアラーがいる家庭等を訪問し、悩みの傾聴や、家事・子育ての支援を行います。	年間延べ利用者数	144	144
13	親子関係形成支援事業	児童との関わり方や子育てに悩みや不安を抱えている保護者等に対し、保護者同士が悩みや不安を相談・共有し、情報交換ができる場を提供します。	利用者数	10	10
14	乳児等通園支援事業	現行の幼児教育・保育給付に加え、各月の利用可能枠内で、就労要件を問わず時間単位等で柔軟に利用できるようにします。	年間延べ利用者数	-	9
15	産後ケア事業	産後も安心して子育てができるよう、産後のお母さんと赤ちゃんに対し、授乳や沐浴等のアドバイス、育児相談、からだやこころのケア、生活面の指導、相談、こどもの成長や発達の確認等を行います。	年間延べ回数	150	150
16	妊婦等包括相談支援事業	妊婦等の心身の状況や周囲の環境等の把握するほか、母子保健や子育てに関する情報の提供、相談等の援助をします。	年間延べ回数	660	660

瑞浪市こども計画　概要版　令和7年3月

発行　瑞浪市　健康福祉部　こども家庭課
〒509-6195　岐阜県瑞浪市上平町1丁目1番地
電話　0572-68-2115（直通）FAX　0572-66-1278

「瑞浪市こども計画　概要版」より

令和6年度第5回募集（令和7年度採用）
本巣市職員採用試験要綱
○保育士・幼稚園教諭（大学卒、短大卒程度）
○保育士・幼稚園教諭（実務経験者）

◎ **申込受付期間**　　令和6年11月15日(金)〜 12月25日(水)

◎ **第1次試験日**

　　日　時　　令和7年1月19日（日）

　　会　場　　本巣市役所（本巣市早野255）

1　募集職種・試験区分・採用予定人数

募集職種	試験区分	採用予定人数	(参考)令和6年4月1日付け新規採用者数
保育士・幼稚園教諭	専門試験（大学卒程度）	若干名	2名
	専門試験（短大卒程度）		
	職務基礎力試験（実務経験者）		

※令和6年4月1日付け新規採用者数には、実務経験者を対象とした試験による採用者を含みます。

2 受験資格等

募集職種	試験区分	受験資格
保育士・ 幼稚園教諭	専門試験 （大学卒程度）	平成 8 年 4 月 2 日以降に生まれ、学校教育法に基づく大学を卒業し、保育士及び幼稚園教諭の両資格を有する者（令和 7 年 3 月 31 日までに卒業する見込みの者を含む。）
	専門試験 （短大卒程度）	平成 8 年 4 月 2 日以降に生まれ、学校教育法に基づく短期大学、専修学校、専門学校などを卒業し、保育士及び幼稚園教諭の両資格を有する者（令和 7 年 3 月 31 日までに卒業する見込みの者を含む。） 大学を卒業（見込み）した者は除く
	職務基礎力試験 （実務経験者）	昭和 54 年 4 月 2 日から平成 8 年 4 月 1 日までに生まれ、学校教育法に基づく大学、短期大学、専修学校、専門学校などを卒業し、保育所、幼稚園または認定こども園に正規の保育士または幼稚園教諭として 2 年以上の実務経験があり保育士及び幼稚園教諭の両資格を有する者

※上記の資格を満たす方でも、次の各号の一に該当する者は受験できません。

(1)日本の国籍を有しない者

(2)拘禁刑以上の刑に処せられ、その執行を終わるまで、又は、その執行を受けることがなくなるまでの者

(3)本巣市において懲戒免職の処分を受け、その処分の日から 2 年を経過しない者

(4)日本国憲法施行日の以降において、日本国憲法又はその下に成立した政府を暴力で破壊することを主張する政党その他の団体を結成し、又はこれに加入した者

※受験資格の確認について

・受験資格の有無、申込記載事項等の真否について確認を行います。

・記載内容に虚偽、又は、不正があることが判明した場合には、合格を取り消します。

・「実務経験年数」は、1 日 6 時間以上かつ 1 週間の勤務が 5 日以上の勤務（休職、育児休業期間を除く）の期間を通算して計算します。合格決定後、常勤経験期間等を確認するため、勤務先が証明する在職証明書の提出を求めます。なお、証明書類が提出できないときは、合格を取り消す場合があります。

3 受験手続

試験申込書等 の 交 付	交付場所：本巣市役所 企画部 人事秘書課 〒501-0491 岐阜県本巣市早野 255 番地 TEL. 058-323-5141（直通） 交付期間：令和 6 年 11 月 15 日(金)から 12 月 25 日(水)まで 午前 8 時 30 分 から 午後 5 時 15 分 まで ただし、土曜日・日曜日・祝日を除く 交付書類：試験要綱、試験申込書①・②、履歴書（市指定） ※郵便で申込書等の交付を請求する場合は、表面に「採用試験申込書請求」と朱書きした封筒で、「職種（保育士・幼稚園教諭）、試験区分（大学卒程度、実務経験者等）、日中に連絡がとれる連絡先を記載した書面」を送付してください。また、「140 円切手を貼り送付先を明記した返信用封筒（角型 2 号）」を必ず同封してください。なお、不備がある場合は、申込書等を送付できないことがあります。
申込書提出先	試験申込書等の交付場所と同じ
申 込 方 法	・試験申込書に必要事項を記入のうえ、指定の履歴書（写真貼付）、卒業証明書（卒業見込証明書）を添えて人事秘書課へ提出してください。 ・保育士及び幼稚園教諭の有資格者（資格取得見込者）は、登録証、免許状の写し（登録、免許取得見込証明書）を添付してください。 ・申込書を郵送する場合は、必ず書留または簡易書留にして、封筒の表に「職員採用試験申込書類在中」と朱書きしてください。 ・受験票は 1 月 8 日までの発送予定ですが、試験日の 1 週間前までに受験票が届かない場合は、必ずお問い合わせください。
申込受付期間	令和 6 年 11 月 15 日（金）から 12 月 25 日（水）まで 午前 8 時 30 分 から 午後 5 時 15 分 まで ただし、土曜日・日曜日・祝日を除く 郵送の場合は、12 月 25 日 必着

※申込の際には受験票へ写真を貼付しないでください。なお、試験当日には郵送された受験票に写真が貼付していないと受験できません。

4 試験日時・場所及び結果連絡

○専門試験（大卒・短大卒程度）

試験	日　時	場　所	結果連絡
一次試験	令和 7 年 1 月 19 日（日）午前 8 時 45 分受付開始	本巣市役所	2 月上旬を予定
二次試験	令和 7 年 2 月中旬を予定	本巣市役所	2 月下旬を予定

※一次試験および二次試験の結果については、受験者全員に郵送で連絡します。

二次試験の詳細については、一次試験結果連絡時にあわせてお伝えします。

一次試験の時間割（予定）

内　容		時　間
受付開始		8:45
専門試験	説明、必要事項の記入	9:15 ～ 9:30
	試験（90 分間）	9:30 ～ 11:00
	問題集及び解答用紙の回収	11:00 ～ 11:05
（休憩）		11:05 ～ 11:15
事務適性検査	説明、必要事項の記入	11:15 ～ 11:25
	検査（10 分間）	11:25 ～ 11:35
	問題集及び解答用紙の回収	11:35 ～ 11:40
性格特性検査	説明、必要事項の記入	11:40 ～ 11:50
	検査（20 分間）	11:50 ～ 12:10
	問題集及び解答用紙の回収	12:10 ～ 12:15

○職務基礎力試験（実務経験者）

試験	日　時	場　所	結果連絡
一次試験	令和7年1月19日（日）午前8時45分受付開始	本巣市役所	2月上旬を予定
二次試験	令和7年2月中旬を予定	本巣市役所	2月下旬を予定

※一次試験および二次試験の結果については、受験者全員に郵送で連絡します。

　二次試験の詳細については、一次試験結果連絡時にあわせてお伝えします。

一次試験の時間割（予定）

内　容		時　間
受付開始		8:45
職務能力試験	説明、必要事項の記入	9:15 ～ 9:30
	試験（60分間）	9:30 ～ 10:30
	問題集及び解答用紙の回収	10:30 ～ 10:35
（休憩）		10:35 ～ 10:45
職務適応性検査	説明、必要事項の記入	10:45 ～ 10:50
	検査（20分間）	10:50 ～ 11:10
	問題集及び解答用紙の回収	11:10 ～ 11:15

5 試験内容

○専門試験（大卒・短大卒程度）

区 分		内 容
一次試験	保育士専門試験	社会福祉、子ども家庭福祉（社会的養護を含む）、保育の心理学、保育原理・保育内容、子どもの保健・障害児保育については、上記のいずれかの分野で出題することがあります。 （出題 30 題、90 分間）
	事務適性検査	事務職員としての適応性を正確さ、迅速さ等の作業能力の面からみるもの （出題 100 題、10 分間）
	性格特性検査	公務員に求められる資質について、性格特性をみるもの （出題 150 題、20 分間）
二次試験	作 文 試 験	識見、論理性、思考能力等について試験
	口 述 試 験	人物について面接による試験
	実 技 試 験	絵本の読み聞かせ、ピアノ演奏等

○職務基礎力試験（実務経験者）

区 分		内 容
一次試験	職務能力試験	公的部門の職員に求められる職務遂行能力をみるもの （出題 60 題、60 分間）
	職務適応性検査	公的部門の職員に求められる適正をみるもの （出題 150 題、20 分間）
二次試験	作 文 試 験	識見、論理性、思考能力等について試験
	口 述 試 験	人物について面接による試験
	実 技 試 験	絵本の読み聞かせ、ピアノ演奏等

6 勤務条件等

令和6年度に新規採用された場合の初任給は次のとおりです。

職　種	区　分	金　額
保育士・幼稚園教諭	大卒程度	196,200円
	短大卒程度	179,100円

このほかに期末手当、勤勉手当、通勤手当、住居手当等が支給要件に応じて支給されます。

採用試験に関する問合先

本巣市役所　企画部　人事秘書課

〒501-0491　本巣市早野255番地

TEL.　058-323-5141（直通）

本巣市の自治体情報

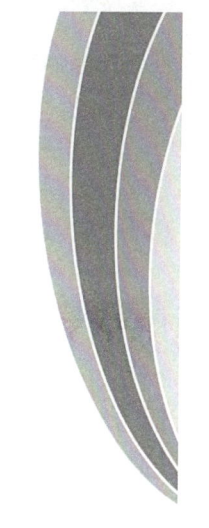

第1期本巣市こども計画

令和7年度 ▶ 令和11年度

（案）

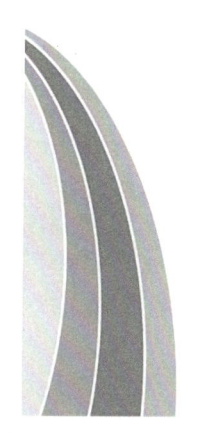

令和7年3月

本巣市

第1章　計画策定にあたって

1．計画策定の趣旨

　わが国では少子高齢化の進展が著しく、地域社会の活力低下など将来に向けた課題が深刻になりつつあります。また一方で、地域住民それぞれの価値観や生活様式が多様化し、講じていくべき施策も一律では対応できない場面も多く見受けられるようになってきました。こどもが過ごす環境も大きく変化し、こどもの生活に多大な影響も与えるようになってきています。また、その過程の中で、こどもの貧困、ヤングケアラーといった社会問題もクローズアップされてきています。このような地域社会の中で、こどもを安心して産み育て、こどもが健やかに豊かに成長していける環境を整えていくことが喫緊の課題になっています。

　国では、「子どもの最善の利益」を実現する社会をめざすことを前提に、「子ども・子育て支援新制度」（幼児期の教育・保育の一体的な提供、保育の量的拡充、家庭における養育支援等の総合的な推進）を制定するなど子ども支援策を講じてきましたが、子どもや子育てをめぐる環境は依然厳しい状況からは脱することはできていませんでした。

　そのため、国では、こども基本法を令和4年6月に公布、令和5年4月に施行し、法に掲げられたこども施策の立案、実施を担う行政機関としてこども家庭庁が発足し、さらに令和5年12月には「こども大綱」が策定されました。

　「こども大綱」では、すべてのこども・若者が、日本国憲法、こども基本法及びこどもの権利条約の精神にのっとり、生涯にわたる人格形成の基礎を築き、自立した個人としてひとしく健やかに成長することができ、心身の状況、置かれている環境等にかかわらず、等しくその権利の擁護が図られ、身体的・精神的・社会的に将来にわたって幸せな状態（ウェルビーイング）で生活を送ることができる「こどもまんなか社会」をめざすことが掲げられています。

　本巣市においても、「こども大綱」の基本的な考え方を踏襲しつつ、これまで本巣市において策定していた「子ども子育て支援事業計画」等をも包含した新たな「本巣市こども計画」を策定することとしました。

2．計画の位置付け

　こども基本法第 10 条（都道府県こども計画等）においては、市町村はこども大綱・都道府県こども計画を勘案して「市町村こども計画」を作成することに努めることとされています。

　本巣市第2次総合計画や第3期総合戦略を上位計画とし、第4期本巣市地域福祉計画・地域福祉活動計画、本巣市こども計画、本巣市障がい者計画・障がい福祉計画・障がい児福祉計画などの福祉関係計画との整合性を図るとともに、本巣市健康増進計画などの医療関連計画との連携を図る必要があります。また、これまで策定していた「子ども・子育て支援事業計画」を包含する形で策定しています。

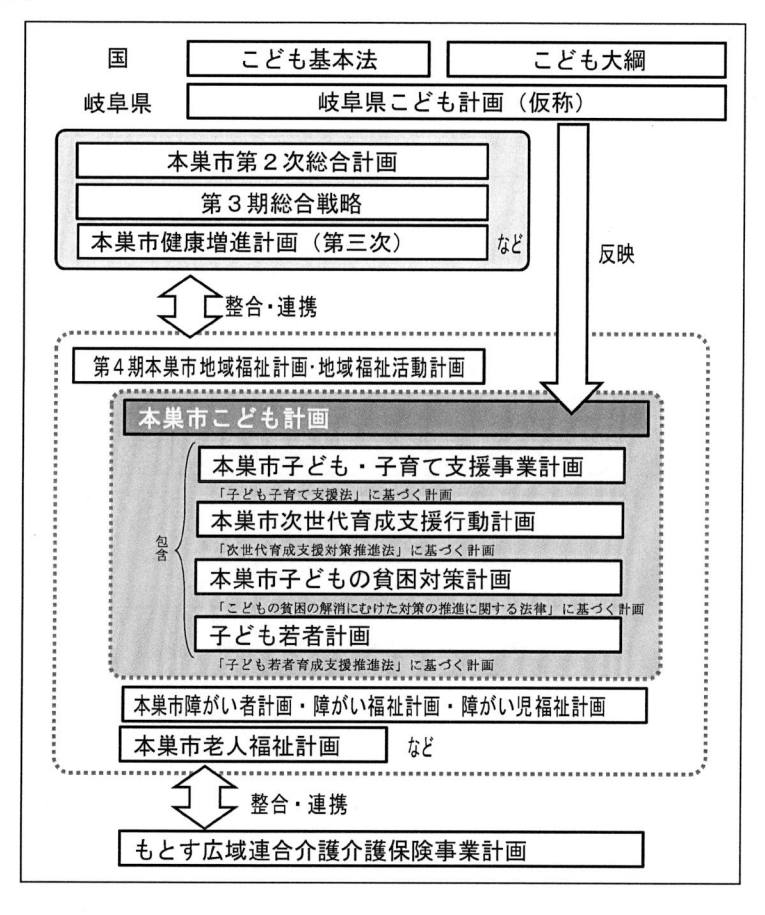

◇「こども基本法」（抄）

（都道府県こども計画等）
第 10 条　都道府県は、こども大綱を勘案して、当該都道府県におけるこども施策についての計画（以下
　この条において「都道府県こども計画」という。）を定めるよう努めるものとする。
2　市町村は、こども大綱（都道府県こども計画が定められているときは、こども大綱及び都道府県こど
　も計画）を勘案して、当該市町村におけるこども施策についての計画（以下この条において「市町村こ
　ども計画」という。）を定めるよう努めるものとする。
3　都道府県又は市町村は、都道府県こども計画又は市町村こども計画を定め、又は変更したときは、遅
　滞なく、これを公表しなければならない。
4　都道府県こども計画は、子ども・若者育成支援推進法第九条第一項に規定する都道府県子ども・若者
　計画、子どもの貧困対策の推進に関する法律第九条 第一項に規定する都道府県計画その他法令の規定
　により都道府県が作成する計画であってこども施策に関する事項を定めるものと一体のものとして作
　成することができる。
5　市町村こども計画は、子ども・若者育成支援推進法第九条第二項に規定する市町村子ども・若者計画、
　子どもの貧困対策の推進に関する法律第九条第二項に規定する市町村計画その他法令の規定により市
　町村が作成する計画であってこども施策に関する事項を定めるものと一体のものとして作成すること
　ができる。

３．計画期間

　本計画の計画期間は、令和７年度から令和11年度までの５年間とします。

　また、社会情勢の変化に対応し、計画期間中であっても適宜必要な見直しを行うものとします。

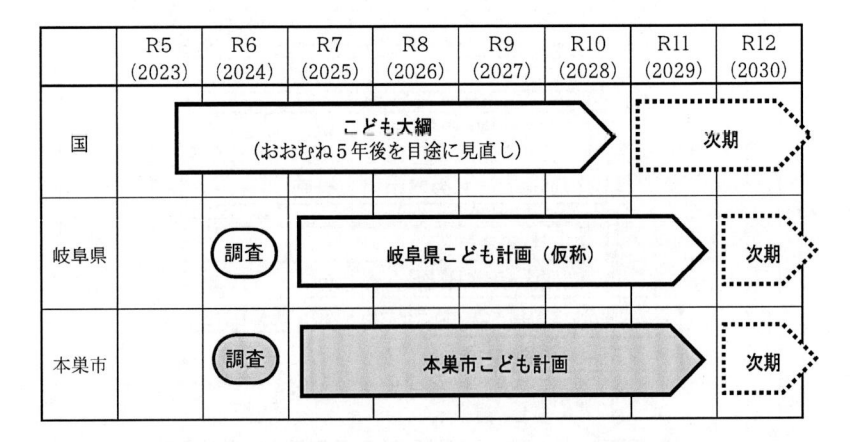

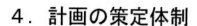

4．計画の策定体制

（1）本巣市子ども・子育て会議

　　子どもの保護者、学識経験者、福祉・保健・医療・教育など子ども・子育てに関する関係者15人で構成する「本巣市子ども・子育て会議」を設置し、計画について審議しました。

（2）子ども・子育て支援に関するニーズ調査

　　計画策定に先立ち、就学前児童のいる世帯、小学生のいる世帯を対象として「子ども・子育て支援等に関するニーズ調査報告書」（以下「ニーズ調査」という。）を実施しました。〔詳細はP20参照〕

5．計画の対象

　　こども基本法においては、「こども」を「心身の発達の過程にある者」（年齢による区分はない）としています。また、こども大綱の注釈において「若者」は「思春期」および「青年期」の者としています。さらに、子ども・子育て支援法においては、「子ども」を「0歳から18歳未満」として定義しています。

> 乳幼児期：義務教育年齢に達するまで
> 学童期：小学生年代
> 思春期：中学生年代からおおむね18歳まで
> 青年期：おおむね18歳以降からおおむね30歳未満

　　本計画においては、こども計画としての位置付けにあることから「こども」と表記することを基本としつつ、第4章「子ども・子育て支援事業（量の見込みと確保策）や、子ども・子育て支援法に基づいて規定されている具体事業の名称等については「子ども」と表記することとします。

第3章　こども施策の推進

1．基本理念

みんなでつくる「本巣市こどもまんなか社会」

　「こども基本法」および「こども大綱」では、すべてのこども、若者が身体的・精神的・社会的に将来にわたって幸せな状態（ウェルビーイング）で生活を送ることができる「こどもまんなか社会」を目指しており、こどもや若者の声を取り入れながら進めていくことが明記されています。

　これからの地域社会を担っていくこどもや若者が、自分の生涯にわたる人格形成の基礎を築き、自立した個人としてひとしく健やかに成長することができ、心身の状況、置かれている環境等にかかわらず、その権利の擁護が図られ、将来にわたって豊かで幸せな生活を送ることができる社会の実現を目指して、社会全体として子ども施策に取り組むことが重要です。

　このような状況に対応していくため、本計画では、これまでに「本巣市子ども・子育て支援事業計画」において推進してきた「すべてのこどもが健やかに育ち みんなで子育てできるまち」の基本理念を継承し、こどもが個人として尊重され、地域全体でこどもや子育て家庭への理解を深め支援し、安全で安心して子育てができる環境を整えるとともに、すべてのこどもや若者が心豊かに育ち、併せて、保護者が喜びや生きがいを感じながら子育てができ、すべての人がこどもと一緒に元気になれるまち、「こどもまんなか社会」の実現をめざします。

【参考】こども大綱における基本的な方針

1．こども、若者を権利の主体として認識し、人格・個性を尊重し、権利を保障し、最善の利益を図る。
2．こどもや若者、子育て当事者の視点を尊重し、意見を聴き、対話しながら、ともに進めていく。
3．こどもや若者、子育て当事者のライフステージに応じて切れ目なく対応し、十分に支援する。
4．貧困と格差の解消を図り、こども、若者が幸せな状態で成長できるようにする。
5．若い世代の生活の基盤の安定を図るとともに、結婚、子育てに関する希望の形成に取り組む。
6．関係部署、関係団体等との連携を重視する。

2．SDGs の視点

　2015（平成 27）年の国連サミットで採択された "地球上の誰一人として取り残さない" を基本理念とする「持続可能な開発のための 2030 アジェンダ」には、2030（令和 12）年までに持続可能な世界を実現するための 17 のゴール（開発目標）と 169 のターゲットが掲げられています。

　その理念は「誰ひとり取り残さない」社会の実現を目指し、開発途上国のみならず先進国も含め、すべての国や関係者の役割を重視し、経済・社会環境をめぐる課題に総合的に取り組むこととして合意されたものです。

　本計画においては、「1．貧困をなくそう」、「3．すべての人に健康と福祉を」、「4．質の高い教育をみんなに」、「8．働きがいも経済成長も」、「10．人や国の不平等をなくそう」、「11．住み続けられるまちづくりを」、「17．パートナーシップで目標を達成しよう」の目標に資する内容となっています。

3．施策体系

　基本理念『みんなでつくる「本巣市こどもまんなか社会」』の実現に向け、以下の施策体系のもと施策を推進していきます。

> ## 基本理念　みんなでつくる「本巣市こどもまんなか社会」

（1）ライフステージを通した施策の推進

基本施策①	こども・若者が権利の主体であることの社会全体での共有等
基本施策②	多様な遊びや体験、活躍できる機会づくり
基本施策③	こどもや若者への切れ目のない保健・医療の提供
基本施策④	こどもの貧困対策
基本施策⑤	障がい児支援・医療的ケア児等への支援
基本施策⑥	児童虐待防止対策と社会的養護の推進及びヤングケアラーへの支援
基本施策⑦	こども・若者の安全確保、犯罪などから守る取組、自殺対策

（2）ライフステージ別の施策の推進

基本施策①	乳幼児期
基本施策②	学童期・思春期
基本施策③	青年期

（3）子育て当事者への支援

基本施策①	子育てや教育に関する経済的負担の軽減等
基本施策②	地域子育て支援、家庭教育支援
基本施策③	共働き・共育ての推進、男性の家事・子育てへの主体的な参画促進・拡大
基本施策④	ひとり親家庭への支援

（4）こども施策の推進体制等

基本施策①	こども・若者の社会参画・意見反映 〜こどもの声の反映、地域活性化・世代間交流〜
基本施策②	こども施策の共通の基盤となる取組 〜人材確保・育成・支援、体制・システム整備〜
基本施策③	施策の推進体制等

「第1期本巣市こども計画（案）」より抜粋

令和6年度可児市職員採用試験案内（前期）

令和7年4月に採用予定の正職員を選考する試験（前期）を次のとおり実施します。
公務員試験（教養試験）対策をされていない方でも受験しやすい試験区分です。是非、受験をご検討ください。

I 職種、採用予定人数及び受験資格

区分	職種	年齢要件	採用予定人数	学歴・資格
A	一般事務職	平成10年4月2日以降に生まれた人（26歳以下）	10名程度	大学（短期大学を除く）を卒業した人（令和7年3月までに卒業見込みの人を含む）
B	一般事務職（社会人採用）	平成4年4月2日以降に生まれた人（32歳以下）		大学（短期大学を除く）を卒業した人で、民間企業、官公庁等において、正社員・正職員として職務に従事した経験（※1）が、令和6年4月1日現在で通算2年以上となる人
C	土木技術職	平成10年4月2日以降に生まれた人（26歳以下）	若干名	大学（短期大学を除く）又は高等専門学校の土木に関する専門課程を卒業した人（令和7年3月までに卒業見込みの人を含む）
D	土木技術職（社会人採用）	昭和63年4月2日以降に生まれた人（36歳以下）		次の①②の条件を全て満たす人 ①大学（短期大学を除く）又は高等専門学校を卒業した人 ②民間企業、官公庁等において、正社員・正職員として土木に関する設計、施工又は維持管理の職務に従事した経験（※1）が、令和6年4月1日以前7年間に通算2年以上となる人

E	建築技術職	平成10年4月2日以降に生まれた人（26歳以下）	若干名	大学（短期大学を除く）又は高等専門学校の建築に関する専門課程を卒業した人（令和7年3月までに卒業見込みの人を含む）
F	建築技術職（社会人採用）	昭和59年4月2日以降に生まれた人（40歳以下）		次の①②の条件を全て満たす人 ①高校、大学又は高等専門学校を卒業した人 ②民間企業、官公庁等において、正社員・正職員として建築に関する設計、施工又は維持管理の職務に従事した経験（※1）が、令和6年4月1日以前7年間に通算2年以上となる人
G	電気技術職	平成10年4月2日以降に生まれた人（26歳以下）	若干名	大学（短期大学を除く）又は高等専門学校の電気に関する専門課程を卒業した人（令和7年3月までに卒業見込みの人を含む）
H	電気技術職（社会人採用）	昭和63年4月2日以降に生まれた人（36歳以下）		次の①②の条件を全て満たす人 ①大学（短期大学を除く）又は高等専門学校を卒業した人 ②民間企業、官公庁等において、正社員・正職員として電気に関する設計、管理等の職務に従事した経験（※1）が、令和6年4月1日以前7年間に通算2年以上となる人
I	保健師	平成10年4月2日以降に生まれた人（26歳以下）	1名	保健師免許を有する人（令和7年3月までに取得見込みの人を含む）
J	保育士	平成10年4月2日以降に生まれた人（26歳以下）	2名程度	保育士資格及び幼稚園教諭免許の両方を有する人（令和7年3月までに取得見込みの人を含む）

K	福祉支援員 【療育】	平成10年4月2日 以降に生まれた人 （26歳以下）		大学（短期大学を除く）を卒業した人（令和7年3月までに卒業見込みの人を含む）で、以下資格のいずれかを有する人（令和7年3月までに取得見込みの人を含む） ○特別支援学校教諭免許　○小学校教諭一種免許 ○保育士資格　○幼稚園教諭免許 ○言語聴覚士資格　○作業療法士資格
L	福祉支援員 【療育】 （社会人採用）	昭和59年4月2日 以降に生まれた人 （40歳以下）	2名程度	次の①～③の条件を全て満たす人 ①大学（短期大学を含む。）又は専門学校を卒業した人 ②保育園、幼稚園、小学校、特別支援学校、障害児通所支援・障害児入所施設等において、障がい児の発達支援に関する職務に従事した経験（※2）が令和6年4月1日以前7年間に2年以上となる人 ③以下の資格のいずれかを有する人 ○特別支援学校教諭免許　○小学校教諭一種免許 ○保育士資格　○幼稚園教諭免許 ○言語聴覚士資格　○作業療法士資格
M	主任介護支援 専門員	昭和59年4月2日 以降に生まれた人 （40歳以下）	1名	主任介護支援専門員の資格を有する人
N	精神保健福祉士	昭和63年4月2日 以降に生まれた人 （36歳以下）	1名	精神保健福祉士の資格を有する人（令和7年3月までに取得見込みの人を含む）

（※1）常勤勤務者として職務に従事した期間が該当します。複数ある場合は、これを通算することができます。

　＊アルバイト、パートタイマーまたはボランティアとして職務に従事した期間は該当しません。

（※2）1年以上継続して就業した期間が該当します。複数ある場合は、これを通算することができます。

・　同じ職種において社会人採用との併願ができません。受験できるのは1つの区分です。

・　次のいずれかに該当する人は受験資格がありません。
　　ア　禁錮以上の刑に処せられ、その執行を終わるまで又はその執行を受けることがなくなるまでの人
　　イ　可児市において懲戒免職の処分を受け、当該処分の日から2年を経過しない人
　　ウ　日本国憲法施行の日以後において、日本国憲法又はその下に成立した政府を暴力で破壊することを主張する政党その他の団体を結成し、又はこれに加入した人

・　「公権力の行使又は公の意思の形成への参画に携わる公務員となるためには、日本国籍を必要とする」という公務員の基本原則に基づき、日本国籍を有しない人は、任用される職務や昇任について一部制限されることがあります。

・　障がい者手帳（身体障害者手帳・療育手帳・精神障害者保健福祉手帳）の交付を受けている人も受験可能です。

・　土木技術職及び建築技術職の社会人採用者については、令和7年4月より前の採用とすることも可能ですので、ご相談ください。

2 試験日程及び場所

区分	職種	1次試験	2次試験	3次試験
A・B	一般事務職（社会人採用含む）	6月3日（月）～6月23日（日）【WEB又はテストセンター（※）（録画選考はWEBのみ）】※全国のテストセンター会場の中から選択していただきます。	7月中旬（予定）	8月上旬（予定）
C・D	土木技術職（社会人採用含む）			
E・F	建築技術職（社会人採用含む）			
G・H	電気技術職（社会人採用含む）			
L	福祉支援員【療育】（社会人採用）			
M	主任介護支援専門員			
N	精神保健福祉士			
I	保健師	6月16日（日）【可児市役所】		
J	保育士			
K	福祉支援員【療育】			

・1次試験の結果については、可児市ホームページに合格者の受験番号を公開します。合格者には、合格通知ととも
　に2次試験の案内（日程、場所等）を郵送します。

3 受験申込み

（1）エントリーシートのダウンロード及び作成

　　申込時に「エントリーシート」の提出（添付）が必要になりますので、市ホームページから様式をダウン
　ロードして作成してください。区分によりエントリーシートの様式が異なりますので、ご注意願います。

　※直接入力、手書きのどちらで作成いただいても構いません。直接入力した場合は Excel のデータで提出いた
　　だき、手書きで作成した場合は、様式の表裏をそれぞれスキャンしてPDFのデータに加工して提出し
　　てください。（必ず写真データをエントリーシート右上の「写真添付欄」に貼り付けて、表と裏の面がそれ
　　ぞれ両面で印刷されるようにしてください。）

（2）申込み

　　申込みは、下記の受付期間内にインターネットの申込フォームから行ってください。

　※可児市職員採用ページ（https://www.city.kani.lg.jp/6093.htm）にアクセスし、申込フォームにおいて
　　必要事項を入力して申し込んでください。

　※申込フォームは、4月15日（月）の午前9時から入力が可能となります。

　※申込完了後、申込フォームに入力いただいたアドレス宛に申込受付完了メールを送信します。メールが届
　　かない場合は人事課へご連絡ください。（迷惑メールフォルダに振り分けられている可能性もありますので
　　確認してください。）

　※入力された内容に虚偽又は不正が判明した場合は、合格を取り消す場合があります。

受付期間

　　4月15日（月）午前9時　～　5月17日（金）午後5時

4 受験案内の送付

受付期間終了後、受験方法等を記載した案内メールをお送りします。上記2の試験期間に基礎能力検査、性格適正検査、録画登録を行ってください。

なお、【I】保健師、【J】保育士、【K】福祉支援員（療育）につきましては上記3の受験申込みの申込受付完了メールに試験案内を記載します。受付期間終了後に別途案内はお送りしませんのでご注意ください。

<u>※メールが届かない場合は、ご連絡ください。</u>

5 試験内容

【区分I・J・K以外】

	1次試験	2次試験	3次試験
試験内容	○基礎能力検査 ○性格適正検査 ○録画・書類選考（※）	○面接 ○事務適性検査 ○性格適性検査	・面接

※エントリー動画及びエントリーシートによる選考を行います。

【区分I】保健師

	1次試験	2次試験	3次試験
試験内容	・専門試験 ・事務適性検査 ・性格適正検査	・面接 ・性格適性検査	・面接

【区分J】保育士

	1次試験	2次試験	3次試験
試験内容	・専門試験 ・事務適性検査 ・性格適正検査	・実技試験（ミニ保育、ピアノ演奏、製作等を予定） ・面接 ・性格適性検査	・面接

【区分K】福祉支援員（社会人採用除く）

	1次試験	2次試験	3次試験
試験内容	・専門試験（小論文） ・事務適性検査 ・性格適正検査	・実技試験 ・面接 ・性格適性検査	・面接

6　最終内定者の決定

　最終試験合格者のうち、健康診断及び欠格条項調査の結果により内定者を決定します。

7　前年度（前期試験）の試験実施状況

試験区分	申込者 （人）	1次受験者 （人）	1次合格者 （人）	2次合格者 （人）	3次合格者 （人）	競争率 （倍）
一般事務職	123	115	40	19	10	11.5
一般事務職（社会人採用）	16	15	2	1	1	15.0
土木技術職	2	2	2	1	-	-
土木技術職（社会人採用）	-	-	-	-	-	-
建築技術職	3	2	2	2	1	2.0
建築技術職（社会人採用）	-	-	-	-	-	-
保健師	3	3	3	2	1	3.0
保育士	12	12	10	6	4	3.0
福祉支援員	-	-	-	-	-	-
福祉支援員（社会人採用）	-	-	-	-	-	-

8　給与について

（1）初任給

職区分	学歴区分	給料表	級号給	給料月額
一般事務職、土木技術職 建築技術職、電気技術職 主任介護支援専門員、 精神保健福祉士	大学卒	行政職給料表（一）	1級 25 号給	202,086 円
保健師	大学卒	医療職給料表	1級 17 号給	215,579 円
保育士	大学卒	福祉職給料表	1級 19 号給	206,412 円
	短大卒	福祉職給料表	1級 11 号給	195,288 円
福祉支援員	大学卒	福祉職給料表	1級 21 号給	208,575 円

※給料月額は地域手当を含んだ金額です。

※社会人採用者は、学歴区分に定める学校を卒業後の社会人経験等の経歴及び最終学歴により調整されます。

（2）各種手当

　扶養手当、地域手当、住居手当、通勤手当、時間外勤務手当、期末手当、勤勉手当等が支給されます。

9　勤務時間、休暇等について

（1）勤務時間

月〜金曜日の午前8時30分〜午後5時15分

（2）休暇の種類

年次有給休暇（20日）、病気休暇、特別休暇（結婚、出産、育児、夏季休暇など）、介護休暇

10　勤務場所について

（本庁舎）可児市広見一丁目1番地

（子育て健康プラザ・マーノ）可児市下恵土一丁目100番地

（水道庁舎）可児市川合1000番地

※上記以外に連絡所、図書館等で勤務する場合もあります。

11　その他

後期試験（初級一般事務職、初級土木技術職、初級建築技術職）を実施する予定です。なお、募集開始は7月を予定しています。

```
【問合せ先】
可児市役所　人事課 人事係
TEL 0574-62-1111
E-mail jinji@city.kani.lg.jp
URL http://www.city.kani.lg.jp/
〒509-0292　可児市広見一丁目1番地
```

可児市子ども・子育て支援事業計画

第3期

可 児 市

令和7年3月

第1章　計画の概要

1　はじめに

　子どもは、社会の希望です。その子どもが、健やかに成長し、将来にわたって幸せな状態で生活を送ることができる社会の実現に向けて、令和5年4月1日に「こども基本法」が施行されました。

　こども基本法は、全ての子どもについて、個人として尊重され、その基本的人権が保障されており、差別的取扱いを受けることがないようにすることや、福祉に係る権利や教育を受ける機会が等しく与えられること、子どもの養育に関し十分な支援を行うこと等を基本理念としています。

　こうした国の動きを加味しつつ、当市における子どもを取り巻く環境の変化や、関連施策の動向を踏まえ、社会全体で子どもや子育て家庭を切れ目なく支えることができるよう、教育・保育や地域子ども・子育て支援事業の提供体制の確保や、子どもが将来にわたって幸福な生活を送ることができる社会の実現のための具体的事業を記載する計画を策定します。

2　計画の位置づけ

　本計画は、次の計画として位置づけます。
　（1）子ども・子育て支援法に基づく「市町村子ども・子育て支援事業計画」
　（2）次世代育成支援対策推進法に基づく「市町村行動計画」
　（3）こどもの貧困の解消に向けた対策の推進に関する法律に基づく「市町村こどもの貧困対策計画」

　なお、可児市市政経営計画、可児市地域福祉計画、可児市教育振興基本計画等、本市の各種関連計画とも整合を図り策定しています。

3　計画の期間

　令和7年度から令和11年度までの5年間を計画期間とします。

4　計画の推進

　本計画に位置付けた事業を着実に実施し、その実施状況等について自己点検・評価するとともに、子ども・子育て支援施策の総合的かつ計画的な推進に関し、可児市子ども・子育て会議において必要な事項等について確認をすることで、計画を推進します。

第3章　計画の基本理念と目標

1　基本理念

　本市は、市政経営計画において、「住みごこち一番・可児〜すこやかに、にぎやかに、おだやかに暮らせるまち〜」を目指す将来像としており、その将来像を実現するための重点項目の1つとして、『子どもの笑顔と子育て世代の安心づくり』を掲げています。

　本計画は、市政経営計画と整合を図りつつ、こども基本法の目的にもある、子どもが将来にわたって幸福な生活を送ることができる社会の実現を目指して、基本理念を以下のとおり掲げます。

"可"能性あふれる"児"（こ）どもがそだつまち　可児

〜可児っ子の笑顔をみんなで支えるまち〜

2　基本理念を形にする体系図

			目標	
1	**子どもが笑顔でいられる社会の形成** 子どもが置かれている環境等にかかわらず、等しくその権利が擁護され、居場所があり、幸せな状態で生活を送ることができる社会の形成に取り組みます。		目標1	子どもの権利を守る
			目標2	子どもの居場所づくりに取り組む
2	**子育て家庭支援の充実** マイナス10カ月（妊娠期）から成人するまで、社会的支援の必要な家庭・子どもを含めた全ての家庭・子どもを対象とする切れ目ない支援の仕組みを充実させます。		目標1	全ての家庭に切れ目のない支援を行う
			目標2	支援の必要性が高い家庭を支える
3	**教育・保育環境の整備** 発達段階に応じた質の高い教育・保育を提供するため、教育・保育施設の環境を整備し、子どもの健やかな育ちを支え、可能性ある子どもの育成に取り組みます。		目標1	乳幼児期の教育・保育環境の整備を進める
			目標2	小中学校の教育環境の整備を進める
4	**地域で支える体制・環境づくり** 将来の社会の担い手である子どもの育成を、地域で支援する体制整備を推進します。また、子育て家庭が安心・安全に過ごすことができる、住み続けたくなる環境づくりに取り組みます。		目標1	地域における子育て支援活動を推進する
			目標2	住み続けたくなる環境の整備を進める

3 持続可能な開発目標（SDGs）達成に向けた取り組み

　持続可能な開発目標（SDGs）とは、平成 27 年（2015 年）9 月の国連サミットで採択された「持続可能な開発のための 2030 アジェンダ」に記載された平成 28 年（2016 年）から令和 12 年（2030 年）までの国際目標です。持続可能な世界を実現するための 17 のゴール・169 のターゲットから構成され、地球上の誰一人として取り残さない（leave no one behind）ことを誓っています。

　SDGs は、先進国、開発途上国を問わず、世界全体の経済、社会及び環境の三側面における持続可能な開発を統合的取り組みとして推進するものです。

　本計画における、子育て支援施策の推進が SDGs の達成につながるものと考えます。

　以下に、本計画に関連するアイコンを示します。

45

第4章　事業の展開

1　子どもが笑顔でいられる社会の形成

目標1　子どもの権利を守る

　個人としてその多様な人格・個性が尊重され、基本的人権が保障された幸せな状態で成長できるよう、虐待、いじめなどの権利の侵害から子どもを守る各種取り組みを実施するとともに、子どもが意見を表明できる機会の確保に取り組みます。

目標2　子どもの居場所づくりに取り組む

　子どもが孤独や孤立を感じず健やかな成長が図られるよう、安全で安心して過ごせる場や、遊びや体験活動などを提供する「子どもの居場所づくり」に取り組みます。

2　子育て家庭支援の充実

目標1　全ての家庭に切れ目のない支援を行う

　出産からマイナス10カ月を支援の始まりと位置づけ、子どもが成人するまで、様々な関係機関などが連携し、教育・保育、保健、医療、療育、福祉を切れ目なく子育て家庭に提供します。

目標2　支援の必要性が高い家庭を支える

　社会的支援の必要性が高い家庭に対しては、早期に発見し、支援につなげ、全ての子育て家庭が子育てに伴う喜びを実感できるよう、各種取り組みを実施します。

3　教育・保育環境の整備

目標1　乳幼児期の教育・保育環境の整備を進める

　乳幼児期における教育・保育の重要性を鑑み、質の高い教育・保育を安定的に提供するため、量的充足と質的改善を図りながら教育・保育施設の運営などを行います。

目標2　小中学校の教育環境の整備を進める

　子どもが個性豊かに生きる力を伸長することができるよう、学校施設の整備などを適切に行い、質の高い公教育を提供します。

地域で支える体制・環境づくり

目標1 地域における子育て支援活動を推進する

　家庭における子育ての負担や不安、孤立感を和らげ、また、子ども同士が集団の中で育ち合い、子どもが心身ともに健やかに育成されるよう、地域全体で子育て家庭を支える体制づくりを行います。

目標2 住み続けたくなる環境の整備を進める

　地域において安全・安心で快適な住生活を営むことができ、子育て家庭が、子育てがしやすく住み続けたいと思える環境の整備に取り組みます。

「可児市子ども・子育て支援事業計画（第3期）」より抜粋

令和5年度　多治見市職員及び多治見市任期付職員
採用試験受験要項（5月試験）

多治見市職員及び多治見市任期付職員採用試験について

> ・第1次試験の基礎能力検査は、従来の公務員試験とは異なり、言語面・数理面の基礎能力を問うものです。公務員試験の対策をしていない方でも受けやすい試験となっています。

1　募集の概要

1　採用予定日及び名簿登録期間
　（1）多治見市職員採用予定日　令和6年4月1日
　（2）多治見市任期付職員名簿登録期間　令和5年6月から令和8年5月まで
　　　※職員の育児休業取得等により随時採用を開始する予定です。

2　採用区分、職種、受験資格、採用予定人員
　（1）多治見市職員

採用区分	職種区分	受験資格 （下記の要件を全て満たすこと。性別は問いません）	採用予定人員
大卒以上 （上級）	土木技術	・平成10年4月2日以降に生まれ、学校教育法に基づく大学（これと同等以上の学歴を含む）を卒業した人又は令和6年3月31日までに卒業する見込みの人 ・土木の技術に関する専門教科を専攻した人	2人程度
	建築技術	・平成10年4月2日以降に生まれ、学校教育法に基づく大学（これと同等以上の学歴を含む）を卒業した人又は令和6年3月31日までに卒業する見込みの人 ・建築の技術に関する専門教科を専攻した人	1人程度
資格職	保育士・ 幼稚園教諭 （中級）	・昭和58年4月2日以降に生まれた人 ・最終学歴が学校教育法に基づく短期大学、高等専門学校（高専）、専門学校（※1）（これと同等以上の学歴を含む）を卒業した人又は令和6年3月31日までに卒業する見込みの人若しくはこれと同等以上の資格があると認められる人 ・保育士及び幼稚園教諭の両資格（免許）を取得している人又は令和6年3月31日までに取得する見込みの人	4人程度
民間企業等職務経験者 （上級）	土木技術	・昭和58年4月2日から平成8年4月1日までに生まれた人 ・学校教育法に基づく大学（これと同等以上の学歴を含む）を卒業した人 ・土木の技術に関する専門教科を専攻した人 ・民間企業等において、土木職に関連する業務に従事した経験が3年以上ある人（令和6年3月31日現在）（※2）	1人程度
	建築技術	・昭和58年4月2日から平成8年4月1日までに生まれた人 ・学校教育法に基づく大学（これと同等以上の学歴を含む）を卒業した人 ・建築の技術に関する専門教科を専攻した人 ・民間企業等において、建築職に関連する業務に従事した経験が3年以上ある人（令和6年3月31日現在）（※2）	1人程度

※1 専修学校の専門課程で、専門士の称号が付与される課程に限ります。
※2 常勤の正社員、公務員、自営業者等で1年以上継続して就業した期間が該当します。職務経験が複数ある場合には、通算することができます。ただし、同一期間内に複数の職務に従事した場合は、いずれか一方のみの職歴に限ります。最終合格発表後、職務経験期間の確認のため、職歴証明書を提出していただきます。
※3 試験過程で受験資格を満たしていないことが判明した場合、その時点で失格とします。

（2）多治見市任期付職員

試験区分	職種区分	受験要件 （下記の要件を全て満たすこと。性別は問いません。）	名簿登録人数 ※
初級～上級共通	一般事務	学校教育法に基づく高等学校（これと同等以上の学歴を含む）を卒業した人	2人程度
	保育士・幼稚園教諭	・学校教育法に基づく高等学校（これと同等以上の学歴を含む）を卒業した人 ・保育士及び幼稚園教諭の両資格（免許）を取得している人	6人程度
	研究職（デザイン）	・学校教育法に基づく高等学校（これと同等以上の学歴を含む）を卒業した人 ・陶芸及びデザインに関する広範で高い技術と知識を有する人	1人程度

※名簿登録人数は、令和5年6月1日以降の育児休業取得見込職員数（6か月以上の育児休業期間がある職員）に基づく見込人数です。

任期付職員（育児休業代替）とは

(1) 育児休業を取得する職員の代替として勤務する正規の職員です。
(2) 任期が定められていること、育児休業を取得できないこと等、一部の条件を除いて、給与、勤務時間、服務、休暇等の勤務条件は、任期の定めのない職員とほぼ同様です。
(3) 試験の合格者は採用候補者名簿に登録され、職員の育児休業の取得に合わせて採用されます。
(4) 名簿の有効期間は、登録の日から3年間です。ただし、名簿登録者の都合により採用できない場合は登録から抹消されます。
(5) 任期は、代替される職員の育児休業期間（最長3年未満）により異なります。6か月以上育児休業を取得する職員の代替となりますので、任期は概ね6か月以上3年未満です。
※代替される職員が育児休業期間を延長又は短縮した場合、任期を延長又は短縮する場合があります。また、名簿の登録期間内であれば、他の職員の代替として再度採用される場合があります。
※職員の育児休業の取得状況等によって、採用候補者名簿に登録されても採用されない場合があります。
※代替される職員の産前産後休暇期間に、臨時的任用職員として先行して採用されることがあります。

3 欠格事項

地方公務員法第16条各号のいずれかに該当する人は、受験できません。
①禁錮以上の刑に処せられ、その執行を終わるまでの人又はその執行を受けることがなくなるまでの人
②多治見市において懲戒処分を受け、当該処分の日から2年を経過しない人
③日本国憲法施行の日以後において、日本国憲法又はその下に成立した政府を暴力で破壊することを主張する政党その他の団体を結成し又はこれに加入した人

2 試験の概要

1 試験の日時・会場・合格発表

（1）多治見市職員（大卒以上（土木・建築）／資格職／民間経験者（土木・建築））

試験区分	日　時	会　場	合格発表
1次試験	令和5年5月7日（日）	多治見市産業文化センター	5月中旬
2次試験	令和5年5月下旬（予定）	未定	6月上旬
3次試験	令和5年6月中旬（予定）	未定	6月下旬

※　2次試験及び3次試験の日程及び会場は、受験人数などにより決定し通知します。

（2）多治見市任期付職員（一般事務／保育士・幼稚園教諭／研究職）

試験区分	日　時	会　場	合格発表
筆記試験	令和5年5月7日（日）	多治見市産業文化センター	5月下旬
口述試験	令和5年5月中旬	未定	

※　口述試験の日程及び会場は、受験人数などにより決定し通知します。

2 試験の内容

（1）多治見市職員（大卒以上（土木・建築）／資格職／民間経験者（土木・建築））

職　種	試験科目	試験内容
1次試験		
全職種	基礎能力検査	言語面・数理面の基礎能力を問う検査（択一式）
	小論文	論理性、思考力などをみる検査
	適性検査	対人能力やストレスに対する適応性などをみる検査
土木技術／建築技術	専門科目	専門科目試験（択一式）
2次試験（1次試験合格者のみ）		
全職種	口述試験	人物についての個別面接による試験
保育士・幼稚園教諭	実技試験（ピアノ実技）	当日指定する曲の初見弾き歌い（1曲）と得意曲の弾き歌い（1曲、楽譜持込み可）
3次試験（2次試験合格者のみ）		
全職種	口述試験	人物についての個別面接による試験

※小論文試験について

　1次試験日に実施しますが、採点は2次試験で行います。

（2）多治見市任期付職員（一般事務／保育士・幼稚園教諭／研究職）

職　種	試験科目	試験内容
任期付職員全職種	基礎能力検査	言語面・数理面の基礎能力を問う検査（択一式）
	適性検査	対人能力やストレスに対する適応性などをみる検査
	口述試験	人物についての個別面接による試験

※　次に該当する場合は、筆記試験が免除されます（受験職種と同じ職種に限る。）
・令和2年度、令和3年度又は令和4年度の多治見市職員採用試験（任期の定めのない正規職員）の第1次試験を合格した人
・筆記試験当日に、任期付職員採用候補者名簿に登録されている人
・筆記試験当日に、任期付職員の身分を有している人

3　試験結果の開示について

　　試験不合格者（本人又はその代理人）は、この試験の結果について開示請求をすることができます。開示を希望される方は、合否の決定日以降2週間以内に、受験票をお持ちになって多治見市役所人事課までお越しください。※開示内容は、当該試験の順位及び総合得点

51

3 受験の申込

（1）多治見市職員（大卒以上（土木・建築）／資格職／民間経験者（土木・建築））

申込期間	令和5年3月22日（水）～ 令和5年4月18日（火）17時15分
申込方法	原則、申込はインターネットで行ってください。 多治見市職員採用ページにアクセスし、「令和5年度多治見市職員採用試験の申込はこちら」をクリックし、順次画面の指示に従って申し込んでください。 URL：https://www.city.tajimi.lg.jp/gyose/shokuin/saiyo/index.html インターネット申込ができない方 原則、インターネットからの申込ですが、やむを得ない事情によりインターネット申込ができない場合は、郵送申込となります。以下の手続に従って、申し込んでください。 ①請求用封筒を用意する。 　（ア）宛先は8ページに記載の多治見市役所人事課 　（イ）封筒の表に「職員採用試験申込書請求」と記入（朱書き） 　（ウ）裏面に受験者の住所及び氏名を記入 ②連絡先を用意する。（電話番号又はメールアドレス、様式不問） ③返信用封筒を用意する。（長形3号、氏名及び申込書類の送付先住所84円切手貼付） ④4月7日（金）までに請求用封筒に連絡先と返信用封筒を入れ、書留又は簡易書留など確実な方法で郵送する。 ⑤人事課から届いた申込書を記入し、4月18日（火）までに郵送。（必着） ※請求及び申込手続に不備がある場合は、申込を受付しかねますのでご注意ください。 ※持参による提出は認めません。
提出書類	＜1次試験受験者＞ インターネット申込後、顔写真2枚（上半身、脱帽、正面向、たて5.0cm、よこ4.0cmで申込前6か月以内に撮影したもの）が必要となります。 詳細は、申込時に入力されたメールアドレスに届くメールに記載します。 ※申込の際、必ずパソコン又はスマートフォンのメールアドレスを入力してください。 　携帯電話会社が提供するメールアドレスは入力しないでください。 ＜2次試験受験者＞ 5月19日（金）までに、「面接シート」を提出していただくことになります。 様式は、後日ホームページに掲載予定です。
その他	・申込完了メールが届かない場合は、人事課へご連絡ください。 ・記載された内容に虚偽又は不正が判明した場合は、合格を取り消す場合があります。 ・提出された書類は、一切返却いたしません。 ・悪天候等により試験が中止になる際は、電子メール及びホームページにてお知らせします。

（２）多治見市任期付職員（一般事務／保育士・幼稚園教諭／研究職）

申 込 期 間	**令和5年3月22日（水）～　令和5年4月18日（火）　※必着** 申込期間を過ぎて届いた申込書は無効となります。
申 込 方 法	郵送で申し込みください。封筒の表に「職員採用試験申込書」と朱書して、書留又は簡易書留など確実な方法で郵送してください。
受 付 場 所	多治見市役所　企画部人事課（本庁舎4階） 〒507-8703 多治見市日ノ出町2丁目15番地 TEL　0572-22-1111 内線1421　　0572-22-1394（直通）
提 出 書 類	(1) 多治見市任期付職員採用試験申込書（所定の用紙、A4両面印刷で提出） 　　申込書に貼る写真は、上半身、脱帽、正面向、たて5.0cm、よこ4.0cmで申込前6か月以内に撮影したもの。 (2) 多治見市任期付職員採用試験エントリーシート（所定の用紙、A4片面） 　※ (1)(2)の様式は、ホームページからダウンロードしてください。ダウンロードができない方は、人事課窓口までお越しください。
そ の 他	・申込後、受験票を申込書に記入されたメールアドレス宛てに電子データ（PDFファイル）にて送付します。4月21日(金)までに届かない場合は、人事課までご連絡ください。 　※申込の際、必ずパソコン又はスマートフォンのメールアドレスを入力してください。 　　携帯電話会社が提供するメールアドレスは入力しないでください。 ・記載された内容に虚偽又は不正が判明した場合は、合格を取り消す場合があります。 ・提出された書類は、一切返却いたしません。 ・悪天候等により試験が中止になる際は、ホームページにてお知らせします。

4 その他

1 給与・福利厚生

（1）初任給（令和5年4月1日現在）

採用区分	初任給（給料月額に地域手当を加算）
新卒等	大学院修了 ： 約 204,000 円 大 学 卒 ： 約 190,000 円 ※職務経験等に応じて、給与月額が加算される場合があります。
資格職	大 学 卒 ： 約 185,000 円 短 大 卒 ： 約 172,000 円 ※資格による職務経験に応じて、給与月額が加算される場合があります。
民間企業等 職務経験者	初任給は、民間企業等における職歴等を勘案して決定します。 （例）大学卒業後民間企業等における職務経験が 10 年の場合：約 264,000 円
一般事務及び 研究職 （任期付職員）	約 159,000 円（高校新卒の場合） ※最終学歴が異なる場合は、修学年数で加算される場合があります。 ※職務経験がある場合は、各々の初任給に別途加算される場合があります。
保育士・ 幼稚園教諭 （任期付職員）	約 185,000 円（大学新卒の場合）、172,000 円（短大卒の場合） ※資格による職務経験に応じて、給与月額が加算される場合があります。

（2）手 当
期末・勤勉手当（ボーナス）、通勤手当、住居手当、扶養手当、時間外勤務手当、退職手当等

（3）福利厚生
岐阜県市町村職員共済組合加入（健康保険・年金）

2 受験手続その他採用試験に関するお問い合わせ

多治見市役所　企画部人事課（本庁舎4階）
　　　　　〒507-8703　　多治見市日ノ出町2丁目 15 番地
　　　　　TEL　0572-22-1111　内線 1421　　0572-22-1394（直通）
　　　　　e-mail　jinji@city.tajimi.lg.jp
　　　多治見市に関する情報、採用試験案内、合格発表をご覧いただけます。
　　　インターネットホームページ　https://www.city.tajimi.lg.jp/

採用試験案内、受験要項、合格発表等は、多治見市職員採用ページからご覧ください。

市採用ＨＰはこちら→ 　　　　職員採用ＰＲ動画はこちら→

保育士・幼稚園教諭ＰＲ動画
『わたしも主役』はこちら→

ご あ い さ つ

〜子どもたちの明るい未来のために〜

すべての子どもは、誰かに命を奪われることや自ら命を失うことがあってはなりません。また、どのような状況でも、すべての人が子どもの命を守るよう努めなければなりません。

（多治見市子どもの権利に関する条例（令和元年度改正）前文より）

　このたび、「子ども・子育て支援法」に基づく「たじみ子ども未来プラン」の見直しを行い、令和2年度から5年間の計画を策定しました。

　この計画は、子どもたちの健やかな成長のため、適切な環境や機会が等しく確保されるよう、サービスの提供体制や関連する事業の円滑な実施を定めるものです。

　本市では、将来を担う子どもたちの大切な命を守り、子どもの笑顔があふれる元気なまち、そして、子どもも、子どもに関わるおとなたちも「まるごと元気」にするまちづくりを進めていきます。

　保育サービスやたじっこクラブ（放課後児童クラブ）の更なる充実をはじめ、駅北庁舎3階の次世代育成フロアを活かした総合的な情報提供、相談、支援体制を強化します。安心して子育て・子育ちができる環境を整え、子どもたちの明るい未来を応援する施策を展開していきます。

　最後に、この計画の見直しにあたり、「共につくる」ことを大切にし、ご意見ご協力を賜りました多治見市子育ち支援会議の委員のみなさま、ニーズ調査にご協力をいただきました市民のみなさまに、深く御礼申し上げます。

　令和2年3月31日

多治見市長　**古 川 雅 典**

基本方針 1
楽しく子育て
できるまち

基本方針 2
子どもが豊かに
育つまち

基本方針 3
みんなで未来に
つなげるまち

計画の概要

計画策定の背景

　核家族化や地域におけるコミュニティの希薄化、児童虐待の顕在化、経済的に困難な状況にある世帯での子どもたちへの貧困の連鎖、若年層における自殺の深刻化など、子どもと家庭を取り巻く環境は大きく変化しています。加えて、IoT、ロボット、人工知能（AI）などの新たな技術によって、学校での学び方も変わってきました。

　このような中で、子どもを産み、育てる喜びが実感できる社会の実現、次世代の子どもたちが未来を生き抜く力を身に付けることができる社会の構築など、子育て・子育ちを社会全体で支援していくことが喫緊の課題となっています。

計画策定の趣旨

　本市においては、平成27年3月に、「子ども・子育て支援法」第61条第1項の規定に基づく「多治見市子育ち支援事業計画」と「次世代育成支援対策推進法」第8条の規定に基づく「多治見市次世代育成支援対策行動計画」を一体化した「たじみ子ども未来プラン」を策定し、さまざまな取り組みを進めています。

　今後も引き続き計画的に施策を推進するため、次期「多治見市子育ち支援事業計画」を策定し、「多治見市次世代育成支援対策行動計画」の中間見直しを行います。

　そして、これからの社会情勢の変化に対応しつつ、各計画と連携しながら、施策を総合的に推進し、切れ目のない支援による子育て環境の充実を目指していきます。

計画策定の位置付け

【国】
子ども・子育て支援法
次世代育成支援対策推進法

整合→

第7次多治見市総合計画
多治見市福祉基本条例
第4期多治見市地域福祉計画
たじみ子ども未来プラン

整合・連携

・多治見市高齢者保健福祉計画 2018
・第2次多治見市教育基本計画
・第6期多治見市障害者計画　等

計画の期間

令和2年度	令和3年度	令和4年度	令和5年度	令和6年度
たじみ子ども未来プラン [多治見市子育ち支援事業計画・多治見市次世代育成支援対策行動計画]				

57

子ども・子育てを取り巻く現状と課題

「安心して子育てできるまち」について ────●

● 身近に協力者がいない保護者の割合は1割程度

● 身近で気軽に相談できる仕組みや体制を構築し、妊娠、出産、産後、子育て期における切れ目のない支援を行うことが必要

● 妊娠から出産、乳幼児期と連続した公的支援に加え、子育て家庭同士の交流や、悩みを気軽に相談できる機会と場所の提供など、個々の状況に寄り添う支援を充実していくことが重要

「ゆとりをもって子育てできるまち」について ────●

● フルタイム、パート・アルバイト等で就労している母親の割合は全体の約6割

● パート・アルバイト等で就労している母親のうちフルタイムへの転換希望の割合は約2割、未就労の母親の就労希望の割合は約7割

● 幼児教育・保育無償化によるニーズの増加を適切に見込み、幼稚園、保育所の受け皿の確保とともに、教育・保育の質を高めていくことが必要

● 放課後児童クラブの整備とともに、様々な人との交流や地域との関わりを通じて、子どもが社会性を身につけられるよう、多様な体験・活動・交流ができる機会を提供することが必要

● 障がいのある児童・生徒の個々の状況に応じたサポート体制を充実し、医療的ケア児・重度心身障害児に対する支援施策を推進していくことが重要

「子どもが健やかに成長できるまち」について ────●

● 相談体制を充実し、学校の内外を問わずいじめがなくなるよう、学校・行政・家庭・地域など社会全体で取り組むことが必要

● 食育や学校給食などを通じて、保護者と子どもが栄養に対する知識や正しい食習慣を理解し、望ましい食生活を継続できるように支援することが必要

● 思春期は、子どもの成長段階において精神的に不安定になりやすい時期でもあるため、専門家による心理的な支援体制を確保することが必要

● 子どもの健やかな成長を支援するためにも、職業体験や環境学習など、多様な体験学習を進めていくことが必要

● 学校教育の推進や教育環境の整備、地域や家庭の教育力の向上に努めるとともに、子どもたちが自ら学び、考えて行動できるような「生きる力」を身に付ける取組が重要

「子どもが自主的に活動できるまち」について

- 放課後の居場所に対するニーズがさらに高まることが予測される
- 地域の人材や資源を活用した段階的な子どもの居場所づくりが求められている
- 子どもの成長を支えるためには、子ども自身が遊び・学び・食事を通じて、心身ともに健やかに育ち、将来に向けて必要な力を培うことができる環境づくりを進めていくことが重要
- 子どもが社会の一員として自立し、社会に積極的に関わる姿勢を身に付けるために、社会形成や社会参加に関する教育を推進することが必要
- 関係機関との連携や専門家のサポートを活用し、悩みを抱える子どもや家庭への支援を充実していくことが必要

「次の世代につなげるまち」について

- 働く母親や父親への育児支援はもちろんのこと、専業主婦家庭や育児休業中の家庭など、多くの子育て家庭において、地域における子育て支援が求められている
- 地域の中で子どもを育てていくために、子どもたちの居場所づくりの確保とともに、親子がともにふれ合う場所、年齢を超えた多世代交流の場所づくりを促進していくことが必要
- 母親の育児休業を取得した割合は5年前から増加している一方で父親の取得状況には大きな変化はなく、いまだに水準が低い
- 事業主に対して「ワーク・ライフ・バランス（仕事と生活の調和）」の実現に向けた意識啓発活動を行っていくとともに、多様な働き方を選択できるよう、雇用制度の変更を求めていくことが必要

「子育てと子育ちにやさしいまち」について

- 就学前児童調査では、子育てについて相談できる人がいない人がみられる
- 「社会全体で子どもの安全を守る」意識を高め、連携体制を構築・強化していくことが重要
- 子育ての不安に寄り添えるように、日ごろから相談しやすい体制づくりと関係の構築を図ることが必要
- 要保護児童対策地域協議会の機能強化を図り、子どもの虐待（疑いを含む）を発見した際には、速やかに通告し、連携・支援できる体制を強化することが求められている
- 支援を必要とする子どもや、困難を抱えた家庭の子どもが健やかに成長するためにも、一人ひとりの個性・能力に応じた配慮や、子どものライフステージに沿って、行政の各分野（保健、保育、教育、福祉等）と関係機関等が総合的に支援する仕組みが重要
- ひとり親家庭等、家庭の状況に応じた自立支援プログラムの策定、親の技能取得、就労支援、経済的支援などを、父子家庭も対象に含めて行っていくことが必要

施策の体系

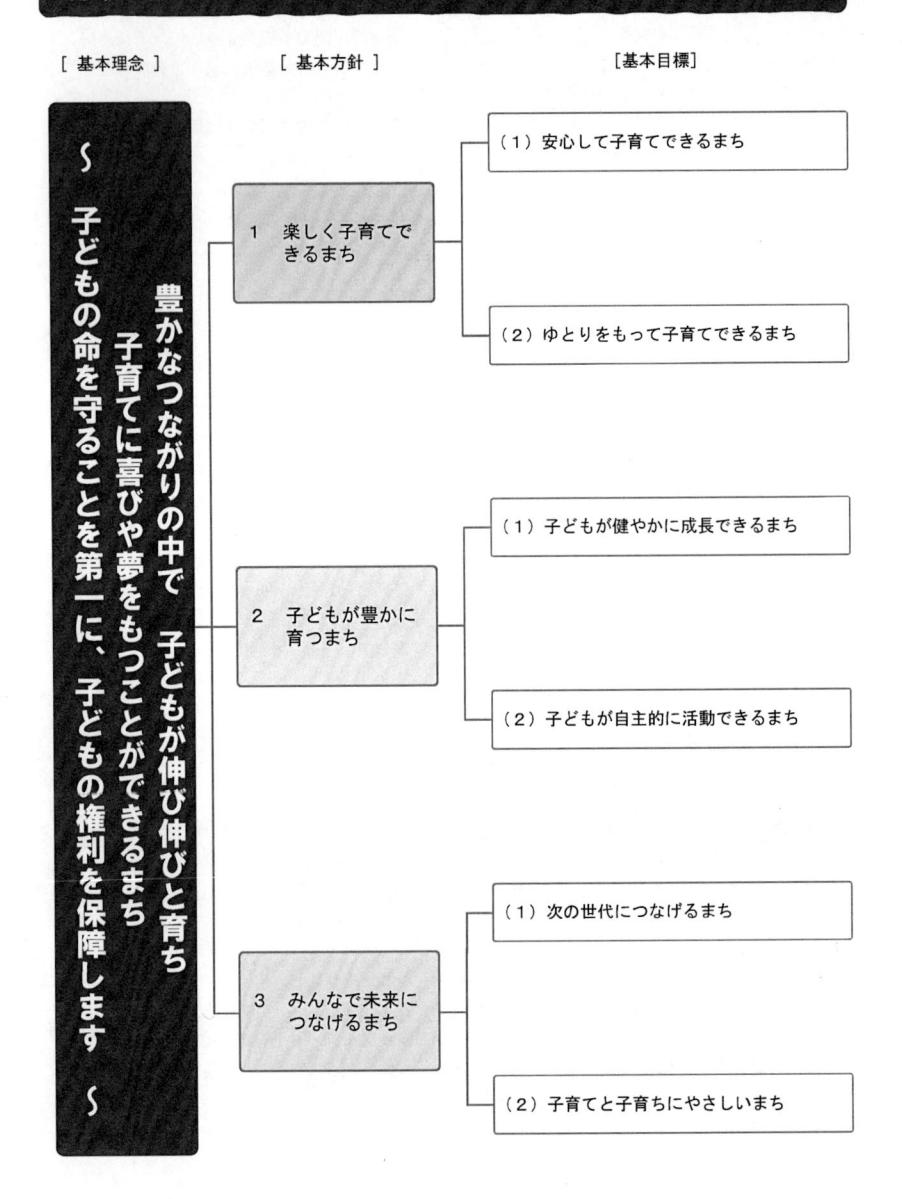

[基本理念]　　　　　[基本方針]　　　　　　　　[基本目標]

～子どもの命を守ることを第一に、子どもの権利を保障します～
豊かなつながりの中で　子どもが伸び伸びと育ち　子育てに喜びや夢をもつことができるまち

1　楽しく子育てできるまち
　（1）安心して子育てできるまち
　（2）ゆとりをもって子育てできるまち

2　子どもが豊かに育つまち
　（1）子どもが健やかに成長できるまち
　（2）子どもが自主的に活動できるまち

3　みんなで未来につなげるまち
　（1）次の世代につなげるまち
　（2）子育てと子育ちにやさしいまち

教育・保育及び地域子ども子育て支援事業の量の見込みと確保方策

幼稚園、保育所、認定こども園、地域型保育

		1号認定	2号認定		3号認定	
			教育を希望	左記以外	1・2歳	0歳
令和2年度	量の見込み	944	236	1,180	618	128
	確保方策	2,078		1,350	684	139
令和3年度	量の見込み	944	236	1,180	649	136
	確保方策	2,078		1,350	710	151
令和4年度	量の見込み	944	236	1,180	681	143
	確保方策	2,078		1,386	747	163
令和5年度	量の見込み	944	236	1,180	712	150
	確保方策	2,078		1,422	747	163
令和6年度	量の見込み	944	236	1,180	745	157
	確保方策	2,078		1,467	747	163

（単位：人）

地域子ども・子育て支援事業

事　業	区分	推計				
		令和2年度	令和3年度	令和4年度	令和5年度	令和6年度
利用者支援事業 （箇所）	見込み量	2	2	2	2	2
	確保方策	2	2	2	2	2
時間外保育事業 （延長保育）（人）	見込み量	512	516	520	524	528
	確保方策	512	516	520	524	528
放課後児童健全育成事業 （学童保育所）（人）	見込み量	1,110	1,200	1,219	1,218	1,186
	確保方策	1,110	1,200	1,219	1,218	1,186
子育て短期支援事業 （ショートステイ事業） （日）	見込み量	30	30	30	30	30
	確保方策	30	30	30	30	30
乳児家庭全戸訪問 事業（件）	見込み量	600	590	580	570	560
	確保方策	600	590	580	570	560
養育支援訪問事業 （世帯）	見込み量	20	20	20	20	20
	確保方策	20	20	20	20	20
要保護児童対策地域協議会その 他の者による要保護児童等に対 する支援に資する事業（回）	見込み量	57	57	57	57	57
	確保方策	57	57	57	57	57
地域子育て支援 拠点事業（人）	見込み量	36,000	36,000	36,000	36,000	36,000
	確保方策	36,000	36,000	36,000	36,000	36,000
一時預かり事業 （人）	見込み量	16,371	17,093	17,869	18,706	19,608
	確保方策	16,371	17,093	17,869	18,706	19,608
病児保育事業 （日）	見込み量	30	30	60	60	60
	確保方策	30	30	60	60	60
ファミリー・サポート・ センター事業（人）	見込み量	1,350	1,450	1,550	1,650	1,750
	確保方策	1,350	1,450	1,550	1,650	1,750
妊婦健康診査事業 （回）	見込み量	7,500	7,400	7,300	7,200	7,100
	確保方策	7,500	7,400	7,300	7,200	7,100

「たじみ子ども未来プラン概要版」より抜粋

令和5年度（2023年度）

中津川市職員採用試験案内

令和6年（2024年）4月1日採用

◆大卒・短大卒・専門職区分（7月試験）

【 受付期間 】令和5年（2023年）6月1日(木)～6月16日(金)

【1次試験日】令和5年（2023年）7月9日(日)

◆高卒区分（9月試験）

【 受付期間 】令和5年（2023年）8月1日(火)～8月18日(金)

【1次試験日】令和5年（2023年）9月17日(日)

【昨年からの変更点】

- ・論文試験を廃止しました。

- ・申込方法を原則WEBフォームに統一します。

【職員採用に関する問合先】

中津川市役所　市長公室 人事課 職員係

〒508-8501　岐阜県中津川市かやの木町2番1号

☎　0573-66-1111（内線344）

E-mail　jinji@city.nakatsugawa.lg.jp

◆大卒・短大卒・専門職区分（7月試験）◆

【試験区分・受験資格】

◆行政職等

職種	試験区分	受験資格（すべての要件を満たすこと）	募集人数
一般行政職	一般枠（大卒）	・昭和59年4月2日以降に生まれた人 ・学校教育法に基づく大学を卒業（令和6年3月末までに卒業見込みの人を含む）	10人程度
	一般枠（短大卒）	・昭和59年4月2日以降に生まれた人 ・学校教育法に基づく短期大学等を卒業（令和6年3月末までに卒業見込みの人を含む） ・学校教育法に基づく大学を卒業または卒業見込みでないこと	
	身体障がい者枠（大卒）	・学校教育法に基づく大学を卒業（令和6年3月末までに卒業見込みの人を含む） ・身体障害者手帳の交付を受けている人	若干人
	身体障がい者枠（短大卒）	・学校教育法に基づく短期大学等を卒業（令和6年3月末までに卒業見込みの人を含む） ・学校教育法に基づく大学を卒業または卒業見込みでないこと ・身体障害者手帳の交付を受けている人	
技術職（土木）	大卒	・昭和59年4月2日以降に生まれた人 ・学校教育法に基づく大学を卒業（令和6年3月末までに卒業見込みの人を含む） ・大学において土木に関する専門課程を専攻した人、または企業等における土木関係の設計、施工管理等の職務経験が通算して1年間以上ある人	若干人
	短大卒	・昭和59年4月2日以降に生まれた人 ・学校教育法に基づく短期大学等を卒業（令和6年3月末までに卒業見込みの人を含む） ・学校教育法に基づく大学を卒業または卒業見込みでないこと ・短期大学等において土木に関する専門課程を専攻した人、または企業等における土木関係の設計、施工管理等の職務経験が通算して2年間以上ある人	
技術職（建築）	大卒	・昭和59年4月2日以降に生まれた人 ・学校教育法に基づく大学を卒業（令和6年3月末までに卒業見込みの人を含む） ・大学において建築に関する専門課程を専攻した人、または企業等における建築関係の設計等の職務経験が通算して3年間以上ある人	若干人
	短大卒	・昭和59年4月2日以降に生まれた人 ・学校教育法に基づく短期大学等を卒業（令和6年3月末までに卒業見込みの人を含む） ・学校教育法に基づく大学を卒業または卒業見込みでないこと ・短期大学等において建築に関する専門課程を専攻した人、または企業等における建築関係の設計等の職務経験が通算して3年間以上ある人	

◆消防職

職種	試験区分	受験資格（すべての要件を満たすこと）	募集人数
消 防 職	大 卒	・平成 6 年 4 月 2 日以降に生まれた人 ・学校教育法に基づく大学を卒業（令和 6 年 3 月末までに卒業見込みの人を含む） ・普通自動車運転免許（MT 車）以上を取得（令和 6 年 3 月末までに取得見込みの人を含む）	若干人
	短 大 卒	・平成 6 年 4 月 2 日以降に生まれた人 ・学校教育法に基づく短期大学等を卒業（令和 6 年 3 月末までに卒業見込みの人を含む） ・学校教育法に基づく大学を卒業または卒業見込みでないこと ・普通自動車運転免許（MT 車）以上を取得（令和 6 年 3 月末までに取得見込みの人を含む）	
救急救命士	－	・平成元年 4 月 2 日以降に生まれた人 ・救急救命士の資格を取得（令和 6 年 3 月末までに取得見込みの人を含む）	若干人

※消防職・救急救命士は、採用後、中津川市消防本部まで約 1 時間以内に参集可能な距離に在住できる人に限ります。また、準中型（5t 限定可・AT 限定は解除が必要）以上の自動車運転免許を、採用後 5 年以内に各自の費用負担にて取得いただきます。

◆幼稚園・保育園・こども園

職種	試験区分	受験資格（すべての要件を満たすこと）	募集人数
保 育 士・ 幼稚園教諭	－	・保育士と幼稚園教諭の資格・免許を両方取得（令和 6 年 3 月末までに取得見込みの人を含む）	若干人

【留意事項】

※「大学」には、4 年制大学または同等以上の学歴を含みます。

※「短期大学等」には、短期大学、高等専門学校、専修学校の専門課程（文部科学大臣が認めた専門学校で、修了者に専門士の称号を付与される修業 2 年以上の課程）を含みます。

【申込期間】

受付期間	令和 5 年（2023 年）6 月 1 日(木)〜6 月 16 日(金) ・申込フォーム又は郵送による申込は、6 月 16 日（金）必着分まで有効です。 ※書類不備の場合は、申込受付いたしません。
受 験 票 の 交 付	・受験票は申込〆切後、受験番号等を記載して、7 月初旬までに郵送します。 ・7 月 3 日（月）までに受験票が届かないときは、人事課までお問い合わせください。

※申込先、申込書類等の説明については、9 ページをご覧ください。

【試験の方法】第 1 次試験

職種	試験種類	試験時間	内容・出題範囲（予定）
各職種共通 （一般行政職、技術職（土木）、技術職（建築）、消防職、救急救命士、保育士・幼稚園教諭）	教養試験	1 時間	文章読解能力、数的能力、推理判断能力、人文・社会、自然に関する一般知識、基礎英語について択一式による筆記試験 ※民間企業等でも実施されている能力検査方式の試験です
	適性検査	1 時間	職務遂行上必要な素質及び適性についての検査
専門試験 （右の職種のみ） 技術職（土木）	専門試験（土木）	2 時間	数学・物理、応用力学、水理学、土質工学、測量、土木計画（都市計画を含む）、材料・施工について択一式による筆記試験
技術職（建築）	専門試験（建築）	2 時間	数学・物理、構造力学、材料学、環境原論、建築史、建築構造、建築計画（都市計画、建築法規を含む）、建築設備、建築施工について択一式による筆記試験
消防職、救急救命士	体力試験	1 時間程度	立幅とび、上体起こし、腕立伏臥腕屈伸、時間往復走、握力、長座位前屈、懸垂

※ 2 次試験（8 月上旬）、3 次試験（8 月下旬）で面接を実施予定。

【筆記試験の一部免除について】

※技術職（土木）（建築）受験者で、次に掲げる①、②の条件をともに満たす場合、筆記試験のうち教養試験及び専門試験の受験を免除することができます。

　①「測量士」「土木施工管理技士（1 級・2 級）」「技術士（土木分野）」「一級建築士」
　　「二級建築士」「建築施工管理技士（1 級・2 級）」いずれかの資格を有している者
　②企業等における土木・建築の職務経験が通算して 3 年間以上ある場合

【第 1 次試験日】

　令和 5 年（2023 年）7 月 9 日（日）　受付開始時刻：午前 8 時 30 分（予定）

　　※試験時刻等は職種により異なります。詳細は、受験票の送付時にお知らせします。

【合格発表】

　第 1 次試験合格発表　　令和 5 年 7 月下旬予定
　　※第 2 次試験以降の日程等の詳細は、各試験の合格発表時にお知らせします。

◆各試験区分共通（７月試験・９月試験）◆

【受験資格における注意事項】

・次のいずれかに該当する人は、受験できません。
(1) 日本国籍を有しない人
(2) 禁錮以上の刑に処せられ、その執行を終わるまでまたはその執行を受けることがなくなるまでの人
(3) 日本国憲法施行の日以後において、日本国憲法またはその下に成立した政府を暴力で破壊すること
を主張する政党その他の団体を結成し、またはこれに加入した人
(4) 令和６年４月１日時点で年齢60歳以上となる人
(5) 同一年度内に受験済みの場合は、同一職種への応募は不可

【受験申込手続】※原則応募フォームにてご応募ください。

	注意事項	申込方法
・応募フォーム	・証明写真は必ず申込前 3 か月以内に撮影したものをアップロードしてください。（縦４×横３） ・Q17.自己 PR ついては自由記載となります。直接文字を入力せずに、word 等で作成される場合は、フォームに指定のエントリーシートを添付してください。	【応募フォーム QR コード】 https://logoform.jp/form/aJ9n/281785 ※こちらのリンクからもアクセス可能
・郵送の場合 （WEB フォームでの申込が不可能な場合に限る）	・郵送の場合は、提出書類を折らないよう、簡易書留または特定記録により送付してください。封筒の表に「職員採用試験受験申込」と記載してください。 【提出書類】 ・中津川市職員採用試験申込書（顔写真 たて４㎝×よこ３㎝ 貼付） ・中津川市職員採用試験エントリーシート ・職務経験調査（技術職（土木）（建築）で職務経験のある受験者のみ） ・資格認定証等の写し（技術職（土木）（建築）、で一部の試験の免除を申請する受験者のみ） ・身体障害者手帳の写し（一般行政職（身体障がい者枠）受験者のみ）	【郵送先】 〒508－8501　（住所不要） 中津川市役所　市長公室　人事課

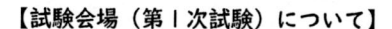

【試験会場（第１次試験）について】

会　場	７月試験：中津川市健康福祉会館（岐阜県中津川市かやの木町２−１） ９月試験：中津川市中央公民館　　（岐阜県中津川市本町２丁目３−25）

【採用日】　令和６年４月１日　※学校を卒業済の人は、採用日を繰り上げる場合があります。

【採用後の給与】

新規採用者の初任給 （令和５年４月採用の場合）	職　　種	大　　卒	短　大　卒	高　　卒
	一般行政職	185,200 円	167,100 円	154,600 円

※企業等における職務経験がある新規採用者は、経験年数が加算される場合があります。
※上記給料のほか、扶養手当、通勤手当、住居手当、期末・勤勉手当等の各種手当を支給します。

中津川市の自治体情報

概要版

第二期中津川市 子ども・子育て 支援事業計画

みんなで子育てやろまいか なかつっ子プラン

令和2年度〜令和6年度

令和2年3月
岐阜県 中津川市

1 計画の策定にあたって

🏠 計画策定の背景と趣旨

　中津川市では、第一期「中津川市子ども・子育て支援事業計画」の進捗状況、課題を整理するとともに、子ども・子育て支援に係る現在の利用状況や潜在的な利用ニーズを把握したうえで、教育・保育事業や地域子ども・子育て支援事業の量の見込み、提供体制の確保とその実施時期等を盛り込んだ「第二期中津川市子ども・子育て支援事業計画」を策定しました。

🏠 期間

　本計画の期間は、令和2年度から令和6年度までの5年間とします。第一期計画の基本的な方向性や該当する取り組みについて継承していきます。
　また、計画内容と実態にかい離が生じた場合は、計画の中間年において計画の見直しを行います。

平成27年度	平成28年度	平成29年度	平成30年度	令和元年度	令和2年度	令和3年度	令和4年度	令和5年度	令和6年度

中津川市子ども・子育て支援事業計画（第一期）　▶　第二期　中津川市子ども・子育て支援事業計画(本計画)

2 子ども・子育てを取り巻く現状と課題

🏠 中津川市の人口推移と推計

本市の3区分別人口の推移と推計をみると、0〜14歳の年少人口は減り続けており、15〜64歳の生産年齢人口も減少傾向にあるなかで、65歳以上の高齢者人口の割合は増加していることから、少子高齢化が進んでいることがうかがえます。

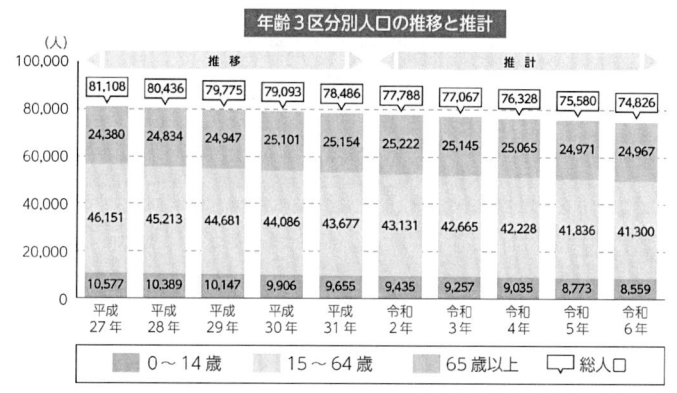

年齢3区分別人口の推移と推計

出典:実績値…中津川市「住民基本台帳」各年4月1日現在
推計値…コーホート変化率法により算出

🏠 子どもの人口の推移と推計

本市の0〜5歳の子ども人口の推移と推計をみると、年齢によっては増加している年があるものの、全体的に減少する見込みです。

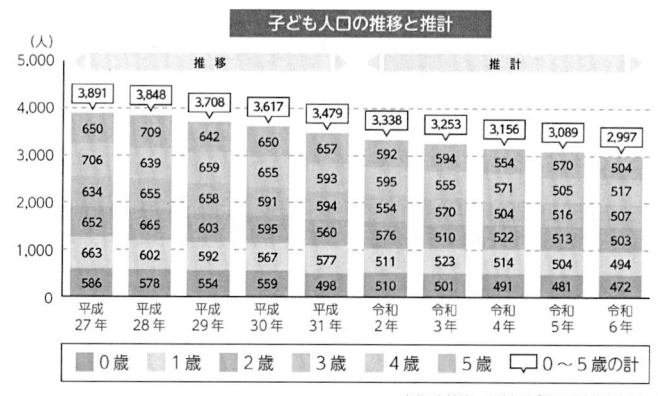

子ども人口の推移と推計

出典:実績値…中津川市「住民基本台帳」各年4月1日現在
推計値…コーホート変化率法により算出

🏠 子ども・子育て支援事業計画のための
調査結果からみた課題等

◆保育サービスや相談窓口の周知、情報提供方法の見直しについて

親族・知人等からの協力を得ることが難しい保護者に対し、既存の保育サービスや相談窓口の周知等、更なる情報提供を行うとともに、地域の保育力の強化及び、行政の相談窓口をより機能させる取り組みが必要です。

◆定期的な教育・保育事業について、利用実態と利用希望のかい離について

「認定こども園」については、これまで通り統合や再編を計画的に進めるとともに、定期的な教育・保育に対するニーズの多様化に対応できるよう整備を進めていく必要があります。

◆父親の育児参加を促進について

ニーズ調査の結果より、育児休暇の取得や短時間勤務制度の利用は母親の役目であるという役割意識の定着がうかがわれるため、父親が育児休業を取得しやすい職場環境づくりをはじめ、父親の育児参加の促進やワーク・ライフ・バランスの取り組みなど、父親の育児参加を促すための対策を進めていく必要があります。

◆子育ての悩みを相談する場の環境づくりや情報提供サービスの強化ついて

子育ての悩みを少しでも解消するため、情報提供やサービス提供体制の強化を図るとともに、児童虐待を未然に防ぐための対策や体制づくりを推進する必要があります。

3 計画の基本的な考え方

🏠 基本理念

本市の子ども・子育て支援施策の推進に当たり、目指すべき基本理念を次のとおり掲げます。

安心、優しさの中で心豊かな親子を育み
かがやく未来へ進みつづける中津川

子どもは社会の希望であり、未来をつくる存在です。子どもの健やかな育ちと子育てを支えることは、一人ひとりの子どもや保護者の幸せにつながることはもとより、社会の発展に欠かすことができません。安心・優しさをもって、子どもに限りない愛情を注ぎ、その存在に感謝し、日々成長する子どもとともに、親も成長し、心豊かな親子を育むことが大切です。

また、人が家庭を、家庭が地域を、地域がまちを築いていくことから、子どもは地域やまちが成長するための根幹であり、財産であるといえます。

地域の人たち・社会全体の力を合わせながら、すべての市民が心から「住んでよかった」、「住み続けたい」と思えるように、かがやく未来へ進み続ける中津川市を推進します。

🏠 基本的な視点（大切にしたい３つの視点）

1 すべての子どもの育ちの視点

子どもの視点に立ち、幼児期の人格形成を培う教育・保育が、良質かつ適切な内容及び水準のものとなるように配慮し、子どもの健やかな発達が保障され「子どもの最善の利益」が実現される社会を目指します。

2 子育て家庭を育む視点

保護者が自己肯定感をもちながら子どもと向き合える環境を整えることが、子どものより良い育ちを実現することにつながります。保護者としての自覚と責任を高め、豊かな愛情あふれる子育てが次代に継承されるよう、家庭での子育て力を高めていきます。

3 地域で子どもを育む視点

子どもの育ちにとってより良い環境となるように、地域で子どもや子育てを見守り、支えあうことができるような仕組みづくりを進めます。

---

1 家庭における子育てへの支援

（1）多様な子育て支援サービス環境の整備
（2）ひとり親家庭の自立支援の推進
（3）子育て家庭への経済的支援
（4）母と子どもの健康の確保
（5）要保護児童への支援

2 子どもの健やかな発達を保障する教育・保育の提供

（1）就学前教育・保育の体制確保
（2）生きる力を育む園・学校教育の充実
（3）幼・保・小の連携
（4）配慮が必要な子どもへの支援

3 すべての子どもの育ちを支える環境の整備

（1）家庭や地域の教育力の向上
（2）世代間交流を生かした教育力の向上
（3）地域における子どもの居場所づくりの推進
（4）安全・安心なまちづくり

4 子育てしやすい家庭や職業環境の整備

（1）仕事と子育ての両立を図るための環境の整備
（2）産休・育休復帰後に教育・保育を円滑に利用できる環境の整備

4 施策の展開

基本目標1　家庭における子育てへの支援

妊娠・出産・乳幼児期の育児を通して、すべての子育て家庭が適切な助言や公的なサービスを受けられる体制づくりを進めるとともに、虐待・貧困・ひとり親など困難な環境にあって支援が必要な子育て家庭を支えるための支援体制の充実や、関係機関との連携強化を図ります。

施策の方向1　多様な子育て支援サービス環境の整備

様々な地域資源の活用を図りながら、きめ細かな子育て支援サービスを提供するとともに、様々な場所での相談や情報提供を行い、保護者の育児負担の軽減を図ります。

また、地域ぐるみで子どもの育ちを支えるため、保護者や地域の人々が参画する支援の仕組みづくりを推進します。

| 重点事業 | ●子育て支援情報ネットワーク事業【子育て情報の提供】(子ども家庭課)
●利用者支援事業(子ども家庭課) |

施策の方向2　ひとり親家庭の自立支援の推進

子育てや生活支援、就業支援、経済的支援等、総合的な支援に努め、自立に向けた制度の充実を図ります。

| 重点事業 | ●ひとり親家庭の相談支援(子ども家庭課) |

施策の方向3　子育て家庭への経済的支援

経済的な理由で子どもを生み育てることが困難な状況にならないよう、各種手当等による経済的支援を行います。

| 重点事業 | ●乳幼児等福祉医療費の助成(社会福祉課) |

施策の方向4　母と子どもの健康の確保

安心して出産・子育てができるよう、関係機関との連携を強化しながら、健康診査、健康相談等の母子保健事業をきめ細かく実施していくとともに、子育て家庭がゆとりをもって楽しく子育てができるよう、安心して相談や交流ができる場を提供します。

また、医療法人や関係医療機関との連携を強化しながら、周産期医療に取り組みます。

| 重点事業 | ●乳幼児健康相談事業(健康医療課) |

施策の方向5　要保護児童への支援

育児不安や児童虐待の早期発見に努め、訪問による援助・育児指導を拡大するとともに、安心して妊娠・出産・子育てができるように子育てに関する様々な相談に応じます。また、必要な情報・サービスの提供を行い、育児不安や児童虐待の軽減を図ります。

| 重点事業 | ●要保護児童・DV防止対策地域協議会活動の実施(子ども家庭課)
●子育て世代包括支援センター事業(子ども家庭課) |

基本目標2　子どもの健やかな発達を保障する教育・保育の提供

　障がいのある子どもとその世帯に対し、きめ細かな支援を実施するために、保健・医療・福祉・教育等の関係機関との連携を強化し、障がいの早期発見からその後の療育まで、切れ目のない支援を進めていきます。
　また、小学校の教職員等が教育・保育についての理解を深めるとともに、幼稚園・保育園・認定こども園から小学校生活へ、円滑な移行を目指します。

施策の方向1　就学前教育・保育の体制確保

重点
事業
- 教育・保育の充実(幼児教育課)　　　● 病児・病後児保育の実施(子ども家庭課)
- 学校規模等適正化基本計画の推進(教育企画課・幼児教育課)

施策の方向2　生きる力を育む園・学校教育の充実

重点
事業
- 命の教育の充実(学校教育課・健康医療課・幼児教育課)
- 絆プランの推進(幼児教育課・学校教育課)

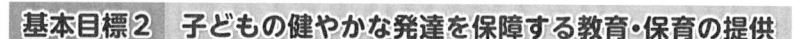

施策の方向3　幼・保・小の連携

重点
事業
- 幼児教育推進事業(幼児教育課)

施策の方向4　配慮が必要な子どもへの支援

重点
事業
- 障がいを持つ子への支援の充実(幼児教育課)
- 放課後等デイサービスの充実(社会福祉課)
- 発達相談の充実(幼児教育課)

基本目標3　すべての子どもの育ちを支える環境の整備

　子どもたちが心身ともに健やかに成長できるよう、地域資源を活用し、気軽に集い、育児の悩みや不安を共有・共感できる場を提供するとともに、子どもの居場所づくりや、子どもたちの地域活動に対する支援を充実させます。また、通学路の安全点検や地域の防犯活動に取り組むことで、地域の目で子どもを守ることができるよう支援します。

施策の方向1　家庭や地域の教育力の向上

　保護者が親としての自覚を持ち、子どもと向き合いながら自分らしい子育てができるよう、家庭・地域での子育てを支援し、社会全体で子どもを育てる活動を積極的に進めます。

重点
事業
- 学力アッププログラムの推進(学校教育課・幼児教育課)
- 絵本で子育て事業(図書館・健康医療課)

施策の方向2　世代間交流を生かした教育力の向上

　核家族化の進展や地域とのつながりが希薄になってきていることから、地域の人々や団体の協力を得て、異年齢の人たちと子どもたちとの交流を図り、地域ぐるみで子どもの育ちを支えます。

重点
事業
- 児童館・児童センターにおける世代間交流(子ども家庭課)

施策の方向3　地域における子どもの居場所づくりの推進

学校の空き教室など公共施設の活用等により、放課後の子どもの安全安心な居場所づくりを推進します。また、地域の中で安心して子ども同士が交流を行う場として、子どもが主体的に活動や学習、遊びができるような取り組みを積極的に推進します。

重点事業
- 放課後児童健全育成事業(子ども家庭課)
- 放課後子ども総合プランの推進(子ども家庭課)

施策の方向4　安全・安心なまちづくり

誰もが安全・安心に、そして快適に暮らせるまちづくりを目指すとともに、子どもを交通事故や犯罪から守るため、関係機関との連携・協力の強化を図り、交通事故や犯罪に巻き込まれないための対策を推進します。

重点事業
- スマートフォン・携帯電話・パソコンなどの情報モラルの啓発(防災安全課・学校教育課)
- 子どもの安全を守るパトロール隊(地域安全ボランティア団体)の推進(防災安全課・学校教育課)

基本目標4　子育てしやすい家庭や職業環境の整備

保護者が子育ての喜びを実感しながら仕事を続けられる社会をつくるためには、家庭・企業・社会における性別による固定的な役割分担意識の改善とともに、仕事と生活の調和のとれる働き方への理解や浸透に向けた取り組みを推進していきます。

施策の方向1　仕事と子育ての両立を図るための環境の整備

仕事と子育ての両立のためには、家庭の重要性を再認識するとともに、仕事優先型の働き方の見直しや子育てしやすい職場環境づくりの浸透・定着が必要なことから、事業所に対して意識啓発を進めていきます。

重点事業
- 企業の意識向上の推進(市民協働課・工業振興課)

施策の方向2　産休・育休復帰後に教育・保育を円滑に利用できる環境の整備

核家族化の進展や地域とのつながりが希薄になってきている中、地域の人々や団体の協力を得て様々な世代の人たちと子どもたちとの交流を図ることにより、地域ぐるみで子どもの育ちを支えます。

重点事業
- 教育・保育の充実(再掲)(幼児教育課)
- 利用者支援事業(再掲)(子ども家庭課)

5 教育・保育及び地域子ども・子育て支援事業の量の見込みと確保方策

🏠 教育・保育及び、地域子ども・子育て支援事業の提供区域の設定

本市の教育・保育施設及び地域子ども・子育て支援事業については、中心市街地の施設は周辺部の各地域からの利用があることや、周辺部の施設においても地域間での利用があるため、教育・保育及び地域子ども・子育て支援事業の提供区域は全市1つとして設定します。ただし、確保方策については、地理的条件、人口・交通事情その他社会的条件などを考慮したうえで進めていきます。

子育て世代包括支援センターについて

子育て世代包括支援センターの概要

すべての妊産婦及び乳幼児とその保護者を対象に、予防的な観点から母子保健事業と子育て事業を一体的に提供することで、包括的な支援を実施します。

また、育児不安や児童虐待の早期発見に努め、訪問等による援助・育児指導や相談体制の充実を図るため、子ども家庭総合拠点を設置し、適切な対応ができるよう関係機関と連携し、子どもの権利擁護、虐待に対する親への指導、家族関係の修復支援などを、効果的・効率的に実施できるネットワーク体制の強化を図ります。

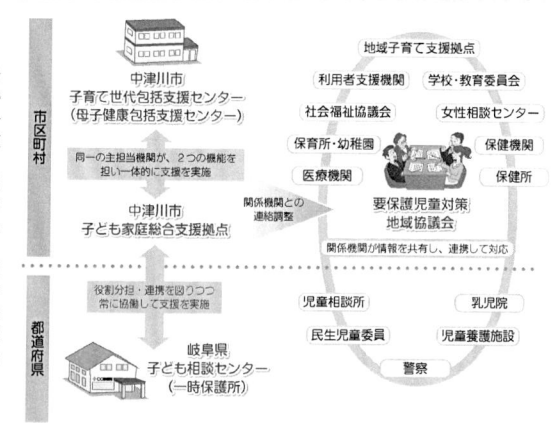

6 計画の進行管理

🏠 施策の実施状況の点検

計画の適切な進行管理を進めるために、「PDCAサイクル」による「継続的改善」の考え方のもと、庁内関係各課を中心に具体的施策の進行状況について把握するとともに、「中津川市子ども・子育て会議」にて施策の実施状況について点検し、これに基づいて対策を実施します。

また、「施策の展開」に位置付けている各事業について、指標に基づき評価・分析し、随時必要に応じて事業の見直しを行います。

発行年月：令和2年3月
発　　行：中津川市　市民福祉部　子ども家庭課
　　　　　〒508-8501　岐阜県中津川市かやの木町2番1号
　　　　　電話：0573-66-1111

「第二期中津川市子ども・子育て支援事業計画（概要版）」より

第2章

専門試験
幼稚園教諭分野

幼稚園教育要領

専門試験

幼稚園教育要領

≣ POINT ≣

▶ 幼稚園教育において育成する資質・能力

平成29年改訂の「幼稚園教育要領」では，改訂の趣旨，教育基本法，学校教育法の内容等を踏まえ，以下の資質・能力を一体的に育むこととしている。

・豊かな体験を通じて，感じたり，気付いたり，分かったり，できるようになったりする「**知識及び技能の基礎**」
・気付いたことや，できるようになったことなどを使い，考えたり，試したり，工夫したり，表現したりする「**思考力，判断力，表現力等の基礎**」
・心情，意欲，態度が育つ中で，よりよい生活を営もうとする「**学びに向かう力，人間性等**」

そして，「幼児期の終わりまでに育ってほしい姿」として，下記の項目の面から具体的に示されている。

(1)健康な心と体，(2)自立心，(3)協同性，(4)道徳性・規範意識の芽生え，
(5)社会生活との関わり，(6)思考力の芽生え，(7)自然との関わり・生命尊重，
(8)数量や図形，標識や文字などへの関心・感覚，(9)言葉による伝え合い，
(10)豊かな感性と表現

▶ 教育課程の役割

教育課程は幼稚園教育におけるねらいが，**幼稚園生活の全体を通して，総合的に達成されるよう**，教育期間や幼児の生活経験，発達の過程などを考慮して作成される。また，留意点の一つとして，次の内容が示されている。

　幼児の生活は，入園当初の一人一人の遊びや教師との触れ合いを通して幼稚園生活に親しみ，安定していく時期から，他の幼児との関わりの中で幼児の主体的な活動が深まり，幼児が互いに必要な存在であることを認識するようになり，やがて幼児同士や学級全体で目的をもって協同して幼稚園生活を展開し，深めていく時期などに至るまでの過程を様々に経ながら

> 広げられていくものであることを考慮し，活動がそれぞれの時期にふさわしく展開されるようにすること。

　なお，特別の事情のある場合を除き教育週数は39週を下ってはならず，1日の教育時間は4時間を標準としているが，幼児の心身の発達の程度や季節などに適切に配慮することも，ただし書きとして加えられている。

▶ 指導計画作成と留意事項

　指導計画は年，学期，月単位の長期計画と週，日単位の短期計画を作成する必要がある。特に短期計画については「幼児の生活のリズムに配慮し，幼児の意識や興味の連続性のある活動が相互に関連して幼稚園生活の自然な流れの中に組み込まれるようにすること」としている。

　作成にあたっては具体性が求められるが「幼児の発達の過程を見通し，**幼児の生活の連続性，季節の変化**などを考慮して，幼児の興味や関心，発達の実情などに応じて設定する」としている。また，環境については「幼児の生活する姿や発想を大切にし，常にその環境が適切なものとなるようにすること」とある。その他，留意事項として多様な体験と成長，言語活動の充実，見通しや振り返りの機会を持つこと，行事に関する指導が示されている。

▶ 教育時間の終了後等に行う教育活動

　保護者の要請等により，教育時間の終了後などに希望する者を対象に行う教育活動の留意点として，主に以下のことが掲げられている。

- 教育課程に基づく活動を考慮し，幼児期にふさわしい無理のないものとなるようにすること。その際，教育課程に基づく活動を担当する教師と緊密な連携を図るようにすること。
- 家庭や地域での幼児の生活も考慮し，教育課程に係る教育時間の終了後等に行う教育活動の計画を作成するようにすること。その際，地域の人々と連携するなど，地域の様々な資源を活用しつつ，多様な体験ができるようにすること。
- 家庭との緊密な連携を図るようにすること。その際，情報交換の機会を設けたりするなど，保護者が，幼稚園と共に幼児を育てるという意識が高まるようにすること。
- 地域の実態や保護者の事情とともに幼児の生活のリズムを踏まえつつ，例えば実施日数や時間などについて，弾力的な運用に配慮すること。

　さらに幼稚園における幼児期教育のセンター的機能について言及されており，その具体的内容として，①子育ての支援のために保護者や地域の人々に機能や施設を開放，②園内体制の整備や関係機関との連携及び協力，③幼児期の教育に関する相談や情報提供に応じる，④幼児と保護者との登園の受け入れ，⑤保護者同士の交流機会の提供をあげている。

演習問題

1 平成29年3月に告示された幼稚園教育要領の「前文」に示されている内容として誤っているものを，次の①〜⑤から1つ選びなさい。

（難易度■■■□□）

① これからの幼稚園には，学校教育の始まりとして，こうした教育の目的及び目標の達成を目指しつつ，一人一人の幼児が，将来，自分のよさや可能性を認識するとともに，あらゆる他者を価値のある存在として尊重し，多様な人々と協働しながら様々な社会的変化を乗り越え，豊かな人生を切り拓き，持続可能な社会の創り手となることができるようにするための基礎を培うことが求められる。

② 教育課程を通して，これからの時代に求められる教育を実現していくためには，よりよい学校教育を通してよりよい社会を創るという理念を学校と社会とが共有し，それぞれの幼稚園において，幼児期にふさわしい生活をどのように展開し，どのような資質・能力を育むようにするのかを教育課程において明確にしながら，社会との連携及び協働によりその実現を図っていくという，社会に開かれた教育課程の実現が重要となる。

③ 幼稚園においては，学校教育法第24条に規定する目的を実現するための教育を行うほか，幼児期の教育に関する各般の問題につき，保護者及び地域住民その他の関係者からの相談に応じ，必要な情報の提供及び助言を行うなど，家庭及び地域における幼児期の教育の支援に努める。

④ 各幼稚園がその特色を生かして創意工夫を重ね，長年にわたり積み重ねられてきた教育実践や学術研究の蓄積を生かしながら，幼児や地域の現状や課題を捉え，家庭や地域社会と協力して，幼稚園教育要領を踏まえた教育活動の更なる充実を図っていくことも重要である。

⑤ 幼児の自発的な活動としての遊びを生み出すために必要な環境を整え，

一人一人の資質・能力を育んでいくことは，教職員をはじめとする幼稚園関係者はもとより，家庭や地域の人々も含め，様々な立場から幼児や幼稚園に関わる全ての大人に期待される役割である。

2 次は幼稚園教育要領(平成29年3月告示)の第1章「総則」の第3「教育課程の役割と編成等」にある事項である。空欄(A)〜(E)に当てはまる語句を語群から選ぶとき，正しい組み合わせを，あとの①〜⑤から1つ選びなさい。　　　　　　　　　　　　　　　　(難易度■■□□□)

1　……特に，(A)が芽生え，他者の存在を意識し，自己を(B)しようとする気持ちが生まれる幼児期の発達の特性を踏まえ，入園から修了に至るまでの長期的な視野をもって充実した生活が展開できるように配慮するものとする。

2　幼稚園の毎学年の教育課程に係る教育週数は，特別の事情のある場合を除き，(C)週を下ってはならない。

3　幼稚園の1日の教育課程に係る教育時間は，(D)時間を標準とする。ただし，幼児の心身の発達の程度や(E)などに適切に配慮するものとする。

〔語群〕

ア	自立	イ	依存	ウ	自我
エ	主張	オ	抑制	カ	調整
キ	38	ク	39	ケ	40
コ	4	サ	5	シ	6
ス	習慣	セ	家庭環境	ソ	季節

① A−ア　B−エ　C−ク　D−サ　E−ス
② A−ア　B−カ　C−ケ　D−コ　E−セ
③ A−イ　B−オ　C−キ　D−シ　E−ス
④ A−ウ　B−オ　C−ク　D−コ　E−ソ
⑤ A−ウ　B−エ　C−ク　D−サ　E−ソ

3 幼稚園教育要領(平成29年3月告示)の第1章「総則」の第3「教育課程の役割と編成等」の内容として正しいものを，次の①〜⑤から1つ選びなさい。　　　　　　　　　　　　　　　　　(難易度■■□□□)

① 教育課程の編成に当たっては，幼稚園教育において育みたい資質・能力

を踏まえつつ，各幼稚園の教育目標を明確にするとともに，教育課程の編成についての基本的な方針が家庭や地域とも共有しなければならない。

② 幼稚園生活の全体を通して第2章に示すねらいが総合的に達成されるよう，教育課程に係る教育期間や幼児の生活経験や発達の過程などを考慮して具体的なねらいと内容を保護者に示さなければならない。

③ 自我が芽生え，他者の存在を意識し，自己を抑制しようとする気持ちが生まれる幼児期の発達の特性を踏まえ，入園から修了に至るまでの長期的な視野をもって充実した生活が展開できるように配慮する。

④ 幼稚園の毎学年の教育課程に係る教育週数は，特別の事情のある場合を除き，35週を下ってはならない。

⑤ 幼稚園の1日の教育課程に係る教育時間は，3時間を標準とする。ただし，幼児の心身の発達の程度や季節などに適切に配慮するものとする。

4 次の文は幼稚園教育要領(平成29年3月告示)の第1章「総則」の第5「特別な配慮を必要とする幼児への指導」の「1　障害のある幼児などへの指導」である。文中の下線部のうち誤っているものを，文中の①〜⑤から1つ選びなさい。　　　　　　　　　　　　　(難易度■■■□□)

　障害のある幼児などへの指導に当たっては，集団の中で生活することを通して①全体的な発達を促していくことに配慮し，②医療機関などの助言又は援助を活用しつつ，個々の幼児の障害の状態などに応じた指導内容や指導方法の工夫を③組織的かつ計画的に行うものとする。また，家庭，地域及び医療や福祉，保健等の業務を行う関係機関との連携を図り，④長期的な視点で幼児への教育的支援を行うために，個別の教育支援計画を作成し活用することに努めるとともに，個々の幼児の実態を的確に把握し，個別の指導計画を作成し⑤活用することに努めるものとする。

5 幼稚園教育要領(平成29年3月告示)の第1章「総則」の第4「指導計画の作成と幼児理解に基づいた評価」の内容として正しいものを，次の①〜⑤から1つ選びなさい。　　　　　　　　　　　　　(難易度■■■■□)

① 指導計画は，幼児が集団による生活を展開することにより，幼児期として必要な発達を得られるよう，具体的に作成する必要がある。

② 指導計画の作成に当たっては，幼児の具体的な活動は，生活の流れの中で一定の方向性をもっていることに留意し，それを望ましい方向に向

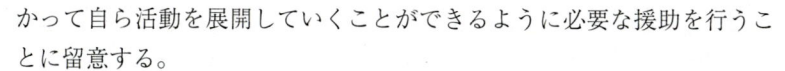

かって自ら活動を展開していくことができるように必要な援助を行うことに留意する。

③　長期的に発達を見通した年，学期，月などにわたる長期の指導計画については，幼児の生活のリズムに配慮し，幼児の意識や興味の連続性のある活動が相互に関連して幼稚園生活の自然な流れの中に組み込まれるようにする。

④　行事の指導に当たっては，それぞれの行事においてはその教育的価値を十分検討し，適切なものを精選し，幼児の負担にならないようにすることにも留意する。

⑤　幼児一人一人の発達の理解に基づいた評価の実施に当たっては，評価の客観性や連続性が高められるよう創意工夫を行い，組織的かつ計画的な取組を推進する。

6　幼稚園教育要領(平成29年3月告示)についての記述として適切なものを，次の①〜⑤から1つ選びなさい。　　　　　　　　(難易度■■■□□)

①　幼稚園教育要領については，学校教育法に，「教育課程その他の保育内容の基準として文部科学大臣が別に公示する幼稚園教育要領によるものとする」と規定されている。

②　学校教育法施行規則には，「幼稚園の教育課程その他の保育内容に関する事項は，文部科学大臣が定める」と規定されている。

③　幼稚園教育要領は教育課程，保育内容の基準を示したものであり，国公立幼稚園だけでなく私立幼稚園においてもこれに準拠する必要がある。

④　保育所保育指針，幼稚園教育要領はともに平成29年3月に改定(訂)されたが，保育所保育指針は厚生労働省雇用均等・児童家庭局長の通知であるのに対し，幼稚園教育要領は文部科学大臣の告示である。

⑤　幼稚園教育要領は平成29年3月に改訂され，移行措置を経て平成31年度から全面実施された。

7　幼稚園教育要領(平成29年3月告示)第1章「総則」に関する記述として正しいものを，次の①〜⑤から1つ選びなさい。　　　　(難易度■■■□□)

①　従来，幼稚園教育の基本としてあげられていた「幼児期における教育は，生涯にわたる人格形成の基礎を培う重要なもの」とする記述は，改正教育基本法に明記されたことから，幼稚園教育要領からは削除されている。

② 幼稚園教育の基本について，教師は，幼児の主体的な活動が確保されるよう幼児の集団としての行動の理解と予想に基づき，計画的に環境を構成しなければならないことがあげられている。

③ 幼稚園教育の目標の1つとして，健康，安全で幸福な生活のための基本的な生活習慣・態度を育て，健全な心身の基礎を培うようにすることがあげられている。

④ 教育課程について，各幼稚園においては，教育課程に基づき組織的かつ計画的に各幼稚園の教育活動の質の向上を図っていくことに努めるものとされている。

⑤ 毎学年の教育週数は，特別の事情のある場合を除き，39週を下ってはならないこと，また1日の教育時間は，4時間を標準とすることが明記されている

8 幼稚園教育要領(平成29年3月告示)の第2章「ねらい及び内容」について，適切なものを，次の①〜⑤から1つ選びなさい。　(難易度■■■□□)

① 「ねらい」は，幼稚園教育において育みたい資質・能力を幼児の遊ぶ姿から捉えたものである。

② 「内容」は，「ねらい」を達成するために指導する事項であり，幼児が環境に関わって展開する具体的な活動を通して個別的に指導される。

③ 「ねらい」は，幼稚園における生活の全体を通じ，幼児が様々な体験を積み重ねる中で相互に関連をもちながら次第に達成に向かうものである。

④ 幼稚園の教育における領域は，小学校の教科にあたるものであり，領域別に教育課程を編成する。

⑤ 特に必要な場合は，各領域のねらいが達成できるようであれば，具体的な内容についてこれを指導しないことも差し支えない。

9 幼稚園教育要領(平成29年3月告示)の第1章「総則」の第4「指導計画の作成と幼児理解に基づいた評価」について，「指導計画の作成上の留意事項」として適切なものを，次の①〜⑤から1つ選びなさい。

(難易度■■■□□)

① 長期的に発達を見通した長期の指導計画を作成する際は，幼児の生活のリズムに配慮し，幼児の意識や興味の連続性のある活動が相互に関連して幼稚園生活の自然な流れの中に組み込まれるようにする必要がある。

② 幼児の行う活動は，個人，グループ，学級全体などで多様に展開されるが，一人一人の幼児が興味や欲求を満足させるため，特に個人の活動については幼稚園全体の教師による協力体制をつくり，援助していかなければならない。

③ 幼児の主体的な活動を促すためには，教師は多様な関わりをもつが，基本は共同作業者ではなく，理解者としての役割を果たすことを通して，幼児の発達に必要な豊かな体験が得られるよう適切な指導を行うようにする。

④ 言語に関する能力の発達と思考力の発達が関連していることを踏まえ，幼稚園生活全体を通して，幼児の発達を踏まえた言語環境を整え，言語活動の充実を図る。

⑤ 視聴覚教材やコンピュータなど情報機器を活用する際には，幼稚園生活で体験したことの復習に用いるなど，幼児の体験との関連を考慮する。

10 以下の幼稚園教育要領(平成29年3月告示)における指導計画の作成上の留意事項について，空欄(A)〜(C)にあてはまる語句として適切なものの組み合わせを，あとの①〜⑤から1つ選びなさい。

(難易度■■■■□)

○行事の指導に当たっては，幼稚園生活の自然の流れの中で生活に変化や潤いを与え，幼児が(A)に楽しく活動できるようにすること。なお，それぞれの行事についてはその(B)価値を十分検討し，適切なものを精選し，幼児の負担にならないようにすること。

○幼児期は(C)な体験が重要であることを踏まえ，視聴覚教材やコンピュータなど情報機器を活用する際には，幼稚園生活では得難い体験を補完するなど，幼児の体験との関連を考慮すること。

ア 主体的	イ 保育的	ウ 具体的	エ 文化的
オ 積極的	カ 直接的	キ 能動的	ク 教育的
ケ 双方的			

① A−ア　B−イ　C−ウ
② A−オ　B−イ　C−カ
③ A−キ　B−ク　C−ケ
④ A−ア　B−ク　C−カ
⑤ A−オ　B−エ　C−ウ

解答・解説

1 ③

解説

　今回の幼稚園教育要領の改訂の大きな特徴として，総則の前に「前文」が示されたことがある。前文では「小学校以降の教育や生涯にわたる学習とのつながりを見通しながら，幼児の自発的な活動としての遊びを通しての総合的な指導をする際に広く活用されるものとなることを期待して，ここに幼稚園教育要領を定める」とあり，小学校教育以降の教育の基礎や幼稚園教育要領を通じてこれからの時代に求められる教育を実現するため，幼児期における教育の重要性を述べている。③は誤りで学校教育法第24条の内容となっている。

2 ④

解説

　1は第1章「総則」第3の3 (1)による。**A**には「自我」，**B**には「抑制」が当てはまる。2は第1章「総則」第3の3 (2)による。**C**には「39」が当てはまる。記述にある「特別の事情」とは台風，地震，豪雪などの非常変災，その他急迫の事情があるときや伝染病の流行などの事情が生じた場合である。3は第1章「総則」第3の3 (3)による。**D**には「4」，**E**には「季節」が当てはまる。教育課程に係る1日の教育時間については，幼児の幼稚園における教育時間の妥当性および家庭や地域における生活の重要性を考慮して4時間が標準となっている

3 ③

解説

　①は「2　各幼稚園の教育目標と教育課程の編成」，②〜⑤は「3　教育課程の編成上の基本的事項」の内容である。

① 　誤り。「共有しなければならない。」ではなく「共有されるよう努めるものとする。」が正しい。

② 　誤り。「内容を保護者に示さなければならない。」ではなく「内容を組織するものとする。」が正しい。

④ 　誤り。「35週」ではなく「39週」が正しい。

⑤ 　誤り。「3時間を標準とする。」ではなく「4時間を標準とする。」が正しい。

4 ②
解説

　子どもたちの発達の支援は今回の幼稚園教育要領改訂の特徴の1つである。特別支援学級や通級による指導における個別の指導計画等の全員作成，各教科等における学習上の困難に応じた指導の工夫などがある。②は「医療機関」ではなく「特別支援学校」が正しい。

5 ④
解説

① 「集団による生活」ではなく「幼児期にふさわしい生活」，「発達」ではなく「体験」が正しい。

② 「一定の方向性を持っていることに留意し，それを」ではなく「様々に変化するものであることに留意し，幼児が」が正しい。

③ 「長期的に発達を見通した年，学期，月などにわたる長期の指導計画」ではなく「具体的な幼児の生活に即した週，日などの短期の指導計画」が正しい。

④ 正しい。

⑤ 「客観性や連続性」ではなく「妥当性や信頼性」が正しい。

6 ③
解説

① 学校教育法施行規則第38条に規定されている。学校教育法には幼稚園教育要領についての規定はない。

② 学校教育法施行規則にはこの規定はなく，学校教育法第25条に「幼稚園の教育課程その他の保育内容に関する事項は，第22条及び第23条の規定に従い，文部科学大臣が定める」との規定がある。学校教育法第22，23条は幼稚園の教育目的，幼稚園の教育目標について述べた条文である。

③ 正しい。

④ 保育所保育指針は，それまで局長通知であったが平成20年3月の改定から厚生労働大臣の告示とされている。このため「改訂」ではなく「改定」が使われる。

⑤ 幼稚園教育要領(平成29年3月告示)は平成30年度から実施された。

7 ④

解説

① 逆である。教育基本法第11条に「幼児期の教育は，生涯にわたる人格形成の基礎を培う重要なものである」と規定されたことから，従来は記述がなかった幼稚園教育要領にもこれが明記されることとなった。

② 「幼児の集団としての行動の理解と予想」ではなく，「幼児一人一人の行動の理解と予想」が正しい。

③ 第1章「総則」からは平成20年の改訂より「幼稚園教育の目標」は削除されている。学校教育法における幼稚園教育の目標が見直されたことを踏まえたものである。

④ 正しい。この内容をカリキュラム・マネジメントという。

⑤ 「教育時間」ではなく，「教育課程に係る教育時間」が正しい。

8 ③

解説

① 「遊ぶ姿」ではなく「生活する姿」である。

② 「個別的」ではなく「総合的」である。

③ 適切である。

④ 幼稚園の教育における領域は，それぞれ独立した授業として展開される小学校の教科とは異なる。領域別の教育課程の編成や，特定の活動と結び付けた指導などはしない。

⑤ 「特に必要な場合には，各領域に示すねらいの趣旨に基づいて適切な，具体的な内容を工夫し，それを加えても差し支えない」とされている。「指導しないことも差し支えない」のではなく，「加えても差し支えない」である。ただし，その場合は「幼稚園教育の基本を逸脱しないよう慎重に配慮する」とされている。

9 ④

解説

① 記述は週，日などの短期の指導計画についてである。

② いずれの活動についても，幼稚園全体の教師による協力体制をつくり，一人一人の幼児が興味や欲求を満足させるよう適切な援助を行う必要がある。

③ 教師は理解者を基本とするものではない。共同作業者でもあるほか様々な役割を果たす。

④　適切である。平成29年の改訂時に新規に記述された項目である。

⑤　「幼稚園生活で体験したことの復習に用いる」ではなく「幼稚園生活では得難い体験を補完する」である。これは，幼児期において直接的な体験が重要であることを踏まえた記述である。

10 ④

解説

A　幼児が行事に期待感をもち，主体的に取り組んで，喜びや感動，さらには，達成感を味わうことができるように配慮する必要がある。

B　その行事が幼児にとってどのような意味をもつのかを考えながら，それぞれの教育的価値を十分に検討する必要がある。

C　幼稚園生活では得難い体験の例としては，園庭で見付けた虫をカメラで接写して肉眼では見えない体のつくりや動きを捉えたりすることなどが考えられる。

幼稚園教育要領解説

◀ 演習問題（幼稚園教育要領解説）▶

1 幼稚園教育要領解説(平成30年2月，文部科学省)の第1章「総説」の第1節「幼稚園教育の基本」にある「環境を通して行う教育」に関する記述として，適切なものの組み合わせを，あとの①～⑤から1つ選びなさい。

(難易度■■■■□)

ア　幼児が自ら周囲に働き掛けてその幼児なりに試行錯誤を繰り返し，自ら発達に必要なものを獲得しようとするようになる姿は，いろいろな活動を教師が計画したとおりに，全てを行わせることによって育てられる。

イ　活動の主体は幼児であり，教師は活動が生まれやすく，展開しやすいように意図をもって環境を構成していく。

ウ　幼児が何を体験するかは幼児の活動にゆだねるほかはないのであり，「幼児をただ遊ばせている」だけでも，幼児の主体的活動を促すことになる。

エ　環境を通して行う教育は，教師の支えを得ながら文化を獲得し，自己の可能性を開いていくことを大切にした教育である。

オ　幼児の周りに遊具や用具，素材を配置し，幼児の動くままに任せることによって，その対象の潜在的な学びの価値を引き出すことができる。

①　ア，イ　　②　ア，ウ，オ　　③　イ，エ　　④　ウ，エ，オ
⑤　エ，オ

2 幼稚園教育要領解説(平成30年2月，文部科学省)が「幼稚園教育の基本」で述べている「教師の役割」として適切なものを，次の①～⑤から1つ選びなさい。　　　　　　　　　　　　　　　(難易度■■□□□)

①　教師は幼児の自発的な活動としての遊びを生み出すために必要な教育環境を整える役割があるが，それは幼児と共につくり出されるものではない。

②　重要なことは，幼児一人一人が主体的に取り組んでいるかどうかを見極めることであり，そのため状況を判断して，適切な関わりをその時々にしていく必要がある。

③　入園当初や学年の始めは不安を抱き緊張しているため，主体的な活動ができないことが多いが，時機をみて援助していけばよい。

④　友達との葛藤が起こることは幼児の発達にとって妨げとなるので，それが起きないように常に援助を行っていく必要がある。

⑤　年齢の異なる幼児間の関わりは，互いの緊張感を生み出しやすいので，環境の構成にあたっては，異年齢の幼児の交流の機会はなるべくもたないように配慮する。

3 幼稚園教育要領解説(平成30年2月，文部科学省)で幼稚園の適切な教育課程の編成としてあげられている内容として，適切でないものはどれか，次の①〜⑤から1つ選びなさい。　　　　　　　(難易度■■■□□)

①　幼児の調和のとれた発達を図るという観点から，幼児の発達の見通しなどをもつ。

②　特に，教職員の構成，遊具や用具の整備状況などについて分析し，教育課程の編成に生かす。

③　近隣の幼稚園・認定こども園・保育所・小学校，図書館などの社会教育施設，幼稚園の教育活動に協力することのできる人などの実態を考慮し，教育課程を編成する。

④　保護者や地域住民に対して幼稚園の教育方針，特色ある教育活動や幼児の基本的な情報を積極的に提供する。

⑤　地域や幼稚園の実態及び保護者の養護の基本方針を十分に踏まえ，創意工夫を生かし特色あるものとする。

4 幼稚園教育要領解説(平成30年2月，文部科学省)で説明されている教育週数，教育時間について，正しいものを，次の①〜⑤から1つ選びなさい。　　　　　　　　　　　　　　　　　　(難易度■■■□□)

①　毎学年の教育課程に係る教育週数は，特別の事情のある場合を除き，39週を上回ってはならない。

②　教育週数から除く特別の事情がある場合とは，主として幼児の疾病の場合のことである。

③　教育課程に係る時間は幼児の幼稚園における教育時間の妥当性，家庭や地域における生活の重要性を考慮して，最長4時間とされている。

④　幼稚園における教育時間は，保育所の整備が進んでいるかどうかはか

かわりなく定める必要がある。

⑤ 幼稚園において教育が行われる時間は登園時刻から降園時刻までである。

5 次は幼稚園教育要領解説(平成30年2月,文部科学省)の中で,人格形成の基礎を培うことの重要性を示したものである。(**A**)～(**C**)に当てはまるものをア～クから選ぶとき,正しい組み合わせを,あとの①～⑤から1つ選びなさい。 (難易度■■■■□)

幼児一人一人の(**A**)な可能性は,日々の生活の中で出会う環境によって開かれ,環境との(**B**)を通して具現化されていく。幼児は,環境との(**B**)の中で,体験を深め,そのことが幼児の心を揺り動かし,次の活動を引き起こす。そうした体験の連なりが幾筋も生まれ,幼児の将来へとつながっていく。

そのため,幼稚園では,幼児期にふさわしい生活を展開する中で,幼児の遊びや生活といった直接的・具体的な体験を通して,人と関わる力や思考力,感性や表現する力などを育み,人間として,(**C**)と関わる人として生きていくための基礎を培うことが大切である。

ア 相互作用 イ 本質的 ウ 共生 エ 社会 オ 家庭
カ 出会い キ 幼稚園 ク 潜在的

① A-イ B-ウ C-エ
② A-イ B-カ C-オ
③ A-ク B-カ C-キ
④ A-ク B-ア C-エ
⑤ A-イ B-ウ C-オ

6 次は幼稚園教育要領解説(平成30年2月,文部科学省)の中の「人間関係」についての記述である。文中の(**A**)～(**E**)に当てはまる語句をア～シの中から選ぶとき,正しい組み合わせを,あとの①～⑤から1つ選びなさい。 (難易度■■■□□)

幼児期においては,幼児が友達と関わる中で,自分を主張し,自分が受け入れられたり,あるいは(**A**)されたりしながら,自分や相手に気付いていくという体験が大切である。このような過程が(**B**)の形成にとって重要であり,自分で考え,自分の力でやってみようとする態度を育てる指導の上では,幼児が友達との(**C**)の中で自分と異なったイメージや

(D)をもった存在に気付き，やがては，そのよさに目を向けることができるように援助しながら，一人一人の幼児が(E)をもって生活する集団の育成に配慮することが大切である。

　　ア　存在感　　　イ　考え方　　ウ　道徳心　　エ　承諾
　　オ　達成感　　　カ　共感　　　キ　自立心　　ク　自我
　　ケ　自己主張　　コ　葛藤　　　サ　拒否　　　シ　動機

① A－サ　B－ク　C－コ　D－イ　E－ア
② A－エ　B－イ　C－カ　D－シ　E－ウ
③ A－ケ　B－ク　C－サ　D－イ　E－コ
④ A－カ　B－キ　C－オ　D－ア　E－ク
⑤ A－サ　B－オ　C－ケ　D－ク　E－カ

7 次は文部科学省が示した幼稚園教育要領解説(平成30年2月，文部科学省)の中の「一人一人の発達の特性に応じた指導」の記述にあげられた例である。これを読んで，教師の注意すべき事柄として望ましいものをア～オの中から選ぶとき，適切なものはどれか，正しい組み合わせを，あとの①～⑤から1つ選びなさい。　　　　　　　　　　　(難易度■■■■□)

　幼児数人と教師とで鬼遊びをしているとする。ほとんどの幼児が逃げたり追いかけたり，つかまえたりつかまえられたりすることを楽しんでいる中で，ある幼児は教師の仲立ちなしには他の幼児と遊ぶことができないことがある。その幼児はやっと泣かずに登園できるようになり，教師を親のように慕っている。教師と一緒に行動することで，その幼児にとって教師を仲立ちに他の幼児と遊ぶ楽しさを味わうという体験にしたいと教師は考える。

　　ア　子どもたちの中に入っていけるように，幼児に鬼遊びのルールを教えてやる。
　　イ　子どもたちに，この幼児を仲間に入れるよう指導する。
　　ウ　幼児の内面を理解し，幼児の求めに即して必要な経験を得られるよう援助する。
　　エ　幼児の発達の特性に応じた集団を作り出すことを考える。
　　オ　幼児が子どもたちと遊ぶことができるまで，そっと見守る。

① ア，オ　　② イ，エ　　③ ウ，オ　　④ ア，エ
⑤ ウ，エ

8 次は幼稚園教育要領解説(平成30年2月，文部科学省)の「障害のある幼児などへの指導」の記述の一部である。(A)～(E)にあてはまる語句をア～コから選ぶとき，正しい組み合わせを，あとの①～⑤から1つ選びなさい。　　　　　　　　　　　　　　　　　　　(難易度■■■□□)

　幼稚園は，適切な(A)の下で幼児が教師や多くの幼児と集団で生活することを通して，幼児一人一人に応じた(B)を行うことにより，将来にわたる(C)の基礎を培う経験を積み重ねていく場である。友達をはじめ様々な人々との出会いを通して，家庭では味わうことのできない多様な体験をする場でもある。

　これらを踏まえ，幼稚園において障害のある幼児などを指導する場合には，幼稚園教育の機能を十分生かして，幼稚園生活の場の特性と(D)を大切にし，その幼児の障害の状態や特性および発達の程度等に応じて，発達を(E)に促していくことが大切である。

ア	信頼関係	イ	生きる力	ウ	指導	エ　総合的
オ	人格形成	カ	環境	キ	配慮	ク　全体的
ケ	人間関係	コ	支援			

① A－ウ　　B－コ　　C－オ　　D－ケ　　E－ク
② A－カ　　B－コ　　C－イ　　D－ア　　E－ク
③ A－カ　　B－ウ　　C－イ　　D－ケ　　E－ク
④ A－キ　　B－ウ　　C－オ　　D－ケ　　E－エ
⑤ A－キ　　B－コ　　C－オ　　D－ア　　E－エ

9 幼稚園教育要領解説(平成30年2月，文部科学省)から，幼稚園の教育課程と指導計画について適切でないものを，次の①～⑤から1つ選びなさい。　　　　　　　　　　　　　　　　　　　　(難易度■■□□□)

①　教育課程は，幼稚園における教育期間の全体を見通したものであり，幼稚園の教育目標に向かってどのような筋道をたどっていくかを明らかにした全体的計画である。

②　幼稚園において実際に指導を行うため，それぞれの幼稚園の教育課程に基づいて幼児の発達の実情に照らし合わせながら，具体的な指導計画が立てられる。

③　指導計画では，教育課程に基づき具体的なねらいや内容，環境の構成，教師の援助などの内容や方法が明らかにされる。

④　指導計画は，教育課程という全体計画を具体化したものであり，教育課程が変更されない限りは，忠実にそれに従って展開していく必要がある。

⑤　計画的な指導を行うためには，発達の見通しや活動の予想に基づいて環境を構成するとともに，幼児一人一人の発達を見通して援助することが重要である。

解答・解説

1 ③

ア　不適切。教師が計画どおりに行わせるというよりも，幼児自らが周囲の環境に働きかけてさまざまな活動を生み出し，そこから育てられていくものである。

イ　適切。

ウ　不適切。「幼児をただ遊ばせている」だけでは幼児の主体的な活動を促すことにはならない。一人一人の幼児に今どのような体験が必要かを考え，そのために常に工夫する必要がある。

エ　適切。

オ　不適切。幼児が自分から興味をもって，遊具や用具，素材についてふさわしい関わりができるようにその種類，数量，配置を考える必要がある。そのような環境構成の取組によって，幼児はそれらとのかかわりを通してその対象の潜在的な学びの価値を引き出すことができる。

2 ②

① 　幼児との信頼関係を十分に築き，幼児と共によりよい教育環境をつくり出していくことも求められている。

② 　適切である。例えば集団に入らず一人でいる場合，何か一人での活動に没頭しているのか，教師から離れるのが不安なのか，入ろうとしながら入れないでいるのかなど状況を判断し，その時々に適切な関わり方をしていく。

③ 　特に入園当初や学年の始めは学級として打ち解けた温かい雰囲気づくりを心がける。そのことによって幼児が安心して自己を発揮できるよう

にしていくことが必要である。

④　葛藤が起こることは幼児の発達にとって大切な学びの機会となる。

⑤　年下の者への思いやりや責任感，年上の者への憧れや自分もやってみようという意欲をも生み出す。年齢の異なる幼児が交流できるような環境を構成することも大切である。

3 ⑤

解説

①　適切である。

②　適切である。幼稚園規模，教職員の状況，施設設備の状況などの人的・物的条件の実態は幼稚園によって異なってくるとし，これらの条件を客観的に把握した上で，特に，教職員の構成，遊具や用具の整備状況などについて分析することを求めている。

③　適切である。近隣の幼稚園・認定こども園・保育所・小学校，図書館などの社会教育施設，幼稚園の教育活動に協力することのできる人などを「地域の資源」と捉えている。

④　適切である。基本的な情報を積極的に提供し，保護者や地域住民の理解や支援を得ることが大切としている。

⑤　不適切である。「保護者の養護の基本方針」ではなく「幼児の心身の発達」である。

4 ⑤

解説

①　39週を「上回ってはならない」ではなく「下ってはならない」である。

②　特別の事情がある場合とは，台風，地震，豪雪などの非常変災，その他急迫の事情があるとき，伝染病の流行などの事情が生じた場合である(幼稚園教育要領解説(平成30年2月，文部科学省)第1章第3節3「(2)教育週数」)。

③　最長4時間ではなく，標準4時間である。

④　保育所の整備が進んでいない地域においては，幼稚園の実態に応じて弾力的な対応を図る必要がある(幼稚園教育要領解説(平成30年2月，文部科学省)第1章第3節3「(3)教育時間」)。

⑤　正しい。教育課程に係る1日の教育時間については4時間を標準とし，それぞれの幼稚園において定められた教育時間については，登園時刻か

ら降園時刻までが教育が行われる時間となる。

5 ④
解説

A 「教育は，子供の望ましい発達を期待し，子供のもつ潜在的な可能性に働き掛け，その人格の形成を図る営みである」(幼稚園教育要領解説(平成30年2月，文部科学省)第1章第1節1)とも言っている。

B 同じく「幼児は，環境との相互作用によって発達に必要な経験を積み重ねていく。したがって，幼児期の発達は生活している環境の影響を大きく受けると考えられる。ここでの環境とは自然環境に限らず，人も含めた幼児を取り巻く環境の全てを指している」(幼稚園教育要領解説(平成30年2月，文部科学省)第1章第2節1(2)②)と言っている。

C 幼児期は社会性が発達する時期であり，「友達との関わりの中で，幼児は相互に刺激し合い，様々なものや事柄に対する興味や関心を深め，それらに関わる意欲を高めていく」(幼稚園教育要領解説(平成30年2月，文部科学省)第1章第1節3(1)③)としている。

6 ①
解説

A 幼児が自分や相手に気付くというのは，受け入れられるだけでなく，時には拒否されることもあるということが重要である。そして，この「拒否」は，他者と関わるなかで生まれるものである。

B 他者との関係の広がりは，同時に自我の形成の過程でもある。

C 「幼児期は，他者との関わり合いの中で，様々な葛藤やつまずきなどを体験することを通して，将来の善悪の判断につながる，やってよいことや悪いことの基本的な区別ができるようになる時期である」(幼稚園教育要領解説(平成30年2月，文部科学省)第1章第2節1)。

D 「自分と異なった」ということから，感じ方や考え方，価値観などが考えられる。

E 他者との関わりを通して幼児は，「自己の存在感を確認し，自己と他者の違いに気付き，他者への思いやりを深め，集団への参加意識を高め，自律性を身に付けていく」(幼稚園教育要領解説(平成30年2月，文部科学省)第1章第1節3(1)③)

7 ⑤

解説

　幼稚園教育要領解説(平成30年2月，文部科学省)では，「そう考えた教師は，鬼遊びのルールを守って遊ぶということにならなくても，その幼児の要求にこたえ，手をつないで一緒に行動しようとするだろう」と，この例のあとで解説している。そして，「ある意味で一人一人に応じることは，一人一人が過ごしてきた生活を受容し，それに応じるということ」が必要であり，そのためには，「幼児の思い，気持ちを受け止め，幼児が周囲の環境をどう受け止めているのかを理解すること，すなわち，幼児の内面を理解しようとすることから始まるのである。そして，その幼児が真に求めていることに即して必要な経験を得られるように援助していくのである」と示している。したがって，**ア**，**イ**，**オ**は適切でないことが導かれる。

8 ③

解説

　Aは**カ**が正解である。状況をつくることや，幼児の活動に沿って環境を構成するよう配慮することは，障害の有無にかかわらず保育全般において重要なことといえる。**B**は**ウ**が正解である。一人一人が異なった発達の姿を示すので，それぞれに即した指導をしなければならない。**C**は**イ**が正解である。幼稚園教育要領の「第1章　第2節」より，生きる力の基礎を育むため「知識及び技能の基礎」「思考力，判断力，表現力等の基礎」「学びに向かう力，人間性等」を一体的に育むこととされている。**D**は**ケ**が正解である。多くの幼児にとって，幼稚園生活は親しい人間関係である家庭を離れ，同年代の幼児と過ごす始めての集団生活である。この集団生活を通して自我の発達の基礎が築かれる。**E**は**ク**が正解である。発達を促すに当たって，個別の教育支援計画および指導計画を作成・活用することなどに留意したい。

9 ④

解説

① 適切である。教育課程は，幼稚園における教育期間の全体を見通したものである。
② 適切である。指導計画は，一人一人の幼児が生活を通して必要な経験が得られるよう具体的に立てられる。
③ 適切である。そのため一般に長期的な見通しをもった年・学期・月，

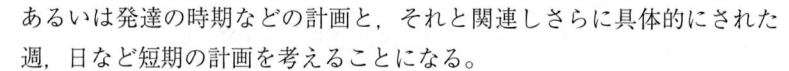

あるいは発達の時期などの計画と，それと関連しさらに具体的にされた週，日など短期の計画を考えることになる。

④　適切でない。指導計画は1つの仮説である。実際に展開される生活に応じて改善されていく。そこから教育課程の改善も行われる。

⑤　適切である。そのためには幼稚園全体の物的・人的環境が幼児期の発達を踏まえて教育環境として十分に配慮されることが重要である。

教育法規

日本国憲法・教育基本法

≧ POINT ≦

　第二次世界大戦前の大日本帝国憲法・教育勅語に代わり，戦後，自由主義と個人主義を基調とする日本国憲法・教育基本法が成立した。教育基本法はもちろん日本国憲法に関しても，幼児教育に関連する条文は把握しておきたい。

▶ 日本国憲法

(教育を受ける権利と受けさせる義務)
第26条　すべて国民は，法律の定めるところにより，その能力に応じて，ひとしく教育を受ける権利を有する。
②　すべて国民は，法律の定めるところにより，その保護する子女に普通教育を受けさせる義務を負ふ。義務教育は，これを無償とする。

　ここでは，第1項が個人に対する権利，第2項が保護者に対する義務と分けられていることに注意する。

▶ 教育基本法

(幼児期の教育)
第11条　幼児期の教育は，生涯にわたる人格形成の基礎を培う重要なものであることにかんがみ，国及び地方公共団体は，幼児の健やかな成長に資する良好な環境の整備その他適当な方法によって，その振興に努めなければならない。

　本条以外では，第1，2条が重要。本条文にある「人格形成の基礎」などが，学校教育法第22条などに反映されている。前文なども含めて，重要条文は暗記しておきたい。

演習問題

1 日本国憲法の記述として正しいものを，次の①〜⑤から1つ選びなさい。
(難易度■■■□□)

① その権威は国民に由来し，その権力は国民がこれを行使し，その福利は国民がこれを享受する。

② 我々日本国民は，たゆまぬ努力によって築いてきた民主的で文化的な国家を更に発展させるとともに，世界の平和と人類の福祉の向上に貢献することを願うものである。

③ すべての国民は，個人として尊重される。生命，自由及び幸福追求に対する国民の権利については，公共の福祉に反しない限り，立法その他の国政の上で，最大の尊重を必要とする。

④ 思想及び良心の自由は，公共の福祉に反しない限り，これを侵してはならない。

⑤ 何人も，居住，移転及び職業選択の自由を有する。

2 教育基本法の記述として適切なものを，次の①〜⑤から1つ選びなさい。
(難易度■■■□□)

① 教育を受ける者が，学校生活を営む上で必要な規律を重んずるとともに，自ら進んで学習に取り組む意欲を高めることを重視して行われなければならない。

② 私立学校の有する公の性質及び学校教育において果たす重要な役割にかんがみ，国及び地方公共団体は，私立学校教育の振興に努めなければならない。ただし，公の財産を支出してはならない。

③ 幼児期の教育は，保護者が第一義的責任を有するものであって，国及び地方公共団体は，幼児の健やかな成長に資する良好な環境の整備その他適当な方法によって，その振興に努めなければならない。

④ 父母その他の保護者は，生活のために必要な習慣を身に付けさせるとともに，自立心を育成し，心身の調和のとれた発達を図るよう努めるものとする。

⑤ 学校及び家庭は，教育におけるそれぞれの役割と責任を自覚するとともに，相互の連携及び協力に努めるものとする。

3 次は教育基本法の条文である。空欄(**A**)～(**C**)に当てはまる語句の組み合わせとして正しいものを，あとの①～⑤から1つ選びなさい。

（難易度■■■□□）

　(**A**)は，生涯にわたる(**B**)の基礎を培う重要なものであることにかんがみ，国及び地方公共団体は，幼児の健やかな成長に資する良好な環境の整備その他適当な方法によって，その(**C**)に努めなければならない。

　　ア　幼稚園教育　　イ　幼児期の教育　　ウ　人格形成　　エ　学習
　　オ　振興

① A－ア　　B－ウ　　C－エ
② A－ア　　B－エ　　C－オ
③ A－イ　　B－ウ　　C－オ
④ A－イ　　B－エ　　C－オ
⑤ A－ウ　　B－エ　　C－オ

4 教員に関する次の記述の空欄(**A**)～(**C**)に当てはまる語句の組み合わせとして適切なものを，あとの①～⑤から1つ選びなさい。

（難易度■■■□□）

　法律に定める学校の教員は，自己の崇高な使命を深く自覚し，絶えず(**A**)に励み，その職責の遂行に努めなければならない。

　前項の教員については，その(**B**)の重要性にかんがみ，その身分は尊重され，待遇の適正が期せられるとともに，(**C**)の充実が図られなければならない。

　　ア　研究と修養　　イ　修養と研修　　ウ　養成と研修
　　エ　使命と職責　　オ　修養と職責

① A－ア　　B－イ　　C－ウ
② A－ア　　B－エ　　C－ウ
③ A－イ　　B－ウ　　C－オ
④ A－イ　　B－エ　　C－ウ
⑤ A－ウ　　B－エ　　C－オ

解答・解説A

1 ③

解説

① 正しくは「その権力は国民の代表者がこれを行使し」(前文)。

② 日本国憲法ではなく，教育基本法の前文の記述である。

③ 第13条(個人の尊重，生命・自由・幸福追求の権利の尊重)の記述であり，正しい。

④ 第19条(思想及び良心の自由)には「公共の福祉に反しない限り」という限定は付いていない。

⑤ 正しくは「何人も，公共の福祉に反しない限り，居住，移転及び職業選択の自由を有する」(第22条)。ここでは「公共の福祉」の限定が付いている。

2 ①

解説

① 学校教育について規定した第6条第2項の記述である。教育基本法においては学習者の「規律」が強調されている。

② 第8条(私立学校)では，「助成その他の適当な方法によって私立学校教育の振興に努めなければならない」と，私学助成が合憲であることを明確にしている。

③ 正しくは「幼児期の教育は，生涯にわたる人格形成の基礎を培う重要なものであることにかんがみ…」(第11条)。

④ 正しくは「父母その他の保護者は，子の教育について第一義的責任を有するものであって…」(第10条第1項)。ここで保護者の教育責任が強調されている。

⑤ 正しくは「学校，家庭及び地域住民その他の関係者は」(第13条)。学校・家庭・地域の三者の連携を求めていることに注意する必要がある。

3 ③

解説

教育基本法は，全18条から構成されている。問題文は第11条「幼児期の教育」である。「幼稚園教育」となっていないのは，幼稚園における教育だけでなく，保育所で行われる保育や，家庭での教育，地域社会におけるさまざまな子ども・子育て支援活動なども幅広く含むものとされているからである。生後から小学校就学前の時期の教育・保育の重要性をかんがみ

てのこととされる。

4 ②

解説

　教育基本法第9条の規定であり，教員に関する最も重要な規定として穴埋め問題にもなりやすい条文なので，語句も含めてしっかり覚えておく必要がある。教育は教育を受ける者の人格の完成を目指し，その成長を促す営みであるから，教員には確たる理念や責任感とともに，専門的な知識や深い教養も求められている。だから，まず，自ら進んで「絶えず研究と修養」に励むことが求められるのである。そうした「使命と職責」を果たすためにも，教員個人の努力に任せるだけでなく，国や地方公共団体などによる「養成と研修」が表裏一体となって，教員の資質向上を図っていく，というねらいが，この条文には込められている。

学校教育法

≣ POINT ≣

　学校教育法の中の幼児教育に関連する条文は把握しておきたい。併せて，幼稚園教育要領は毎年出題されるため目を通しておきたい。

▶ 学校教育法

(幼稚園の教育目的)

第22条　幼稚園は，義務教育及びその後の教育の基礎を培うものとして，幼児を保育し，幼児の健やかな成長のために適当な環境を与えて，その心身の発達を助長することを目的とする。

(幼稚園の教育目標)

第23条　幼稚園における教育は，前条に規定する目的を実現するため，次に掲げる目標を達成するよう行われるものとする。

　一　健康，安全で幸福な生活のために必要な基本的な習慣を養い，身体諸機能の調和的発達を図ること。

　二　集団生活を通じて，喜んでこれに参加する態度を養うとともに家族や身近な人への信頼感を深め，自主，自律及び協同の精神並びに規範意識の芽生えを養うこと。

　三　身近な社会生活，生命及び自然に対する興味を養い，それらに対する正しい理解と態度及び思考力の芽生えを養うこと。

　四　日常の会話や，絵本，童話等に親しむことを通じて，言葉の使い方を正しく導くとともに，相手の話を理解しようとする態度を養うこと。

　五　音楽，身体による表現，造形等に親しむことを通じて，豊かな感性と表現力の芽生えを養うこと。

　上述の通り，学校教育法第22条は教育基本法第11条などの主旨を踏まえ，幼稚園教育の基本的方針を目的として示しており，第22条の具体的内容を第23条で示している。

(教諭等の配置)

第27条　幼稚園には，園長，教頭及び教諭を置かなければならない。

② 　幼稚園には，前項に規定するもののほか，副園長，主幹教諭，指導教諭，養護教諭，栄養教諭，事務職員，養護助教諭その他必要な職員を置くことができる。

(中略)

⑨ 　教諭は，幼児の保育をつかさどる。

⑩ 　特別の事情のあるときは，第1項の規定にかかわらず，教諭に代えて助教諭又は講師を置くことができる。

　なお，第1項では教頭が必置となっているが，第3項では特別な事情等があれば教頭を置かなくともよいことが規定されていることにも注意したい。以上より，幼稚園に最低限必要な人員は園長，教諭(助教諭又は講師)のみとなる。

演習問題

1 　**学校教育法の幼稚園に関する条文として適切なものを，次の①〜⑤から1つ選びなさい。**　　　　　　　　　　　　　　　　　(難易度■■■□□)

① 　幼稚園は，義務教育及びその後の教育の基礎を培うものとして，幼児を教育し，幼児の健やかな成長のために適当な保育を与えて，その心身の発達を助長することを目的とする。

② 　集団生活を通じて，喜んでこれに参加する態度を養うとともに家族や身近な人への信頼感を深め，自主，自律及び協同の精神並びに規範意識の芽生えを養うこと。

③ 　幼稚園においては，……幼児期の教育に関する各般の問題につき，保護者及び地域住民その他の関係者からの相談に応じ，必要な情報の提供及び助言を行うなど，家庭及び地域における幼児期の教育の支援を行うことができる。

④ 　幼稚園に入園することのできる者は，その年度に満3歳に達する幼児から，小学校就学の始期に達するまでの幼児とする。

⑤ 　教頭は，園長(副園長を置く幼稚園にあつては，園長及び副園長)を助け，園務を整理する。

2 学校教育法に定める「幼稚園教育の目標」の記述として誤っているものを，次の①～⑤から1つ選びなさい。　　　　　　　（難易度■■■□□）

①　健康，安全で幸福な生活のために必要な基本的な習慣を養い，身体諸機能の調和的発達を図ること。

②　生活の仕方を知り，自分たちで生活の場を整えながら見通しをもって行動すること。

③　身近な社会生活，生命及び自然に対する興味を養い，それらに対する正しい理解と態度及び思考力の芽生えを養うこと。

④　日常の会話や，絵本，童話等に親しむことを通じて，言葉の使い方を正しく導くとともに，相手の話を理解しようとする態度を養うこと。

⑤　音楽，身体による表現，造形等に親しむことを通じて，豊かな感性と表現力の芽生えを養うこと。

3 学校教育法における小学校教育の規定として適切なものを，次の①～⑤から1つ選びなさい。　　　　　　　（難易度■■■□□）

①　中学校及びその後の教育の基礎を培うものとして，児童を教育し，児童の健やかな成長のために適当な環境を与えて，その心身の発達を助長することを目的とする。

②　生涯にわたり学習する基盤が培われるよう，基礎的な知識及び技能を習得させることに，特に意を用いなければならない。

③　教育指導を行うに当たり，児童の体験的な学習活動，特にボランティア活動など社会奉仕体験活動，自然体験活動その他の体験活動の充実に努めるものとする。

④　文部科学大臣の検定を経た教科用図書又は文部科学省が著作の名義を有する教科用図書を使用することができる。

⑤　性行不良で他の児童の教育に妨げがあると認められる児童があっても，その保護者に対して，児童の出席停止を命ずることはできない。

4 学校教育法施行規則の条文として適切なものを，次の①～⑤から1つ選びなさい。　　　　　　　（難易度■■■□□）

①　校長及び教員が児童等に懲戒や体罰を加えるに当たつては，児童等の心身の発達に応ずる等教育上必要な配慮をしなければならない。

②　幼稚園の設備，編制その他設置に関する事項は，この章に定めるもの

のほか，文部科学大臣の定めるところによる。

③　幼稚園の毎学年の教育週数は，特別の事情のある場合を除き，39週を下つてはならない。

④　幼稚園には職員会議を置かなければならない。

⑤　……教育活動その他の学校運営の状況について，自ら評価を行い，その結果を公表することに努めるものとする。

5　次の記述は，学校評価に関するものである。正しい記述の組み合わせを，あとの①～⑤から1つ選びなさい。　　　　　　　　　(難易度■■■■□)

ア　学校評価は，特別の事情があるときには実施しないことができる。

イ　学校評価には，自己評価，学校関係者評価，第三者評価の3種類がある。

ウ　学校関係者評価の評価者には，その学校の教職員は加われない。

エ　学校評価の結果は，その学校の設置者に報告しなければならない。

オ　第三者評価を実施することに努めるものとする。

　　①　ア，イ　　②　ア，エ，オ　　③　イ，ウ　　④　イ，ウ，エ
　　⑤　ウ，エ，オ

6　学校評議員制度に関する学校教育法施行規則の記述として適切なものを，次の①～⑤から1つ選びなさい。　　　　　　　　　(難易度■■■■□)

①　学校には，学校評議員会を置くものとする。

②　学校評議員は，校長が委嘱する。

③　学校評議員は，校長の求めに応じて意見を述べる。

④　校長は，学校運営の方針を作成し，学校評議員の承認を得なければならない。

⑤　教育委員会は，学校評議員の意見を尊重しなければならない。

7　幼稚園設置基準に関する記述として適切なものを，次の①～⑤から1つ選びなさい。　　　　　　　　　(難易度■■■□□)

①　学級は，学年の初めの日の前日において同じ年齢にある幼児で編制することを原則とする。

②　幼稚園に置く教員等は，他の学校の教員等と兼ねることができないことを原則とする。

③　養護教諭は，必ず置かなければならない。

④　保育室の数は，学級数の3分の1を下回ってはならない。

⑤　運動場を園舎と離れた敷地に設けるときは，バスなどの移動手段を講じなければならない。

8　公立学校の休業日に関する法律の規定として，適切でないものを，次の①〜⑤から1つ選びなさい。　　　　　　　　　　　　（難易度■■■■□）

①　土曜日

②　日曜日

③　国民の祝日

④　年間90日の夏季・冬季休業日

⑤　教育委員会の定める日

9　次は，文部科学省が示した「幼稚園施設整備指針」（平成30年3月）の中の「自然や人，ものとの触れ合いの中で遊びを通した柔軟な指導が展開できる環境の整備」についての記述である。文中の（　A　）〜（　C　）に当てはまる語句をア〜クから選ぶとき，正しい組み合わせを，あとの①〜⑤から1つ選びなさい。　　　　　　　　　　　　（難易度■■□□□）

　　幼稚園は幼児の（　A　）な生活が展開される場であることを踏まえ，家庭的な雰囲気の中で，幼児同士や教職員との交流を促すとともに，自然や人，ものとの触れ合いの中で幼児の（　B　）を満たし，幼児の（　C　）な活動としての遊びを引き出すような環境づくりを行うことが重要である。

　　ア　自発的　　イ　行動的　　ウ　満足感　　エ　自立的

　　オ　好奇心　　カ　主体的　　キ　積極的　　ク　達成感

①　A−エ　　B−ク　　C−カ

②　A−イ　　B−オ　　C−キ

③　A−カ　　B−オ　　C−ア

④　A−ア　　B−ウ　　C−キ

⑤　A−ア　　B−ク　　C−エ

10　学校教育法に掲げられている幼稚園の目的・目標として適切なものを，次の①〜⑤から1つ選びなさい。　　　　　　　　　　　　（難易度■■■□□）

①　健康，安全で幸福な生活のために必要な態度を養い，身体諸機能の調和的発達を図ること。

② 義務教育及びその後の教育の基礎を培うものとして，幼児を保育し，幼児の健やかな成長のために安全な環境を与えて，その心身の発達を助長すること。

③ 身近な社会生活，生命及び自然に対する興味を養い，それらに対する正しい理解と態度及び思考力の芽生えを養うこと。

④ 日常の会話や，絵本，童話等に親しむことを通じて，読解力を正しく導くとともに，相手の話を理解しようとする態度を養うこと。

⑤ 音楽，遊戯，造形等に親しむことを通じて，豊かな感性と表現力の芽生えを養うこと。

解答・解説

1 ②

解説

① 第22条(幼稚園の教育目的)の条文だが，正しくは「幼児を保育し」「適当な環境を与えて」である。

② 第23条には，幼稚園の教育目標が五号にわたって示されており，問題文はそのうちの第二号であり，適切。

③ 最後の部分は「支援に努めるものとする」が正しい。第24条で家庭・地域への教育支援が努力義務化されたことに注意したい。

④ 第26条(入園資格)の条文であるが，「その年度に満3歳に達する幼児」は「満3歳」が正しい。

⑤ 第27条第6項(幼稚園職員の配置と職務)の条文だが，最後の部分は「園務を整理し，及び必要に応じ幼児の保育をつかさどる」。なお，副園長には園長と同様に，「幼児の保育をつかさどる」職務は入っていない。

2 ②

解説

幼稚園の教育目標は，学校教育法第23条で規定されている。②について，同条第二号には，「集団生活を通じて，喜んでこれに参加する態度を養うとともに家族や身近な人への信頼感を深め，自主，自律及び協同の精神並びに規範意識の芽生えを養うこと」とある。なお，②の記述は，幼稚園教育要領(平成29年3月告示)における第2章「健康」2「内容」(8)「幼稚園における生活の仕方を知り，自分たちで生活の場を整えながら見通しをもって行

動する」である。幼稚園教育要領の内容も，学校教育法の目標を具体化するものであるから，両者には対応関係があることを確認しつつも，混同しないよう，条文に即して覚えておくようにしたい。

3 ③
解説

小学校教育に関しては，幼稚園教育との連携・接続が大きな課題になっていることからも，しっかり把握しておきたい。

① 正しくは「心身の発達に応じて，義務教育として行われる普通教育のうち基礎的なものを施すことを目的とする」(第29条)。

② 「…基礎的な知識及び技能を習得させるとともに，これらを活用して課題を解決するために必要な思考力，判断力，表現力その他の能力をはぐくみ，主体的に学習に取り組む態度を養うことに，特に意を用いなければならない」(第30条第2項)が正しい。

④ 正しくは「使用しなければならない」(第34条第1項)。

⑤ 第35条では，出席停止を命ずることができること，及びその具体的な行為について明記している。

4 ③
解説

① 第26条第1項(懲戒)の規定であるが，体罰は学校教育法第11条で禁止されている。

② 第3章(幼稚園)の第36条(設置基準)には，文部科学大臣ではなく「幼稚園設置基準 (昭和31年文部省令第32号)の定めるところによる」とされている。

③ 第37条(教育週数)にこの定めがあり，適切。

④ 正しくは「校長の職務の円滑な執行に資するため，職員会議を置くことができる」(第48条第1項)であり，幼稚園にも準用される。職員会議は長く学校の慣例として設けられていたが，平成12年の改正で初めて法令に規定された。

⑤ 第66条第1項(自己評価と公表義務)の条文であるが，正しくは「……公表するものとする」であり，幼稚園にも準用される。

④

解説

　学校評価は学校に実施が義務付けられているものであり，その内容をきちんと押さえておく必要がある。学校教育法第42条では，小学校について「文部科学大臣の定めるところにより当該小学校の教育活動その他の学校運営の状況について評価を行い，その結果に基づき学校運営の改善を図るため必要な措置を講ずること」と明記されている。また，学校教育法施行規則には，保護者など学校の「関係者による評価」の実施と公表の努力義務(第67条)，評価結果を設置者に報告する義務(第68条)が規定されている。なお，「第三者評価」は法令ではなく「学校評価ガイドライン」(文部科学省)に2008(平成20)年改訂時から示されている。

 ③

解説

　学校教育法施行規則第49条では，「小学校には，設置者の定めるところにより，学校評議員を置くことができる」「学校評議員は，校長の求めに応じ，学校運営に関し意見を述べることができる」「学校評議員は，当該小学校の職員以外の者で教育に関する理解及び識見を有するもののうちから，校長の推薦により，学校の設置者が委嘱する」と規定されている。学校評議員「会」ではなく，評議員個人に対して，学校の設置者(教育委員会や学校法人など)が委嘱するものとされていることに注意する必要がある。よって①②は誤り。学校評議員制度も「開かれた学校づくり」を目指すものであるが，④⑤については「学校運営協議会」(コミュニティ・スクール)と混同しないよう注意したい。

7 ①

解説

① 　第4条の規定で，適切である。
② 　第5条第4項の規定は「幼稚園に置く教員等は，教育上必要と認められる場合は，他の学校の教員等と兼ねることができる」となっている。自治体などによっては幼稚園長と小学校長を兼職することが普通になっているところも少なくない。
③ 　第6条の規定は「養護をつかさどる主幹教諭，養護教諭又は養護助教諭及び事務職員を置くように努めなければならない」とされており，努力

義務にとどめている。

④ 第9条第2項は「保育室の数は,学級数を下つてはならない」としている。

⑤ 第8条第2項では「園舎及び運動場は,同一の敷地内又は隣接する位置に設けることを原則とする」としている。

8 ④
解説

学校教育法施行規則第61条は,公立小学校の休業日を「国民の祝日に関する法律に規定する日」「日曜日及び土曜日」「学校教育法施行令第29条第1項の規定により教育委員会が定める日」に限っており,幼稚園などほかの公立学校種にも準用される。学校教育法施行令第29条第1項では夏季,冬季,学年末などの休業日を,市町村立学校の場合は市町村教委が,都道府県立学校の場合は都道府県教委が定めることとしているが,日数の規定は特になく,授業日数や休業日などを差し引きすれば年間90日程度になるということに過ぎない。なお,私立学校の場合は学則で定めることとしている(学校教育法施行規則第62条)。したがって,適切でないものは④である。

9 ③
解説

A 幼児の主体性が奪われることになると,幼児が興味や関心を抱くことを妨げ,その後の活動の展開を促す好奇心も生まれにくくなる。幼稚園ではなによりも,子どもの主体性を尊重することが求められる。

B 幼稚園教育要領解説(平成30年2月,文部科学省)第1章第3節「教育課程の役割と編成等」5「小学校教育との接続に当たっての留意事項(1)「小学校以降の生活や学習の基盤の育成」では「幼稚園教育は,幼児期の発達に応じて幼児の生きる力の基礎を育成するものである。特に,幼児なりに好奇心や探究心をもち,問題を見いだしたり,解決したりする力を育てること,豊かな感性を発揮したりする機会を提供し,それを伸ばしていくことが大切になる」とある。

C 生活に必要な能力や態度は大人が教えるように考えられがちだが,幼児期には,幼児自身が自発的・能動的に環境とかかわりながら,生活の中で状況と関連付けて身に付けていくことが重要である。

10 ③

解説

学校教育法第22条，第23条を参照。

① 第23条第一号。「態度」→「基本的な習慣」となる。幼児期は，人間の基本的な習慣を形成する時期である。正しい生活習慣が身に付くよう，家庭と連携しつつ指導する。

② 第22条。「安全な環境」→「適当な環境」となる。安全なだけでは，幼児にとって「適当」な環境とはいえない。

③ 第23条第三号をそのまま記したもので，適切である。

④ 第23条第四号。「読解力」→「言葉の使い方」となる。幼稚園では文字の読み書きを教えてはいるが，童話，絵本等への興味を養うことが目標であり，子どもが確実に読み書きできるようにすることが目標ではない。

⑤ 第23条第五号。「遊戯」→「身体による表現」となる。身体による表現のほうが，対象とする範囲が広いことに注意。

教員関係・保健関係，その他法規

≡ POINT ≡

　教育公務員特例法は，主として教育公務員(公立幼稚園教諭を含む)の任免等に関する規定である。学校保健安全法は，学校における児童生徒等及び職員の健康の保持増進を図るための法律である。

　また，学校給食法は，「学校給食の普及充実及び学校における食育の推進を図ること」(第1条)を目的とする法律である。併せて，各種の子ども家庭福祉関連法規や国際連合において採択された「世界人権宣言」(1948年)，「児童の権利に関する条約」(1989年)なども把握しておきたい。

▶ 教育公務員特例法

第1条　この法律は，教育を通じて国民全体に奉仕する教育公務員の職務とその責任の特殊性に基づき，教育公務員の任免，人事評価，給与，分限，懲戒，服務及び研修等について規定する。

第2条　2　この法律において「教員」とは，公立学校の教授，准教授，助教，副校長(副園長を含む。以下同じ。)，教頭，主幹教諭(幼保連携型認定こども園の主幹養護教諭及び主幹栄養教諭を含む。以下同じ。)，指導教諭，教諭，助教諭，養護教諭，養護助教諭，栄養教諭，主幹保育教諭，指導保育教諭，保育教諭，助保育教諭及び講師をいう。

▶ 学校保健安全法

(学校保健に関する学校の設置者の責務)

第4条　学校の設置者は，その設置する学校の児童生徒等及び職員の心身の健康の保持増進を図るため，当該学校の施設及び設備並びに管理運営体制の整備充実その他の必要な措置を講ずるよう努めるものとする。

(学校保健計画の策定等)

第5条　学校においては，児童生徒等及び職員の心身の健康の保持増進を図るため，児童生徒等及び職員の健康診断，環境衛生検査，児童生徒等に対する指導その他保健に関する事項について計画を策定し，これを実施しなければならない。

▶ 児童福祉法

(児童の権利)

第1条　全て児童は，児童の権利に関する条約の精神にのつとり，適切に養育されること，その生活を保障されること，愛され，保護されること，その心身の健やかな成長及び発達並びにその自立が図られることその他の福祉を等しく保障される権利を有する。

　条文にある「児童の権利に関する条約」(子どもの権利条約)は1990年に発効，我が国では1994年に批准した国際条約で，国際人権規約に基づいて作成されたものである。子どもの権利条約では「生きる権利」「育つ権利」「守られる権利」「参加する権利」の4つを柱としている。児童福祉法は，少なくとも第4条まではおさえておきたい。

▶ 児童虐待の防止等に関する法律（児童虐待防止法）

(児童虐待の早期発見等)

第5条　学校，児童福祉施設，病院，都道府県警察，女性相談支援センター，教育委員会，配偶者暴力相談支援センターその他児童の福祉に業務上関係のある団体及び学校の教職員，児童福祉施設の職員，医師，歯科医師，保健師，助産師，看護師，弁護士，警察官，女性相談支援員その他児童の福祉に職務上関係のある者は，児童虐待を発見しやすい立場にあることを自覚し，児童虐待の早期発見に努めなければならない。

(児童虐待に係る通告)

第6条　児童虐待を受けたと思われる児童を発見した者は，速やかに，これを市町村，都道府県の設置する福祉事務所若しくは児童相談所又は児童委員を介して市町村，都道府県の設置する福祉事務所若しくは児童相談所に通告しなければならない。

　ここでは，「児童虐待の早期発見等(第5条)」は努力義務(怠っても法的に問題となる場合は限られる)，「児童虐待に係る通告(第6条)」は義務(怠った場合は法的に問題となる)であることに注意したい。なお，虐待の種類には「身体的虐待」「性的虐待」「ネグレクト(育児放棄)」「心的虐待」に分類されることもおさえておくこと(同法第2条)。

▶️ 学校保健安全法

(学校安全計画の策定等)

第27条　学校においては，児童生徒等の安全の確保を図るため，当該学校の施設及び設備の安全点検，児童生徒等に対する通学を含めた学校生活その他の日常生活における安全に関する指導，職員の研修その他学校における安全に関する事項について計画を策定し，これを実施しなければならない。

(危険等発生時対処要領の作成等)

第29条　学校においては，児童生徒等の安全の確保を図るため，当該学校の実情に応じて，危険等発生時において当該学校の職員がとるべき措置の具体的内容及び手順を定めた対処要領を作成するものとする。

　第27条の学校安全計画とは①安全教育に関する事項，②生活安全や交通安全，災害安全，通学安全などの安全管理に関する事項，③家庭・地域社会との連携などの安全に関する組織活動などの内容を含んだ計画である。児童生徒に対する指導項目などが示されている。第29条は「第3章 学校安全」にある防災マニュアル作成の根拠条文である。第3章を学習する際，あわせて確認するとよい。

▶️ 障害者基本法

(教育)

第16条　国及び地方公共団体は，障害者が，その年齢及び能力に応じ，かつ，その特性を踏まえた十分な教育が受けられるようにするため，可能な限り障害者である児童及び生徒が障害者でない児童及び生徒と共に教育を受けられるよう配慮しつつ，教育の内容及び方法の改善及び充実を図る等必要な施策を講じなければならない。

　近年，我が国ではインクルーシブ教育(障害のある児童と障害のない児童が共に学ぶ仕組み)に取り組んでいる。幼稚園教育要領では障害のある幼児への指導(障害のある幼児などへの指導に当たっては，集団の中で生活することを通して全体的な発達を促していくことに配慮し，特別支援学校などの助言又は援助を活用しつつ，個々の幼児の障害の状態などに応じた指導内容や指導方法の工夫を組織的かつ計画的に行うものとする)だけでなく，交流学習も「障害のある幼児児童生徒との交流及び共同学習の機会を設け，共に尊重し合いながら協働して生活していく態度を育むよう努める」としている。

演習問題

1 次は教育公務員特例法についての記述である。正しい記述の組み合わせを，あとの①～⑤から1つ選びなさい。　　　　　　　（難易度■■■□□）

ア　教育公務員は，その職責を遂行するために，絶えず研究と修養に努めなければならない。

イ　教育公務員は，教育長の定めるところにより，現職のままで，長期にわたる研修を受けることができる。

ウ　教諭等の研修実施者は，当該教諭等に対して，その採用の日から1年間の教諭又は保育教諭の職務の遂行に必要な事項に関する実践的な研修を実施しなければならない。

エ　教諭等の研修実施者は，当該教諭等に対して，個々の能力，適性等に応じて，公立の小学校等における教育に関し相当の経験を有し，その教育活動その他の学校運営の円滑かつ効果的な実施において中核的な役割を果たすことが期待される中堅教諭等としての職務を遂行する上で必要とされる資質の向上を図るために必要な事項に関する研修を実施することに努めるものとする。

オ　教諭等の任命権者は，児童，生徒又は幼児に対する指導が不適切であると認定した教諭等に対して，その能力，適性等に応じて，当該指導の改善を図るために必要な事項に関する研修を実施しなければならない。

①　ア，イ，エ　　②　ア，ウ，オ　　③　イ，ウ，エ
④　イ，ウ，オ　　⑤　ウ，エ，オ

2 教育公務員の研修に関する記述として，教育公務員特例法に照らして適切なものを，次の①～⑤から1つ選びなさい。　　　　　　（難易度■■■□□）

①　校長は，教員の研修について，それに要する施設，研修を奨励するための方途その他研修に関する計画を樹立し，その実施に努めなければならない。

②　教員は，授業に支障がなければ，本属長の承認を受けずに，勤務場所を離れて研修を行うことができる。

③　教育公務員は，任命権者の定めるところにより，現職のままで，長期にわたる研修を受けることができる。

④　指導助言者は，初任者研修を受ける者の所属する学校の管理職を除く，

主幹教諭，指導教諭，教諭，主幹保育教諭，指導保育教諭，保育教諭又は講師のうちから，初任者研修の指導教員を命じるものとする。

⑤　指導助言者は，中堅教諭等資質向上研修を実施するに当たり，小学校，中学校，高等学校，特別支援学校等のそれぞれの校種に応じた計画書を作成しなければならない。

3 学校運営協議会に関する記述として正しい記述の組み合わせを，あとの①〜⑤から1つ選びなさい。　　　　　　　　　（難易度■■■■□）

ア　学校の校長は，その学校に，学校運営協議会を置くことができる。

イ　学校運営協議会の委員は，地域の住民，保護者その他について，校長が任命する。

ウ　校長は，学校の運営に関して，基本的な方針を作成し，学校運営協議会の承認を得なければならない。

エ　学校運営協議会は，学校の職員の採用その他の任用に関する事項について，任命権者に対して意見を述べることができる。任命権者は，その意見を尊重するものとする。

オ　市町村教育委員会は，所管する学校の指定を行おうとするときは，あらかじめ都道府県教育委員会と協議しなければならない。

①　ア，イ，ウ　　②　ア，エ，オ　　③　イ，ウ，エ
④　イ，エ，オ　　⑤　ウ，エ，オ

4 学校保健に関する記述として適切なものを，次の①〜⑤から1つ選びなさい。　　　　　　　　　（難易度■■□□□）

①　学校においては，児童生徒等及び職員の健康診断，環境衛生検査，児童生徒等に対する指導その他保健に関する事項について計画を策定し，これを実施しなければならない。

②　学校には，保健室を置くことができる。

③　学校においては，任意の学年に対して，児童生徒等の健康診断を行う。在学中に必ず1回は健康診断を行うものとする。

④　教育委員会は，感染症にかかつており，かかつている疑いがあり，又はかかるおそれのある児童生徒等の出席を停止させることができる。

⑤　学校には，学校医を置くことができる。

5 学校安全の記述として誤っているものを，次の①〜⑤から1つ選びなさい。　(難易度■■■□□)

① 学校の設置者は，児童生徒等の安全の確保を図るため，事故，加害行為，災害等により児童生徒等に生ずる危険を防止し，児童生徒等に危険又は危害が現に生じた場合において適切に対処することができるよう，施設及び設備並びに管理運営体制の整備充実その他の必要な措置を講ずるよう努めるものとする。

② 学校においては，児童生徒等の安全の確保を図るため，当該学校の施設及び設備の安全点検，児童生徒等に対する通学を含めた学校生活その他の日常生活における安全に関する指導，職員の研修その他学校における安全に関する事項について計画を策定し，これを実施しなければならない。

③ 校長は，学校の施設又は設備について，児童生徒等の安全の確保を図る上で支障となる事項があると認めた場合には，遅滞なく，その改善を図るために必要な措置を講じ，又は措置を講ずることができないときは，学校の設置者に対し，その旨を申し出るものとする。

④ 学校においては，児童生徒等の安全の確保を図るため，当該学校の実情に応じて，危険等発生時において当該学校の職員がとるべき措置の具体的内容及び手順を定めた対処要領を作成するものとする。

⑤ 教育委員会は，学校における事故等により児童生徒等に危害が生じた場合において，当該児童生徒等及び当該事故等により心理的外傷その他の心身の健康に対する影響を受けた児童生徒等その他の関係者の心身の健康を回復させるため，これらの者に対して学校に替わって必要な支援を行うものとする。

6 学校給食に関する記述として適切なものを，次の①〜⑤から1つ選びなさい。　(難易度■■■■□)

① 学校給食は，児童生徒の福祉のために行うものである。

② 義務教育諸学校では，学校給食を実施しなければならない。

③ 給食調理場は，各学校に設けなければならない。

④ 学校給食を実施する学校には，栄養教諭を置かなければならない。

⑤ 学校給食費は，2023(令和5)年度に722の自治体で小学校・中学校とも無償化が実施された。

7 認定こども園の記述として適切なものを，次の①～⑤から1つ選びなさい。　(難易度■■■□□)

① 認定こども園は，幼稚園や保育所とはまったく別に創設された子育て支援施設である。

② 国ではなく，都道府県が条例で基準を定め，認定する。

③ 職員は，幼稚園教諭と保育士の両方の資格を保有していなければならない。

④ 保育料は保育所と同様，市町村が条例で決定する。

⑤ 施設設備は，幼稚園，保育所それぞれの基準を満たさなければならない。

8 児童虐待の防止等に関する法律の記述として適切なものを，次の①～⑤から1つ選びなさい。　(難易度■■■□□)

① この法律で「児童」とは，12歳未満の者を対象としている。

② 児童に対する直接の暴力だけでなく，保護者同士の暴力についても禁止している。

③ この法律では，児童に対する保護者の暴力のみを対象としている。

④ 虐待を発見した者は，証拠を見つけた上で，児童相談所などに通告しなければならない。

⑤ 守秘義務を有する学校の教職員には，早期発見の努力義務までは課されていない。

9 次は，児童養護施設に関する説明である。空欄(A)～(C)に当てはまる語句の組み合わせとして正しいものを，あとの①～⑤から1つ選びなさい。　(難易度■■■□□)

児童養護施設は，保護者のない児童，虐待されている児童その他環境上養護を要する児童を入所させて，これを(A)し，あわせて退所した者に対する(B)その他の自立のための(C)を行うことを目的とする施設とする。

　ア　教育　　イ　養護　　ウ　相談　　エ　援助　　オ　支援

① A－ア　B－イ　C－ウ
② A－ア　B－イ　C－エ
③ A－ア　B－ウ　C－オ
④ A－イ　B－ウ　C－エ
⑤ A－イ　B－ウ　C－オ

10 食育基本法の内容として適切なものの組み合わせを，あとの①〜⑤から1つ選びなさい。　　　　　　　　　　　　（難易度■■■■□）

ア　父母その他の保護者は，食育について第一義的責任を有するものであって，国及び地方公共団体は，保護者に対する学習の機会及び情報の提供その他の支援のために必要な施策を講ずるよう努めなければならない。

イ　地方公共団体は，基本理念にのっとり，食育の推進に関し，国との連携を図りつつ，その地方公共団体の区域の特性を生かした自主的な施策を策定し，及び実施する責務を有する。

ウ　国民は，家庭，学校，保育所，地域その他の社会のあらゆる分野において，基本理念にのっとり，生涯にわたり健全な食生活の実現に自ら努めるとともに，食育の推進に寄与するよう努めるものとする。

エ　都道府県は，食育推進基本計画を基本として，当該都道府県の区域内における食育の推進に関する施策についての計画を作成するよう努めなければならない。

オ　市町村は，都道府県の食育推進基本計画に従って食育を推進するものとする。

① ア，イ，ウ　　② ア，ウ，エ　　③ イ，ウ，エ
④ イ，ウ，オ　　⑤ ウ，エ，オ

11 次は発達障害者支援法の条文である。空欄（　A　）〜（　C　）に当てはまる語句の組み合わせとして正しいものを，あとの①〜⑤から1つ選びなさい。　　　　　　　　　　　　（難易度■■■■□）

　国及び地方公共団体は，基本理念にのっとり，（　A　）に対し，発達障害の症状の発現後できるだけ早期に，その者の状況に応じて適切に，就学前の（　B　），学校における（　B　）その他の（　B　）が行われるとともに，発達障害者に対する就労，地域における生活等に関する（　C　）及び発達障害者の家族その他の関係者に対する（　C　）が行われるよう，必要な措置を講じるものとする。

ア　発達障害児　　イ　保護者　　ウ　教育　　エ　発達支援
オ　支援

① A−ア　　B−ウ　　C−エ　　② A−ア　　B−ウ　　C−オ
③ A−ア　　B−エ　　C−オ　　④ A−イ　　B−ウ　　C−エ
⑤ A−イ　　B−エ　　C−

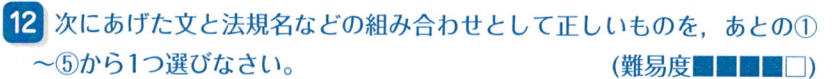

12 次にあげた文と法規名などの組み合わせとして正しいものを，あとの①〜⑤から1つ選びなさい。 (難易度■■■■□)

A　全て児童は，児童の権利に関する条約の精神にのつとり，適切に養育されること，その生活を保障されること，愛され，保護されること，その心身の健やかな成長及び発達並びにその自立が図られることその他の福祉を等しく保障される権利を有する。

B　幼稚園は，義務教育及びその後の教育の基礎を培うものとして，幼児を保育し，幼児の健やかな成長のために適当な環境を与えて，その心身の発達を助長することを目的とする。

C　幼稚園教育は，幼児期の特性を踏まえ環境を通して行うものであることを基本とする。

D　1学級の幼児数は，35人以下を原則とする。

　　ア　日本国憲法　　　　　　イ　児童憲章
　　ウ　学校教育法　　　　　　エ　学校教育法施行規則
　　オ　児童福祉法　　　　　　カ　児童福祉法施行規則
　　キ　幼稚園教育要領　　　　ク　幼稚園設置基準
　　ケ　教育基本法

① A−ア　　B−ウ　　C−ケ　　D−ク
② A−イ　　B−ク　　C−カ　　D−エ
③ A−オ　　B−ウ　　C−キ　　D−ク
④ A−オ　　B−キ　　C−ケ　　D−カ
⑤ A−イ　　B−ウ　　C−キ　　D−エ

解答・解説

1 ②

解説

　アは第21条(研修)第1項，ウは第23条(初任者研修)第1項，オは第25条(指導改善研修)第1項の条文である。イについては第22条(研修の機会)第3項で，任命権者の定めるところにより，現職のままで，長期にわたる研修を受けることができるとされている。エについては第24条(中堅教諭等資質向上研修)第1項の規定であるが，平成14年6月の改正で初めて法令上の規定とされた際に，「実施しなければならない」とされた。なお，平成29年4月より，名称が「十年経験者研修」より「中堅教諭等資質向上研修」に改正さ

れている。

2 ③

解説

① 「校長」ではなく「教育公務員の研修実施者」が正しい。(教育公務員特例法第21条第2項)

② 勤務場所を離れて研修を行う場合は，授業に支障がなくとも本属長の承認が必要である。(教育公務員特例法第22条第2項)

④ 指導教員は副校長，教頭が行うことも可能である。(教育公務員特例法第23条第2項)

⑤ 計画書の作成基準はそれぞれの校種ではなく，研修を受ける者の能力，適性等について評価を行い，その結果に基づいて作成される(教育公務員特例法第24条第2項)。

3 ⑤

解説

学校運営協議会は，平成16年の地方教育行政法改正で設置された制度である。同法第47条の5に，10項にわたって規定がある。努力義務であって，教育委員会が指定する学校に置かれ(第1項)，委員も教委が任命する(第2項)。よってア，イは誤り。ただし，教育課程の編成など学校運営の基本的な方針に関して学校運営協議会の承認が必要になること(第4項)とともに，委員が意見を述べることができる範囲は，学校運営(第6項)だけにとどまらず，教員の人事にも及び(第7項)，教員の任命権者である都道府県教委もその意見を尊重しなければならない(第8項)。

4 ①

解説

出題は，学校保健安全法の規定である。

① 第5条であり適切。なお，①でいう「児童生徒等」には幼児も含まれている。

② 保健室は「設けるものとする」(第7条)とされており，必置である。

③ 健康診断は「毎学年定期に」行うものとされている(第13条第1項)。このほか必要があるときは，臨時にも行う(同第2項)。

④ 出席停止は，政令の定めに従って，校長の権限で行うことができる(第19条)。新型インフルエンザ対策など，同法の規定の重要性が再確認され

たことであろう。

⑤　学校医は必置であり(第23条第1項)，医師の中から委嘱又は任命する。なお，学校歯科医や学校薬剤師も，大学を除く学校には必置である。

5 ⑤

解説

　学校安全に関しては，平成21年に「学校保健法」を改正して「学校保健安全法」と改称し，その充実が図られたところである。学校現場においてもその重要性が増しており，試験対策としても，各条文を十分確認しておくことが求められる。①は第26条，②は第27条，③は第28条の規定である。④は第29条第1項の規定であり，この対処要領を「危険等発生時対処要領」という。⑤この条文は，「学校においては…」と学校の責務について定めた第29条第3項の規定であり，「教育委員会は」「学校に替わって」は誤り。

6 ⑤

解説

①　学校給食法第1条では，学校給食が児童及び生徒の心身の健全な発達だけでなく，食に関する指導の重要性，食育の推進についても規定しており，「教育」の一環として行うものでもあることを明確にしている。

②　同法第4条では，義務教育諸学校の設置者に対して「学校給食が実施されるように努めなければならない」としており，実施は努力義務である。

③　同法第6条では，複数の学校を対象にした「共同調理場」を置くことができることが明記されている。

④　栄養教諭は「置くことができる」職であり(学校教育法第37条第2項)，必置ではない。

⑤　適切である。

7 ②

解説

　認定こども園は，平成18年に制定された「就学前の子どもに関する教育，保育等の総合的な提供の推進に関する法律」に基づき，就学前の子どもに教育と保育を一体的に提供する施設である。

①　「認定こども園」の定義は同法第2条第6項による。幼稚園又は保育所等の設置者は，その設置する施設が都道府県の条例で定める要件に適合していれば認定を受けられる。

② 適切である。同法第3条第1項では，都道府県が条例で基準を定め，知
事が認定するとしている。

③ 幼保連携型では両方の資格を併有している必要がある(同法第15条第1
項)。それ以外では，0〜2歳児については保育士資格が必要，3〜5歳児に
ついてはいずれか1つでも可とされている(内閣府・文部科学省・厚生労
働省，平成26年7月31日の告示による)。

④ 利用は保護者との直接契約によるものであり，利用料は施設側が決め
ることができる。

⑤ 内閣府・文部科学省・厚生労働省両省の告示(平成26年7月31日)の中
に，認定こども園独自の基準が示されている。

8 ②

解説

① 児童虐待の防止等に関する法律第2条において，「18歳に満たない者」と
定義している。「児童」の範囲は法律によって異なるので，注意を要する。

② 適切である。第2条第四号で，配偶者間の暴力を「児童に著しい心理的
外傷を与える言動」として禁止している。

③ 第3条で「何人も，児童に対し，虐待をしてはならない」と明記してい
る。

④ 平成16年の改正で，証拠がなくても「児童虐待を受けたと思われる」
場合には速やかに通告すべきだとしている(第6条第1項)。

⑤ 第5条第1項において，児童福祉施設の職員や医師などと並んで，学校
の教職員も「児童虐待を発見しやすい立場にある」ことを自覚して早期
発見に努めるよう求めている。昨今の深刻な児童虐待の急増から見て
も，積極的な対応が不可欠である。

9 ④

解説

　児童福祉法第41条の規定である。なお，よく似た名称の「児童厚生施設」
は「児童に健全な遊びを与えて，その健康を増進し，又は情操をゆたかに
することを目的とする施設」(第40条)，「児童自立支援施設」は「不良行為
をなし，又はなすおそれのある児童及び家庭環境その他の環境上の理由に
より生活指導等を要する児童を入所させ，又は保護者の下から通わせて，
個々の児童の状況に応じて必要な指導を行い，その自立を支援し，あわせ

て退所した者について相談その他の援助を行うことを目的とする施設」(第44条)であり，混同しないよう注意すべきである。

10 ③
解説

　食育基本法は，食育を推進するために平成17年に制定された。**イ**は第10条，**ウ**は第13条，**エ**は第17条第1項(都道府県食育推進計画)に規定がある。なお，保護者や教育関係者の役割に関しては，「食育は，父母その他の保護者にあっては，家庭が食育において重要な役割を有していることを認識するとともに，子どもの教育，保育等を行う者にあっては，教育，保育等における食育の重要性を十分自覚し，積極的に子どもの食育の推進に関する活動に取り組むこととなるよう，行われなければならない」(第5条)としており，**ア**は誤り。また，第18条には市町村も市町村食育推進計画を作成する努力義務が規定されているから，**オ**も適切ではない。

11 ③
解説

　発達障害者支援法第3条第2項の条文である。発達障害には，自閉症，アスペルガー症候群，学習障害，注意欠陥多動性障害などがあり，「脳機能の障害であつてその症状が通常低年齢において発現するもの」(第2条)である。学校教育法において「特殊教育」が「特別支援教育」に改められ，通常の学校に関しても，そうした発達障害を持つ幼児・児童・生徒等への対応が求められている。とりわけ早期の対応が重要であり，幼稚園教育要領においても「障害のある幼児などへの指導に当たっては，集団の中で生活することを通して全体的な発達を促していく」(「第5　特別な配慮を必要とする幼児への指導」)とされていることにも，併せて留意しておきたい。

12 ③
解説

　幼児にかかわる法規などの主だった条文は，覚えておきたい。正解に挙がった法規以外のものでは，児童憲章の「すべての児童は，心身ともに健やかにうまれ，育てられ，その生活を保障される」，学校教育法施行規則の「幼稚園の毎学年の教育週数は，特別の事情のある場合を除き，39週を下ってはならない」などは，しっかりおさえておく。

専門試験 ｜ 学校保健・安全

学校保健

▶ 予防すべき学校感染症

　学校保健安全法施行規則などで指定されている主な感染症(学校感染症)は，以下の通りである。

	主な感染症名
第1種	エボラ出血熱，クリミア・コンゴ出血熱，痘そう，南米出血熱，ペスト，マールブルグ病，ラッサ熱，急性灰白髄炎，ジフテリア，重症急性呼吸器症候群(病原体がベータコロナウイルス属SARSコロナウイルスであるものに限る。)，中東呼吸器症候群(病原体がベータコロナウイルス属MERSコロナウイルスであるものに限る。)及び特定鳥インフルエンザ(感染症の予防及び感染症の患者に対する医療に関する法律(平成10年法律第114号)第6条第3項第六号に規定する特定鳥インフルエンザをいう。次号及び第19条第二号イにおいて同じ。)
第2種	インフルエンザ(特定鳥インフルエンザを除く。)，百日咳，麻しん，流行性耳下腺炎，風しん，水痘，咽頭結膜熱，新型コロナウイルス感染症(病原体がベータコロナウイルス属のコロナウイルス(令和2年1月に，中華人民共和国から世界保健機関に対して，人に伝染する能力を有することが新たに報告されたものに限る。)であるものに限る。次条第二号チにおいて同じ。)，結核及び髄膜炎菌性髄膜炎
第3種	コレラ，細菌性赤痢，腸管出血性大腸菌感染症，腸チフス，パラチフス，流行性角結膜炎，急性出血性結膜炎，その他の感染症

　主な出席停止期間の基準は第1種が「治癒するまで」，結核，髄膜炎菌性髄膜炎及び第3種が「症状により学校医その他の医師において感染のおそれがないと認めるまで」であり，第2種(結核及び髄膜炎菌性髄膜炎を除く)については，病状により学校医その他の医師において感染のおそれがないと認めたときを除き，個別に定められている。

幼児の救急蘇生法

〈心臓マッサージと人工呼吸〉

幼児に対して心臓マッサージ・人工呼吸を行う場合は，成人と同様，心臓マッサージ(胸骨圧迫)を30回，人工呼吸2回の組み合わせで行う。心臓マッサージは原則片腕で行うが，体格の大きな小児には成人同様，両腕で行ってもよい。また，深さは胸の厚みの$\frac{1}{3}$沈むまで強く圧迫する。

〈AED〉

AEDの手順は成人と同様。小児用パッドや小児用モードがある場合は小児用パッド・小児用モードを使用する。小児用パッドや小児用モードがない場合は成人用を使用しても構わないが，パッドを使用する場合はパッド同士が触れあわないように注意する。

小児で起きやすい傷病と応急手当

〈アレルギー〉

アレルギーとは，本来人間の体にとって有益な反応である免疫反応が，逆に体にとって好ましくない反応を引き起こすことを指す。アレルギーによる子どもの代表的な疾患としては，食物アレルギー・アナフィラキシー，アレルギー性鼻炎，アレルギー性結膜炎，気管支ぜん息，アトピー性皮膚炎などがある。

アレルギー疾患に対する取り組みのポイントは，「学校のアレルギー疾患に対する取り組みガイドライン《令和元年度改訂》」(令和2年3月25日　日本学校保健会)より①各疾患の特徴をよく知ること，②個々の児童生徒等の症状等の特徴を把握すること，③症状が急速に変化しうることを理解し，日頃から緊急時の対応への準備を行っておくことの3点があげられる。

また，幼児がアナフィラキシーを起こし，反応がない場合，自ら注射できない幼児に代わってアドレナリンの自己注射薬(エピペン®)を教職員が注射することは，緊急やむを得ない措置として行われるものであり，医師法違反にはならないと考えられている。

〈鼻血が出る〉

鼻血が出た場合は頭を少し下げ，鼻をつまむようにおさえる。鼻の周囲を冷やすと，止血が早くなる。注意点として「仰向けに寝かせない」「のどに入った血は吐かせる」などがあげられる。

〈熱中症〉

　熱中症は体の体温調節機能の破綻により，塩分や水分が不足する現象である。よって，塩分や水分の補給，体の冷却が求められる。ただし，患者は体温調節機能がなく，冷房の効いた場所に急に入れると悪化する恐れがあるので，木陰などの場所に移動する，衣服を緩める等によって体温の上昇を防ぐ。水分補給を行う場合は小児用のスポーツ飲料，食塩水(0.1〜0.2％程度)を用意する。

〈のどのつまり〉

　のどに何か詰まった場合は「背部叩打法」「腹部突き上げ法」があり，幼児に対しては「背部叩打法」のみ行うことが推奨される場合が多い。「背部叩打法」は頭を体より低く保ち，手のひら全体で肩甲骨間を強く叩く方法。「腹部突き上げ法」は片方の手で握り拳をつくり，患者のへそ上方に当てる。もう片方の手で握り拳をつかみ，素早く手前上方に圧迫しながら突き上げる方法である。「腹部突き上げ法」は患者の内臓を損傷する可能性があるため，実施後は必ず医師の診察を受ける。

演習問題

1　幼稚園における幼児の病気や怪我の対応に関する記述の内容として適切なものの組み合わせを，あとの①〜⑤から1つ選びなさい。

（難易度■■□□□）

A　幼児がインフルエンザにかかった場合，感染予防のために，熱が37.5℃を下回るまでは幼稚園への登園を休ませる。

B　幼児が熱中症になった場合，軽症のときは涼しい場所で水分と塩分を補給して対応するが，意識障害が見られるようなときは，ただちに救急要請する。

C　ノロウイルスの発生が疑われる場合，幼児のおう吐物は，感染を防ぐために塩素系の消毒液を使用して処理する。

D　幼児が園庭で転んですり傷を負った場合，動き回って病原菌が入ったりしないように，その場でまず消毒液を傷口にすり込む。

①　A・B　　②　A・C　　③　A・D　　④　B・C　　⑤　B・D

2 感染症の説明として適切なものの組み合わせを，あとの①～⑤から1つ選びなさい。　　　　　　　　　　　　　　　　(難易度■■□□□)

A　おたふくかぜは，耳の下で顎の後ろの部分(耳下腺)が片側または両側で腫れ，痛みや発熱を伴う感染症で，幼児期から学童期に感染が多い。

B　プール熱は，水中のウイルスにより体表面が熱をもって赤くなる皮膚の疾患で，プールでの感染が多いため夏に流行しやすいが，一度感染すると免疫ができる。

C　はしかは，発熱，咳，目やにやコプリック斑と呼ばれる口内の斑点，および全身の発疹を主症状とし，感染力が非常に強いが，一度感染すると免疫ができる。

D　りんご病は，果実や野菜類に含まれる細菌によって起こる感染症で，発熱のほか，舌の表面にブツブツの赤みができるのが特徴で，学童期に感染が多い。

　　① A・B　　② A・C　　③ A・D　　④ B・C　　⑤ B・D

3 ノロウイルス感染症に関する記述の内容として適切なものの組み合わせを，あとの①～⑤から1つ選びなさい。　　　　　　(難易度■■□□□)

A　感染すると平均1～2日の潜伏期間を経て，吐き気，おう吐，下痢などの症状があらわれ，発熱をともなうこともある。

B　食物摂取のほか，血液，体液を通じて感染する病気で，感染力が強くないので成人の症例は少なく，抵抗力の弱い乳幼児や児童に患者が集中する。

C　ノロウイルスは，食中毒の原因としても非常に多く，また，吐物や便などを通じて人から人へ感染するため，衛生管理面の予防が重要である。

D　ノロウイルスワクチンを用いると免疫がつくられ，数か月の予防効果が得られるため，接種は流行期である冬季の少し前に行うようにする。

　　① A・B　　② A・C　　③ A・D　　④ B・C　　⑤ B・D

4 学校保健安全法施行規則における感染症の種類として正しいものの組み合わせを，次の①～⑤から1つ選びなさい。　　　　(難易度■■■□□)

	第1種	第2種	第3種
①	マールブルグ病	百日咳	コレラ
②	百日咳	マールブルグ病	コレラ
③	コレラ	麻しん	パラチフス
④	パラチフス	麻しん	ペスト
⑤	麻しん	ペスト	パラチフス

5 「救急蘇生法の指針2020(市民用)」(厚生労働省)に基づく一次救命処置における心肺蘇生の方法に関する記述として適当でないものを，次の①〜⑤の中から1つ選びなさい。　　　　　　　　　　　(難易度■■■□□)

① 傷病者を発見した際に，応援を呼んでも誰も来ない場合には，すぐ近くにAEDがあることがわかっていても，傷病者から離れないことを優先する。

② 約10秒かけて呼吸の観察をしても判断に迷う場合には，普段どおりの呼吸がないと判断し，ただちに胸骨圧迫を開始する。

③ 人工呼吸の技術に自信がない場合や，直接，傷病者の口に接触することをためらう場合には，胸骨圧迫だけを行う。

④ 胸骨圧迫は，傷病者の胸が約5cm沈み込むように強く圧迫し，1分間に100〜120回のテンポで絶え間なく行う。

⑤ 突然の心停止直後に，しゃくりあげるような途切れ途切れの呼吸がみられた場合には，ただちに胸骨圧迫を開始する。

6 救急処置に関する説明として最も適切なものを，次の①〜⑤から1つ選びなさい。　　　　　　　　　　　(難易度■■■□□)

① 鼻血が出たときは，出血がひどくならないように顔を天井に向かせて座らせるか，仰向けに寝かせて，鼻に脱脂綿等を詰め，10分程度指で鼻を押さえる。

② 漂白剤や石油を飲んだときは，急いで吐かせる。

③ 骨折と開放創からの大出血があるときは，まず骨折の処置を行ってから止血の処置を行う。

④ 頭部の打撲でこぶができたときは，患部を冷たいタオル等で冷やし，安静にして様子を観察し，けいれんや意識障害が見られるような場合はただちに救急搬送する。

⑤ 指を切断したときは，傷口にガーゼ等を当てて圧迫止血し，切断され

た指を直接氷水入りの袋に入れて，傷病者とともに医療機関へ搬送する。

7 熱中症の救急処置に関する内容として適当でないものを，次の①〜⑤から1つ選びなさい。　　　　　　　　　　　　　（難易度■■■■□）

① 独立行政法人日本スポーツ振興センターの統計によると，昭和50年から平成27年までの学校の管理下におけるスポーツによる熱中症死亡事例は，屋外で行う野球が最も多いが，屋内で行う柔道や剣道でも多く発生しているため，注意が必要である。

② 子どもの口渇感は大人より劣るとともに，大人よりも大きな「体表面積(熱放散するところ)/体重(熱産生するところ)」比を有することから，熱しやすく冷めにくい体格特性をもっており，熱中症のリスクが高くなる。

③ 呼びかけや刺激に対する反応がおかしかったり，呼びかけに答えがなかったりするときには，誤って気道に入ってしまう危険性があるので，無理に水を飲ませてはいけない。

④ 現場での冷却処置としては，水をかけてあおいだり，頸，腋下，足の付け根の前面などの太い血管のある部分に，氷やアイスパックを当てたりする方法が効果的であるが，市販のジェルタイプのシートは体を冷やす効果がないため，熱中症の処置にはむかない。

⑤ 救急処置は病態によって判断するよりⅠ度〜Ⅲ度の重症度に応じて対処するのがよい。

8 気道異物の除去に関する内容として適切なものを，次の①〜⑤から1つ選びなさい。　　　　　　　　　　　　　　　（難易度■■■■□）

① 背部叩打法は，傷病者の後方から手掌基部で左右の肩甲骨の中間を力強く，連続して叩く方法をいうが，乳児には行ってはいけない。

② 異物により気道が閉塞し，傷病者に反応がなくなった場合には，異物の除去を最優先する。

③ 腹部突き上げ法は，内臓を損傷する恐れがあるため，握りこぶしを傷病者のみぞおちの上方に当て，ゆっくりと圧迫を加えるように行う。

④ 背部叩打や腹部突き上げを試みても窒息が解消されない場合には，ただちに119番通報する。

⑤ 傷病者が咳をすることが可能であれば，異物が自然に排出されることがあるため，できるだけ咳を続けさせる。

9 次の文は，「学校のアレルギー疾患に対する取り組みガイドライン〈令和元年改訂〉」(令和2年3月25日，文部科学省初等中等教育局健康教育・食育課　監修)の一部である。空欄A～Eに入る語句をア～カから選ぶとき，最も適切な組み合わせはどれか。あとの①～⑤から1つ選びなさい。

(難易度■■■■■)

アレルギーとは，本来人間の体にとって有益な反応である免疫反応が，逆に体にとって好ましくない反応を引き起こすことです。

最も頻度が多いのがIgE抗体([　A　]の一種)によるアレルギー反応です。いわゆる「アレルギー体質」の人は，花粉や食べ物など本来無害なもの(これらがアレルギーの原因になるとき[　B　]と呼ばれます)に対してIgE抗体を作ってしまいます。そして，その[　B　]が体の中に入ってくると，皮膚や粘膜にあるマスト細胞というアレルギーを起こす細胞の上にくっついているIgE抗体と反応して，マスト細胞から体にとって有害な症状をもたらす

[　C　]などの物質が出て，じんましんやかゆみ，くしゃみや鼻水などのアレルギー反応を起こしてしまうのです。

児童生徒等のアレルギー疾患は食物アレルギー，アナフィラキシー，気管支ぜん息，アトピー性皮膚炎，アレルギー性結膜炎，アレルギー性鼻炎などがありますが，病気のメカニズムとしては共通な部分が多く，反応の起きている場所の違いが疾患の違いになっていると考えることもできます。メカニズムが共通であることから，いくつかのアレルギー疾患を一緒にもっている(合併)児童生徒等が多いことにも気をつけなければなりません。たとえば，ほとんどのぜん息児は[　D　]も合併しており，[　D　]の児童生徒等はぜん息にもなりやすいことがわかっています。

児童生徒が食物アレルギー及びアナフィラキシーを発症した場合，その症状に応じた適切な対応をとることが求められます。発症に備えて医薬品が処方されている場合には，その使用を含めた対応を考えてください。

緊急時に備え処方される医薬品としては，皮膚症状等の軽症症状に対する内服薬とアナフィラキシーに対して用いられる[　E　]の自己注射薬である「エピペン®」があります。アナフィラキシーに対しては，早期の[　E　]の投与が大変に有効で医療機関外では同薬のみが有効と言えます。

ア　インシュリン　　　　イ　リンパ液　　　　ウ　アトピー性皮膚炎

エ　抗原　　　　オ　アドレナリン　　　　カ　ウイルス

キ　アレルゲン　　　　　ク　免疫グロブリン　　ケ　細菌
コ　アレルギー性鼻炎　　サ　ヒスタミン

	A	B	C	D	E
①	ク	キ	サ	コ	オ
②	イ	キ	サ	ウ	ア
③	ク	カ	エ	ウ	ア
④	イ	キ	エ	コ	ア
⑤	ク	カ	サ	コ	オ

10 健康診断に関する記述として適切なものを，次の①～⑤から1つ選びなさい。　　　　　　　　　　　　　　　　　　　　　（難易度■■■□□）

① 定期健康診断は毎年5月30日までに実施する。

② 健康診断は健康障害の有無の判定にのみ用いる。

③ 幼稚園で定期健康診断を行った後，総合判定の結果は，14日以内に保護者に通知しなくてはならない。

④ 幼稚園では，幼児の定期健康診断だけでなく，隔年で職員の健康診断も実施しなくてはならない。

⑤ 幼稚園の健康診断に際して，保健調査，事後措置も必要である。

解答・解説

1 ④

解説

　学校保健安全法施行規則第19条の出席停止の期間の基準において，インフルエンザは，「発症した後5日を経過し，かつ，解熱した後2日(幼児にあっては，3日)を経過するまで。」と定められている。また，すり傷の応急処置の基本は，砂やゴミなどの異物を除去するため，傷口を水道水で洗い流すことである。浅い傷は，その後，創傷被覆材で保護する。また，出血が止まらないような深い傷は，清潔なガーゼ等で直接圧迫を行いながら，できるだけ早く医療機関を受診する。

2 ②

解説

B 「一度感染すると免疫ができる」が誤り。アデノウイルスは種類が多い

だけでなく，免疫がつきにくいとされており，1つの型のアデノウイルスに感染しても，他のアデノウイルスに何度もかかることがある。

D　発症すると，蝶翼状の紅斑が頬に出現して両頬がリンゴのように赤くなることから，りんご病と呼ばれている。ヒトパルボウイルスB19が原因となる感染症で，幼児期から学童期を中心に流行する。

3 ②
解説

ノロウイルスは感染によって，胃腸炎や食中毒を発生させるもので，特に冬季に流行する。手指や食品などを介して経口で感染する場合が多く，ヒトの腸管で増殖し，おう吐，下痢，腹痛などを起こす。子どもやお年寄りなどでは重症化し，吐物を気道に詰まらせて死亡することもある。ノロウイルスについてはワクチンがなく，また，治療は輸液などの対症療法に限られる。

4 ①
解説

学校保健安全法施行規則第18条第1項による。

5 ①
解説

そばにAEDがあることがわかっている場合には，自分で取りに行く。

6 ④
解説

①　顔を上に向かせると，鼻血がのどに流れ，飲み込んでしまうことがあるので，上を向かせたり，仰向けに寝かしてはいけない。

②　腐食性の強い強酸，強アルカリなどは，吐かせると気道の粘膜にひどいただれを起こす。石油製品は，吐かせると気管へ吸い込み，重い肺炎を起こす。

③　人間の全血液量は，体重1kg当たり約80mLで，一度にその$\frac{1}{3}$以上を失うと生命に危険がある。出血には，動脈からの出血と静脈からの出血がある。開放創による大出血は，直ちに止血しなければならないので，骨折の治療より優先する。

⑤　指が切断されたときには，まず直接圧迫止血を行い，直ちに医療機関に搬送する。その際，切断された指は洗わずにガーゼにくるみ，ビニー

ル袋に入れる。氷を入れた別のビニール袋の中に,指の入ったビニール袋を入れて,医療機関に持参する。

7 ②
解説

思春期前の子どもは,汗腺のような体温調節能力が発達していないため深部体温が大きく上昇し,熱中症のリスクが高い。なお,子どもは大人より熱しやすく冷めやすい体格特性をもつ。

8 ⑤
解説

異物除去の方法としては腹部突き上げ法(ハイムリック法)と背部叩打法の2種類がある。異物除去の際,基本的には腹部突き上げ法を優先させる。しかし,内臓を痛めることがあるため,傷病者が妊婦と乳児の場合は背部叩打法を行う。また,心肺蘇生を優先し,異物が取れるまで続ける必要がある。③は,みぞおちの上方ではなく下方に当てる。

9 ①
解説

学校におけるアレルギー疾患には,平成20年に作成された「学校のアレルギー疾患に対する取り組みガイドライン」に基づき対応することとされており,10年ぶりに改訂されたのが出題の資料である。これには,「学校生活管理指導表(アレルギー疾患用)」に示されている,食物アレルギー,アナフィラキシー,気管支ぜん息,アトピー性皮膚炎,アレルギー性結膜炎,アレルギー性鼻炎について,ガイドラインが設定されている。なお,アナフィラキシー症状を来した児童生徒を発見した場合,救命の現場に居合わせた教職員が自ら注射できない状況にある児童生徒に代わって注射を行うことは,医師法違反にあたらず,人命救助のため行った行為については,責任はないと考えるのが一般的である。

10 ⑤
解説

学校保健安全法施行規則を参照。

① 幼稚園の定期健康診断は毎年,6月30日までに実施することになっている。

② 　定期健康診断では，幼児の健全な発育，発達のために，栄養状態に重点をおきつつ，疾病や異常など健康障害の早期発見と予防に留意する。

③ 　総合判定の結果は，定期健康診断を実施後21日以内に保護者に通知することになっている。

④ 　職員が結核などの感染症にかかっていると，当然，幼児に感染してしまうため，職員も毎年健康診断を受けることになっている。

⑤ 　正しい。特に，疾病や異常が見つかった際の事後措置は，その疾病などによって対応が変わることもあるので，注意する。

学校安全

≡ POINT ≡

▶▶ 幼稚園における防災教育

「『生きる力』を育む防災教育の展開」(平成25年改訂版，文部科学省)によると，防災教育において「必要な知識や能力等を児童生徒等に身に付けさせるためには，その発達の段階に応じた系統的な指導が必要」としている。そして，幼稚園段階における防災教育の目標・内容，および年齢別の目標例を次のように示している。

【目標】
　安全に生活し，緊急時に教職員や保護者の指示に従い，落ち着いて素早く行動できる幼児

【内容】
〈知識，思考・判断〉
・教師の話や指示を注意して聞き理解する。
・日常の園生活や災害発生時の安全な行動の仕方が分かる。
・きまりの大切さが分かる。
〈危険予測・主体的な行動〉
・安全・危険な場や危険を回避する行動の仕方が分かり，素早く安全に行動する。
・危険な状況を見付けた時，身近な大人にすぐ知らせる。
〈社会貢献，支援者の基盤〉
・高齢者や地域の人と関わり，自分のできることをする。
・友達と協力して活動に取り組む。

【年齢別の目標例】
〈3歳児〉
・園生活を通して，安全と危険を意識していくようになる。
・教職員と共に避難行動がとれるようになる。
〈4歳児〉
・安全に生活するための決まりが分かり，気を付けて行動できるようになる。
・災害時に教職員の指示を聞き，素早く避難行動がとれるようになる。

〈5歳児〉
・安全，危険な場所や行動が分かり，自分で考えて行動できるようになる。
・災害時に落ち着いて指示を聞き，素早く避難行動がとれるようになる。

さらに幼稚園教育要領では幼稚園における安全について「危険な場所，危険な遊び方，災害時などの行動の仕方が分かり，安全に気を付けて行動する」としており，留意事項として「生活の全体を通じ，幼児が様々な体験を積み重ねる中で相互に関連をもちながら次第に達成に向かうものであること」「内容は，幼児が環境に関わって展開する具体的な活動を通して総合的に指導されるものであること」としている。

▶▶ 防災マニュアル作成の注意点

防災マニュアルは学校保健安全法第29条第1項を根拠として，各学校で作成されている。幼稚園では広範囲から送迎バスを利用し園児が登降園する，保護者がすぐに園児を迎えられない，といった特徴があるため，これらの事項を踏まえたマニュアルを作成する必要がある。ここでは「学校防災マニュアル(地震・津波災害)作成の手引き」から，幼稚園の特性に応じた防災マニュアル作成時の留意点の一部を掲載する。

〈事前の危機管理〉
・引き渡しに向けた体制整備，配慮を要する幼児への対応

〈事後の危機管理〉
・多様な保育形態の中での災害発生を想定し，保護者引き渡しまでの手順を明確化する
・避難先となることを想定した体制整備

〈多様な状況下での避難訓練(例)〉
一斉活動遊び・食事などの園内保育時，朝や午後の預かり保育時，園庭開放時，登降園時における幼児引き渡し時，園外保育時，徒歩等登降園中，送迎バス運行中

▶▶ 災害発生後の心のケア

災害発生後における乳幼児の反応について，「学校における子供の心のケア」(平成26年，文部科学省)では，全体的な状況把握はできず，トラウマを「怖かった」「寒かった」「いっぱい歩いた」といった表現で表すことが多いとされている。災害を経験した乳幼児は，その後成長・発達したときに災害

の全体像を認識し，トラウマが再現する可能性があることに注意しながら健康観察を行うとしている。

　また，家族や近親者が亡くなった場合，子どもは心理的なよりどころを急に失うことになる。一般的に子どもは悲嘆するが，教員としては子どもの気持ちに寄り添いながら，自然回復を見守るのがよいとされている。また，その人が亡くなったという現実を受け止めること，故人についての話題をタブー視せず，折に触れて語り合うことが必要とされている。

◆ 演 習 問 題

1 「『生きる力』を育む防災教育の展開」（平成25年3月改訂，文部科学省）に示されている，幼稚園における日常の安全指導のポイントとして不適切なものを，次の①〜⑤から1つ選びなさい。　　　　　（難易度■■■■□）

① 体を動かして遊ぶことを通して，危険な場所や事物，状況などがわかったり，危険を回避するにはどうしたらよいか学び取れるようにする。

② 幼児の個人差，興味関心の方向性を把握し，一人一人に応じた指導を行う。

③ 幼児の行動の中で見られた「ヒヤリとした行動」や「ハッとした出来事」については，帰りの会など落ち着いた場で全体に指導し，理解を深めるようにする。

④ 安全指導の内容は，幼児が自分のこととして理解を深められるよう，具体的に伝える。

⑤ 生活の様々な場面で，困ったことが起きたとき，危険を感じたときなどには，直ちに教職員に伝えることについて指導を繰り返す。

2 次の文は，「学校防災マニュアル(地震・津波災害)作成の手引き」（平成24年3月，文部科学省)に述べられているものである。（　ア　）〜（　オ　）に当てはまる語句の組み合わせとして適切なものを，あとの①〜⑤から1つ選びなさい。　　　　　（難易度■■■■□）

(1) 学校防災マニュアルは，

　1. 安全な（　ア　）を整備し，災害の発生を未然に防ぐための事前の（　イ　）

　2. 災害の発生時に（　ウ　）かつ迅速に対処し，被害を最小限に抑えるた

　　　めの発生時の(　イ　)

　3. 危機が一旦収まった後，(　エ　)や授業再開など通常の生活の再開を
　　　図るとともに，再発の防止を図る事後の(　イ　)の三段階の(　イ　)に
　　　対応して作成する必要があります。

(2) 地震を感知(実際に揺れを感じた場合や緊急地震速報受信時)したと同
　　時に(　オ　)のための初期対応を図ることが必要です。

　　　日常の指導や避難訓練等によって児童生徒等自身の判断力・行動力を
　　養っておくことが，(　オ　)につながります。

	ア	イ	ウ	エ	オ
①	環境	危機管理	適切	心のケア	安全確保
②	施設	危機管理	適切	衣食住の調達	安全確保
③	環境	防災計画	安全	心のケア	安全確保
④	施設	防災計画	安全	心のケア	避難行動
⑤	環境	防災計画	適切	衣食住の調達	避難行動

3 次の文は，「学校における子供の心のケア―サインを見逃さないために―」
(平成26年3月，文部科学省)に述べられているものである。(　ア　)～
(　オ　)に当てはまる語句の組み合わせとして適切なものを，あとの①～
⑤から1つ選びなさい。　　　　　　　　　　　　　　(難易度■■■■□)

・被災時，乳幼児だった子供への対応

　幼児期には，子供が体験した被災内容が(　ア　)を生じさせる衝撃とな
りますが，乳幼児期の子供は全体的な(　イ　)に対する理解はほとんどで
きていないと考えられます。つまり，被災したときに，誰とどこにいて，
どのような体験をしたかが(　ア　)の強弱に影響するのですが，幼児期は
自らの体験を(　ウ　)に判断することも(　エ　)することも難しい時期と言
えます。そのため，(　ア　)を「怖かった」「寒かった」「いっぱい歩いた」
などといった表現で表すことが多いと思われます。

　この時期に被災した子供たちは，その後成長，発達するにつれて，自ら
の体験の意味を理解して衝撃の全体像を認識することになります。そのた
め，数年後，被災した時の怖さを思い出す出来事に遭遇したときに，
(　ア　)が再現する可能性があることを念頭においた(　オ　)が必要です。

	ア	イ	ウ	エ	オ
①	ストレス	状況	客観的	言語化	心のケア
②	トラウマ	災害	客観的	内省化	心のケア
③	トラウマ	状況	客観的	言語化	健康観察
④	ストレス	災害	一般的	言語化	健康観察
⑤	ストレス	状況	一般的	内省化	心のケア

4 「『生きる力』をはぐくむ学校での安全教育」(平成31年3月，文部科学省)の「第2章　第3節　安全教育の進め方」に関する内容として適切なものを，次の①〜⑤から1つ選びなさい。　　　　　(難易度■■■□□)

① 学校における安全教育は，体育科・保健体育科，技術・家庭科及び特別活動の時間においてのみ行うものである。

② 学校行事における安全に関する指導について，表面的，形式的な指導とともに具体的な場面を想定するなど適切に行うことが必要であるが，小学校においては，発達段階を考慮し，表面的，形式的な指導を行う。

③ 安全教育は，視聴覚教材や資料を活用するだけで十分に効果を高めることができる。

④ 安全教育は，学校教育活動全体を通じて計画的な指導が重要であり，そのためには，学校安全計画に適切かつ確実に位置付けるなど，全教職員が理解しておく必要がある。

⑤ 安全教育と安全管理は，密接に関連させて進めていく必要があるが，日常の指導では，学校生活の安全管理として把握した児童生徒等の安全に関して望ましくない行動は取り上げる必要はない。

解答・解説

1 ③

解説

　出題資料の第5章　1 (2)　①日常生活の中で安全(防災)に関する意識や態度を高める指導からの出題である。「帰りの会など落ち着いた場で全体に指導し，理解を深めるようにする。」が誤り。行動から時間を置かずに対象幼児へ指導し，理解を深めるようにする。

2 ①

解説

「学校防災マニュアル(地震・津波災害)作成の手引き」は文部科学省が作成した，地震・津波が発生した場合の具体的な対応について参考となるような共通的な留意事項をとりまとめたもの。学校保健安全法第29条第1項において児童生徒等の安全の確保を図るため，危険等発生時に職員が講じるべき措置の内容や手順を定めた危機管理マニュアル(危険等発生時対処要領)を各学校が作成することとされており，その参考となるよう作成されたものである。

3 ③

解説

特に注意したい用語は**ア**のトラウマである。トラウマは，本来もっている個人の力では対処できないような圧倒的な体験をすることによって被る，著しい心理的ストレスを指す。トラウマは心的外傷後ストレス障害(Posttraumatic Stress Disorder, PTSD)の発症につながる場合がある。用語の違いを確認しておきたい。

4 ④

解説

「学校安全資料『生きる力』をはぐくむ学校での安全教育」は，安全教育，安全管理，組織活動の各内容を網羅して解説した総合的な資料として，平成13年11月に作成され，その後の学校保健法の改正，学習指導要領の改訂を踏まえて平成28年3月に，さらに「学校事故対応に関する指針」(平成28年3月)の策定や学習指導要領の改訂等を踏まえて平成31年3月に改訂されている。

① 「体育科・〜及び特別活動の時間においてのみ行うもの」が誤り。「安全教育は，体育科・保健体育科，技術・家庭科及び特別活動の時間はもとより，各教科，道徳科及び総合的な学習の時間などにおいてもそれぞれの特質に応じて適切に行うよう，学校教育活動全体を通じて計画的な指導が重要であり，そのためには，学校安全計画に適切かつ確実に位置付けるなど，全教職員が理解しておく必要がある。」とされている。

② 「小学校においては，発達段階を考慮し，表面的，形式的な指導を行う。」が誤り。小学校においても「避難訓練など安全や防災に関する学校行事については，表面的，形式的な指導に終わることなく，具体的な

場面を想定するなど適切に行うことが必要である。」とされている。

③ 「視聴覚教材や資料を活用するだけで十分に効果を高めることができる。」が誤り。「安全教育の効果を高めるためには，危険予測の演習，視聴覚教材や資料の活用，地域や校内の安全マップづくり，学外の専門家による指導，避難訓練や応急手当のような実習，誘拐や傷害などの犯罪から身を守るためにロールプレイングを導入することなど，様々な手法を適宜取り入れ，児童生徒等が安全上の課題について，自ら考え主体的な行動につながるような工夫が必要である。」とされている。

⑤ 「日常の指導では〜児童生徒の安全に関して望ましくない行動は取り上げる必要はない。」が誤り。日常の学校生活における指導として「児童生徒等の安全に関して望ましくない行動を取り上げ，適切な行動や実践の方法について考え」させるとしている。

教育史・教育心理

教育史

≧POINT≦

　教育史に関する出題では，人物と業績が中心に出題されている。ここでは，出題頻度が高い人物を中心に掲載する。

○ロック(1632〜1704年)

　イギリスの思想家・哲学者。イギリス経験論の大成者で，すべての知性は経験から得られるという「精神白紙説〈タブラ゠ラサ〉」は，人の発達における環境優位説につながった。主著に『人間悟性(知性)論』がある。

○ルソー(1712〜78年)

　フランスの思想家。教育的主著『エミール』の冒頭「造物主の手から出るときはすべて善いものである」という信念のもと，自然に従う教育(自然主義教育)や，自然に先立って教育をしてはいけないという消極的教育を主張した。児童中心主義の立場から，注入より自発性を，言語より直観や経験を重視した。

○ペスタロッチ(1746〜1827年)

　スイスの教育思想家・実践家。言語中心の主知主義教育を批判し，知的・道徳的・技能的な能力の調和的な発達を目指し，直接経験や感覚を通じた教授(直観教授)を展開した。また，幼児教育における家庭の役割を重視し，「生活が陶冶する」教育の原則を示した。主著に『隠者の夕暮』などがある。

○フレーベル(1782〜1852年)

　ドイツの教育家で，世界最初の幼稚園の創設者。子どもの本質を神的なものとし，不断の創造によってその本質が展開されると考え，子どもの遊戯や作業を重視した。また，そのための教育遊具として「恩物」を考案した。主著に『人間の教育』がある。

○エレン゠ケイ(1849〜1926年)

　スウェーデンの婦人思想家。主著『児童の世紀』では，20世紀は子どもが幸福になり，解放される時代と主張し，20世紀初頭の児童中心主義保育を求

146

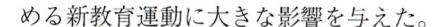

める新教育運動に大きな影響を与えた。

○デューイ(1859～1952年)

アメリカのプラグマティズムの代表的哲学者。シカゴ大学に実験学校(デューイ・スクール)を開設し，実生活における必要性から子どもが自発的に問題を発見し，解決していく問題解決学習を考案，実践した。また，個人の環境との相互作用を経験と呼び，教育において，経験が連続的に再構成されていく過程を教育の本質ととらえた。主著に『学校と社会』『民主主義と教育』がある。

○モンテッソーリ(1870～1952年)

イタリアの医師であり，幼児教育の実践家・思想家。幼児教育施設「子どもの家」での経験を活かし，感覚重視の幼児教育法(モンテッソーリ・メソッド)を確立した。主著に『子どもの発見』がある。

○松野クララ(1853～1941年)

ドイツ人。フレーベル創設の養成校で保育の理論や実践を学んだ。日本人と結婚して日本に居住し，東京女子師範学校附属幼稚園創設当時の首席保母として「恩物」の使い方や遊戯など，日本に初めてフレーベルの教授法を導入した。

○倉橋惣三(1882～1955年)

日本において児童中心主義を提唱し，幼稚園教育の基礎を築いた幼児教育研究者。1917年に東京女子高等師範学校附属幼稚園の主事となった。フレーベルの教育精神のもと，子どもの自発性を尊重し，自由な遊びの中で子どもの自己充実を援助できる環境を構築する「誘導保育」を提唱した。

演習問題

1 次の記述のうち誤っているものを，①～⑤から1つ選びなさい。

(難易度■□□□□)

① シュテルンは人間の発達について，遺伝的要因と環境的要因の輻輳説を唱えた。

② ロックは教育万能論に対して疑問を投げ掛けた。

③ ルソーは消極教育論を提唱し，「子どもの発見者」と称された。

④ フレーベルは世界で最初の幼稚園を設立した。

⑤ デューイは問題解決学習を提唱した。

2 次の人物に関する記述として適切なものを，①〜⑤から1つ選びなさい。

(難易度■■■□□)

① 羽仁もと子は玉川学園を創設し，全人教育や労作教育を目指した。

② 及川平治は東京高等師範学校附属訓導として綴方教授を提唱した。

③ 倉橋惣三は東京女子高等師範学校幼稚園主事を務め，「幼児教育の父」と呼ばれる。

④ 澤柳政太郎は「児童の村小学校」を設立した。

⑤ 谷本富は「婦人と子ども」を編集し，『幼稚園保育法眞諦』の著書がある。

3 次のA〜Cは幼児教育について述べたものである。それぞれア〜キのどの人物と関係が深いか。正しい組み合わせを，あとの①〜⑤から1つ選びなさい。

(難易度■■■■□)

A　どんなに貧しくても，どんなに不良な子どもでも，神からすべての子どもたちに人間性の力を与えられている。道徳的な人間を育てるには健全な家庭生活が営まれなければならず，教育においても家庭の温かさが不可欠である。

B　子どもは本来神的な存在なので，教育者は子どもがもともと持っているものを実現させるよう手助けし，そのことに気づいていない子どもに，自覚させ表現するよう導くことである。

C　自然は子どもが子どもらしくあることを望んでいる。大人になったら必要になるからといって，美徳や知識を積極的に子どもに教える必要はない。できるだけ子どもの自然のよさを残し伸ばしてやればよい。

ア　ルソー　　　　イ　ロック　　　ウ　モンテッソーリ

エ　ペスタロッチ　オ　フレーベル　カ　デューイ

キ　マラグッツィ

① A−ア　　B−ウ　　C−オ

② A−エ　　B−キ　　C−オ

③ A−エ　　B−カ　　C−ア

④ A−イ　　B−ウ　　C−カ

⑤ A−エ　　B−オ　　C−ア

4 次は，保育思想の歴史に関する記述である。A〜Dの記述は，ア〜エの

うちどの人物のことか。正しい組み合わせを，あとの①〜⑤から1つ選び
なさい。　　　　　　　　　　　　　　　　　　　　（難易度■■■□□）

A　知識の一方的な伝達を中心とした伝統的な学校教育を批判し，教育と
は，経験を繰り返すことによって成長し，その成長を高めるようにさら
に経験を絶え間なく再組織し改造することであると主張した。

B　人間は誕生の瞬間から知的な働きが存在することを明らかにし，子ども
の知能や発達に関して，科学的な理論構築を行い発達段階説を提唱した。

C　スラム街に住む貧しい労働者の子どもたちを収容するために「子ども
の家」を開設した。そこで，子どもたちは自分自身の感覚をとおして世
界の様子を知るということに気づき，子どもの発達に適した環境設定や
遊具の必要性を唱えた。

D　自分が自分を作り上げていくことによって子どもは発達するという児
童中心主義に基づく児童教育と婦人の母性的使命を唱え，新教育運動，
婦人解放運動に大きな影響を与えた。

　　ア　エレン・ケイ　　イ　モンテッソーリ　　ウ　ピアジェ
　　エ　デューイ

① A−ア　　B−イ　　C−エ　　D−ウ
② A−イ　　B−ア　　C−ウ　　D−エ
③ A−エ　　B−ウ　　C−イ　　D−ア
④ A−ウ　　B−エ　　C−ア　　D−イ
⑤ A−エ　　B−イ　　C−ウ　　D−ア

5 次の文は，『モンテッソーリ法』についての記述である。（　A　）〜
（　C　）に当てはまるものをア〜キから選ぶとき，正しい組み合わせを，
あとの①〜⑤から1つ選びなさい。　　　　　　　　（難易度■■□□□）

　子どもは自分を（　A　）する動機を本来もっており，自分自身の（　B　）
をとおして外の世界についての知識を学ぶ。子どもの発達に適した環境に
置かれるとき，その子どもは興味をもって自発的に学ぶことができる。し
たがって，教育とは，子どもがそうした自分の要求に応えてくれるような
環境に置かれたときに，自らが自発的に学んでいく（　C　）な過程だという
ことができる。

　　ア　動的　　イ　認識　　ウ　知識　　エ　啓発
　　オ　本質　　カ　静的　　キ　感覚

① A－イ　　B－オ　　C－カ

② A－エ　　B－キ　　C－ア

③ A－イ　　B－キ　　C－カ

④ A－エ　　B－ウ　　C－ア

⑤ A－イ　　B－ウ　　C－カ

6 次のA～Cは教育史上の人物の著作の冒頭の一文であり，a～cはその著作である。またア～ウは，人物の教育思想に関係ある語である。これらの人物，冒頭の一文，著作，関係ある語を組み合わせたとき，正しいものを，あとの①～⑤から1つ選びなさい。　　　　　　　（難易度■■■□□）

A　創造主の手から出るときにはすべてがよいが，人間の手になるとすべてが悪くなっていく。

B　玉座の上にあっても，木の葉の屋根の陰に住まっても，その本質において同じ人間。

C　万物のなかに，一つの永遠の法則があって，作用し，支配している。

〔著作・関係ある語〕

a　『隠者の夕暮』　　b　『エミール』　　c　『人間の教育』

ア　消極教育　　イ　万有内在神論　　ウ　直観のABC

① フレーベル　　──A── b ──イ

② フレーベル　　──B── b ──ウ

③ ルソー　　　　──C── a ──ア

④ ペスタロッチ　──B── a ──ウ

⑤ ペスタロッチ　──C── c ──イ

7 次の記述に該当する人物を，あとの①～⑤から1つ選びなさい。

（難易度■■■□□）

　明治18年，内閣制度の発足に伴い，初代文部大臣に就任。欧米の先進国の文明を導入し，日本の富強を図るための国家主義教育をとなえ，この目的の実現に向けて学校制度の改革，教育内容の改善，教員養成方針の確立に尽力した。明治19年に小学校令・中学校令・帝国大学令・師範学校令を公布し，近代学校制度の土台を固めた。また，教科書の検定制度を初めて実施。教育内容の改善を図り，「学校及其程度」により国家的基準を明示した。師範教育に関しては，国民教育の根幹をなすものとして重視し，順良・

信愛・威重の三気質を教育目標に据え，その実現のために全寮制による軍隊式教育を行った。

① 倉橋惣三　② 福沢諭吉　③ 森有礼　④ 新渡戸稲造
⑤ 大隈重信

8 幼稚園と保育所について公的に示されたものを発表年順に正しく並べたものを，次の①〜⑤から1つ選びなさい。　(難易度■■■■■)

① 保育要領—幼稚園と保育所の関係について—幼児教育振興プログラム
② 保育要領—幼児教育振興プログラム—幼稚園と保育所の関係について
③ 幼稚園と保育所の関係について—保育要領—幼児教育振興プログラム
④ 幼稚園と保育所の関係について—幼児教育振興プログラム—保育要領
⑤ 幼児教育振興プログラム—保育要領—幼稚園と保育所の関係について

9 教育史に関する記述について適切なものを，次の①〜⑤から1つ選びなさい。　(難易度■■■■■)

① 貝原益軒は日本で最初の体系的教育書といわれる『養生訓』を著した。
② 明治13年の改正教育令では国家の統制色が強くなり，道徳が学科目の首位に置かれ，徳育重視となった。
③ 明治19年の小学校令で尋常小学校の6年間が就学義務とされ，法令上の義務教育制度が明確になった。
④ 大正時代には，子どもの個性・自発性を尊重する児童中心主義教育の理論と実践を，倉橋惣三が指導した。
⑤ 大正7年，北原白秋が児童文学・童謡の雑誌『赤い鳥』を創刊，芸術教育運動を展開した。

解答・解説

1 ②

解説

① シュテルン(1871〜1938)は人間の発達は遺伝と環境の相互作用によって生じると考えた。
② ロック(1632〜1704)は人間の精神を「白紙(タブラ・ラサ)」と捉え，後天的な教育を重視した。よって誤り。

③　フランスの啓蒙思想家ルソー(1712〜78)は『エミール』で教育につい
て論じた。

④　フレーベル(1782〜1852)は教育遊具「恩物」の考案者で，主著に『人
間の教育』がある。

⑤　デューイ(1859〜1952)は経験主義的教育論を展開。主著に『学校と社
会』など。

2 ③

解説

①　羽仁もと子(1873〜1957)が設立したのは自由学園で，自労自作の生活
中心主義教育を行った。玉川学園の創設者は小原國芳(1887〜1977)。

②　及川平治(1875〜1939)は「分団式動的教育」を実践した兵庫県明石女
子師範学校附属小学校主事であり，綴方教授を提唱したのは芦田恵之介
(1873〜1951)。

③　正しい。

④　澤柳政太郎(1865〜1927)は成城小学校の設立者。「児童の村小学校」を
設立したのは野口援太郎。

⑤　「婦人と子ども」を編集し，『幼稚園保育法眞諦』を著したのは倉橋惣
三。谷本富は日本初の教育学博士。

3 ⑤

解説

Aはペスタロッチ，Bはフレーベル，Cはルソーがあてはまる。各人物の
詳細はポイントを参照。マラグッツィ(1920〜1994)はイタリアで行われた
幼児教育の革新的実践，レッジョ・エミリアのリーダー。

4 ③

解説

エレン・ケイはスウェーデンの社会思想家，教育学者，女性運動家とし
て幅広く活躍。「20世紀は児童の世紀」だとして新教育運動を展開した。モ
ンテッソーリは貧困家庭の子どもたちを収容するためにローマに「子ども
の家」を創設。「幼児は本来自己啓発する動機をもっている」として，その
ための遊具も開発した。ピアジェはスイスの20世紀最大の心理学者といわ
れる。大人と質量的に異なる子どもの思考を出生から青年期まで4つの発達
段階で区分し幼児教育にも大きな影響を与えた。デューイは20世紀前半を

代表する哲学者，教育改革者で，多様な人々とともに生きる民主主義の考え方に立ち，共同活動を重視，美的・道徳的な意味を含め，あらゆるものが共同活動から生まれてくると説いた。

5 ②

解説

　フレーベル同様，モンテッソーリも幼稚園教育で忘れてはならない人である。彼女は1870年，イタリアに生まれた。当時，男性に限られていた医学部へ入学し，イタリアで初の女性医学博士となる。医師となった彼女がまず力を注いだのは，悲惨な状況に置かれていた障害児の教育だった。そこで，障害児であっても健常児に匹敵する学習能力があることを知る。その後，ローマのスラム街に住む子どもたちのために，彼らを収容する「子どもの家」を創設した。こうした実践のなかで，子どもは自分自身の感覚をとおして世界を学ぶのであり，本来，その欲求をもっていることに気づく。そして，その欲求に応えられるような環境に置かれるとき，子どもは自らのかかわりのなかで成長すると考えた。その考えに基づいて集中力や感覚，知識を豊かにする遊具も開発した。

6 ④

解説

　Aはルソー(1712〜78)の『エミール』の冒頭の一文である。外からの強制的な詰め込み教育(「積極教育」)でなく，子どもの自然の成長力や活動性に応じた自然による教育(「消極教育」)を主張する。Bはペスタロッチ(1746〜1827)の『隠者の夕暮』の冒頭の一文である。彼は，人間はすべて平等の人間性を有するとし，すべての人間に内在している諸能力を開発し，伸長していくのが教育の基本であるとした。また豊かな直観こそが言葉の獲得や思考力の発達の基礎になることを強調し，直観を構成する要素として「直観のABC(数・形・語)」をあげている。Cはフレーベル(1782〜1852)の『人間の教育』の冒頭の一文である。神が宇宙の中心であり神によって万物は生かされており(万有内在神論)，人間は創造的存在であり，子どものなかに宿る神的なもの(神性)を開発することこそが教育の本質であるとした。神から子どもたちへの贈り物を意味する「恩物」という教育遊具を考案している。したがって，ペスタロッチ・**B**・**a**・**ウ**の組み合わせの④が正しい。

7 ③

解説

① 倉橋惣三は東京女高師附属幼稚園の主事を長年務め、幼児教育の発展に尽くした児童心理学者。

② 「学問のすゝめ」を著した慶應義塾大学の創設者。

③ 日本の初代文部大臣・森有礼は、教育こそが富国強兵の根本、良妻賢母教育は国是とすべきであるとし、強力な国家主義教育政策を推進した。明治20年には学位令を発令し、日本における学位制度を定めたほか、さまざまな学校制度の整備を行い、近代国家としての教育制度の確立を目指した。黒田清隆内閣においても留任したが、明治22年、大日本帝国憲法発布式典の当日、凶刃に倒れた。

④ 札幌農学校に学び、日本文化の海外への紹介に努めた、農学者・教育者。

⑤ 第8代、第17代内閣総理大臣にして早稲田大学の創設者。

8 ①

解説

昭和23年に当時の文部省が刊行した「保育要領」は幼稚園だけでなく、保育所や家庭にも共通する手引きとして作られた。同年38年に文部省、厚生省の連名で出された「幼稚園と保育所の関係について」は、両者の機能が異なるとことを示し、保育所の持つ機能のうち、教育に関するものは幼稚園教育要領に準ずることが望ましいと(幼稚園は文部省の管轄、保育所は厚生省の管轄)。平成13年に文部科学省が策定した「幼児教育振興プログラム」では「幼稚園と保育所の連携の推進」を掲げ、幼稚園と保育所の共用施設の運営などに関する実践研究の実施や、研修の相互参加などが示された。

9 ④

解説

① 貝原益軒はたしかに「養生訓」を著しているが、日本で最初の体系的教育書といわれているのは「和俗童子訓」。同書では、子どもの早期教育や徳育の重要性を説き、その後の寺子屋教育や明治以降の小学校教育の基礎となった。

② 明治13年の改正教育令で学科目の首位に置かれたのは道徳ではなく、

154

修身。

③　明治19年の小学校令では尋常小学校の3〜4年間が就学義務とされた。6年間に延長されたのは，明治40年である。

④　適切。倉橋惣三に対し，社会中心主義といわれた城戸幡太郎は，庶民の子どもたちの生活に目を向け，「社会協力の訓練」を説いたことも押さえておきたい。

⑤　『赤い鳥』は鈴木三重吉が北原白秋らの協力を得て赤い鳥社を設立，創刊した。

教育心理

≡ POINT ≡

　教育心理では基礎的な用語とその意味に関して出題実績がある。ここでは出題頻度の高い教育心理に関連する人物と用語をいくつか掲載する。

▮▶ 教育心理に関連する人物

○S.フロイト(1856〜1939年)

　オーストリアの精神科医。精神分析の創始者。精神不調の背景には無意識や幼児期の抑圧された体験があるとし，それを明らかにする自由連想法や夢分析を考案した。また，人の精神構造をイド(本能)，自我，超自我からとらえ(構造論)，その力関係を想定したパーソナリティ理論や，抑圧を始めとした心の防衛メカニズムを提唱した。

○ピアジェ(1896〜1980年)

　スイスの発達心理学者。子どもの観察研究から，子どもは生まれたときから環境と相互作用しており，環境に対する認識の枠組み(シェマ)が段階的に(質的に)変化していくと考え，思考の発達段階をまとめた。段階には，感覚運動期，前操作期，具体的操作期，形式的操作期の4つがあり，幼児期は前操作期にあたり，自他の区別が難しい自己中心性にもとづく思考が特徴であるとした。

○ブルーナー(1915〜2016年)

　アメリカの認知・発達心理学者，教育学者。学習者自らが能動的に知識生成までのプロセスをたどりながら，帰納的に小さな発見を積み重ね，知識や知的能力を習得していくという発見学習の提唱者。また，ヴィゴツキーの発達の最近接領域を援用して，言語学習の支援システムとしての「足場かけ」の概念を提唱した人物でもある。

○ハヴィガースト(1900〜91年)

　アメリカの教育社会学者。生涯発達を6段階に区分し，各段階の発達課題をまとめた。発達課題には①身体の成熟，②文化の圧力，③個人の欲求や価値観が関わり，身体運動技能，知識・判断などの認知，パーソナリティや自我の発達，そして社会的役割が含まれ，発達課題の達成が次なる課題の達成につながると考えた。

○エリクソン(1902〜94年)

アメリカの心理学者。アイデンティティ，モラトリアムなどの概念を提唱した。S.フロイトの心理・性的発達理論に社会・歴史的発達観を統合した漸成発達論(心理社会的発達段階説)をまとめた。各段階の発達課題は心理社会的危機と呼ばれ，その危機を乗り越えることを発達と捉えた。

○ワトソン(1878〜1958年)

アメリカの心理学者。刺激と反応をセットで行動理解しようとする行動主義の主唱者。恐怖の条件づけ実験を行い，環境条件を操作することで，どんな特性でも獲得できることを主張した。環境優位説の代表的人物である。

○カナー(1894〜1981年)

アメリカの児童精神科医。「情緒的接触の自閉的障害」という論文で初めて自閉症の症例を報告。アスペルガーと並び，自閉症研究の基礎を作った。また，緘黙(言葉を発しない状態)を①小児分裂病，②小児自閉症，③重度知的障害によるもの，④聾唖によるもの，⑤ヒステリー性のもの，⑥心因性のものに分類した。

○ウェクスラー(1896〜1981年)

知能を「目的的に行動し，合理的に思考し，環境を効果的に処理する総合的な力」と定義し，ウェクスラー知能検査を開発した。検査は適用する年代別に幼児用(WPPSI)，児童用(WISC)，成人用(WAIS)の3つがある。知能構造を診断する診断的検査であり，知能指数には偏差知能指数(DIQ)が用いられる。

▶ 適応機制

人は欲求不満や葛藤といった現象が起こると，無意識のうちに心の安定を求めるようになる。このはたらきが適応機制であり，その方法にはいくつか種類がある。ただし，適応機制は欲求不満や葛藤そのものを解消するものではない。よって，欲求不満や葛藤が再発することが多い。

〈主な適応機制〉
・**補償**…自分の不得意分野を他の面で補おうとする。
・**同一化**…自分にない名声や権威に自分を近づけることで，自分を高めようとする。
・**合理化**…もっともらしい理由をつけて，失敗等を正当化しようとする。
・**抑圧**…失敗等を心の中に抑え込み，忘れようとする。
・**攻撃**…いわゆる八つ当たりや規則を破ったりすることで不満を解消する。

▶▶ 外発的動機付けと内発的動機付け

　動機付け(モチベーション)は「目的や目標に向かって行動を起こし，達成までそれを持続させる心理的過程」を指す。「外発的」はその動機付けを外部環境に求めるもの，具体例として報酬や社会的地位の向上があげられる。一方，「内発的」は自分の心的なものから来るもので，「自分は頼られている」「楽しそうだ」といった認識による。動機付けは変化し得るもので，最初はいやいややっていた作業がやってみると面白く，自分から積極的に行うようになった，といった例が考えられる(外発的→内発的)。

▶▶ ピアジェの認知発達段階説

　ピアジェの認知発達段階説は，子どもは生まれたときから成長に伴い，認知力も発達していくとし，その認知発達を4つの段階に分けて捉えたもの。年齢によって段階を分けており，1段階目(0〜2歳)を感覚運動期，2段階目(2〜7歳)を前操作期，3段階目(7〜11歳)を具体的操作期，4段階目(11歳〜)を形式的操作期としている。幼稚園児が該当する第2段階はイメージや表象を用いて考えて行動したりできるようになるが，論理的・推測的な思考は乏しく，自己中心性(中心化)が抜けていない時期としている。

演習問題

1　次のア〜オは，ピアジェの考えについての記述である。正しく述べられたものの組み合わせを，あとの①〜⑤から1つ選びなさい。

(難易度■■■□□)

ア　子どもの思考は，大人の思考と比較すると，質的な違いがある。

イ　子どもは言語を作り出す能力をもって生まれてくるので，言語は自らの力で獲得するものであり，大人から教えられて身に付けるものではない。

ウ　幼児期に多いひとりごとは，自己中心性の現れであり，社会的言語の発達によって消失する。

エ　子どもの道徳的判断は，動機論的判断から結果論的判断へと移行していく。

オ　人間には，誕生の瞬間から知の働きが存在する。

①　イ，ウ，オ　　②　ア，ウ，オ　　③　イ，エ，オ

④　ア，イ，エ　　⑤　ウ，エ，オ

2 次の学説を唱えたのは誰か。あとの①～⑤から1つ選びなさい。

(難易度■■□□□)

　乳幼児の発達は，筋肉や神経などが内部で成熟することによって行われるが，年齢をその内的成熟の度合いを表す指標とした。それによって，「一般に，何歳ならこういう行動がとれ，何歳になればこういうこともできるようになる」と，年齢別に典型的な行動が記述できるとした。

① ピアジェ　② ワトソン　③ ファンツ　④ フロイト
⑤ ゲゼル

3 学習と動機に関する記述として適切なものを，次の①～⑤から1つ選びなさい。

(難易度■■■□□)

① 「叱られるといやだから勉強する」というのは，内発的動機づけによる行動である。
② 教師が期待をかけ，優秀な生徒として扱うことでより高い学習効果をあげるようになるのは，アタッチメントによる効果である。
③ 運動技能の学習においても，ある程度までできるようになったところで学習が停滞してしまうことを，プラトー(高原現象)と呼ぶ。
④ 子どもが楽しんで課題に取り組んでいる時にごほうびを与えることでそのやる気を維持できることを，アンダーマイニング効果と呼ぶ。
⑤ 学習課題の達成に競争の要素をもたせ，子どものやる気を引き出す工夫は，内発的動機づけである。

4 幼児期の心理の特徴として適切なものを，次の①～⑤から1つ選びなさい。

(難易度■■■□□)

① 幼児の心性の特徴である自己中心性は，他人を思いやったり，自分の欲求を抑えて譲ったりすることができず，利己的であることを意味する。
② 幼児が石や木などすべてのものに心があると感じる心性を，人工論という。
③ ピアジェの発達段階論において，幼児期は前操作期であり，数，量，重さなどの保存概念を獲得する。
④ 幼児期の心性の特徴として，物事の見かけで判断せず，本質をとらえる直観的思考がある。
⑤ 幼児のごっこ遊びは，あるものを別のものに見立てる象徴機能が発達

することで生じる重要な発達のしるしである。

5 防衛機制についての記述として適切なものを，次の①～⑤から1つ選びなさい。　　　　　　　　　　　　　　　　　　　（難易度■■■■■）

① 自分にとって認めたくない内的な不安や欲求を，他人の側のものとみなすことを，同一化という。
② 自覚すると自我が傷つくような衝動，感情，欲求を抑圧し，正反対の行動を取ることを，昇華という。
③ 心理的な葛藤が麻痺やヒステリーなどの身体症状などとして表出されることを，転換という。
④ 状況にうまく適応できないときに，より幼い発達段階に戻ることによって困難な状況を解決しようとすることを，補償という。
⑤ 子どもが，ほしかった玩具が手に入らなかったとき，「あの玩具は面白くないから，いらない」と言うのは抑圧の防衛機制によるものである。

解答・解説

1 ②

解説

　ピアジェは，人間には誕生の瞬間から知の働きがあるとし，環境との相互作用の中で，環境内の情報に対する認識の枠組み(シェマ)が，質的に変化していくことを発達ととらえた。よって**ア**と**オ**は適切。**イ**は言語獲得における生得説で有名なチョムスキーの説。**ウ**はピアジェの考えとして適切であるが，幼児期のひとりごとについては，外言(コミュニケーション手段)として獲得された言葉が，内言(思考の手段)としても用いられるようになる過渡期に生じる現象であるというヴィゴツキーの考えが妥当であると考えられている。**エ**はピアジェは道徳の発達についても言及していて，道徳的判断は結果のみで判断する結果論的判断から，その動機に着目する動機論的判断へと発達する，が正しい。

2 ⑤

解説

　ゲゼルは，発達は遺伝的要因で決めるとする成熟優位説を提唱した。レディネスの概念も押さえておきたい。ゲゼルの発達の成熟優位説に対して，

環境優位説の代表的人物である②のワトソンもあわせて押さえておきたい。①のピアジェの発達観は，子どもと環境との相互作用を想定しているので，相互作用説の立場である。③のファンツは言語をもたない乳児の視線を，その興味関心の指標として用いた選好注視法を開発した人物で，乳児研究のパイオニアとして有名なので押さえておきたい。

3 ③
解説

① 記述は外発的動機づけの例。内発的動機づけは自分の心的なものに動機づけられている状態。
② アタッチメントは「愛着」のこと。記述は「ピグマリオン効果」の説明である。
③ 適切。プラトー(高原現象)期間は，より高い水準に進むための準備期間であり，この期間を過ぎると，また学習が進行すると考えられている。
④ アンダーマイニング効果は，内発的動機づけに基づいていた行動に，外発的動機づけを与えることでやる気をかえって阻害すること。
⑤ 競争は学習そのものへの好奇心や個人的な達成欲を高めるものではなく，外発的動機づけである。

4 ⑤
解説

① 幼児の自己中心性は，自己の視点と他者の視点が未分化であるために，他者の視点が理解できないという発達的心性である。
② 記述の心性はアニミズムである。人工論は，外界や自然のすべての事象を人間あるいは神が作ったものと考える心性であり，いずれも自己中心性による世界観であると考えられている。
③ 前操作期は2〜7歳で，ものの見え方に左右される直観的思考が特徴。保存概念の獲得とは，見かけが変わってもモノの数量は変化しないと理解することである。前操作期は保存概念をもたず，見かけが変わるとその数量も変化したと考えてしまう。保存概念は前操作期後半から具体的操作期の間に獲得される。
④ 前操作期の後半(4〜7歳頃)は物事の分類分けや概念化が進むが，この時期は物の見かけにとらわれ，直観的に判断しやすい。
⑤ 適切。幼児期には今ここにないものをイメージ(表象)として思い浮か

　べ，別のもので見立てる象徴機能が発達する。言語も象徴の1つであり，言語発達とも関連が深いことを押さえておきたい。

5 ③
解説

① 　記述の防衛機制は，投影である。同一化は，不安や劣等感を解消するために，他者の特性を自分に取り入れようとすることである。

② 　記述の防衛機制は，反動形成である。昇華は，抑圧した感情や衝動のエネルギーを，社会的に受け入れられる別の活動で表現することである。

③ 　適切。例えば，園に通うことが子どもの不安や葛藤のもととなっている場合に，熱が出ることがある。

④ 　記述の防衛機制は，退行である。補償は，自分が劣等感をもつ点をカバーし，欲求不満を補うために他の望ましい特性や自らの得意を強調しようとすることである。

⑤ 　記述の防衛機制は，合理化である。抑圧は容認しがたい感情や欲求を無意識に抑え込んで気付かないようにすること。抑圧はもっとも基本的な防衛機制であり，爪かみや指しゃぶりの原因になることもある。

発達と実践

発達とは

▶ 発達とは

　人間は，出生から死にいたるまで，絶えず身体的，精神的にさまざまな変化を遂げるが，中でも成人期に達するまでの恒常的な変化の過程は成長・発達と呼ばれ，教育上特に重視される。古くから，発達は遺伝によるとする先天説と環境に規定されるとする後天説との対立論争があった。しかし1914年シュテルンが「遺伝も環境も」という輻輳説を提唱して以来，この両者を統合する動きが高まり，相互作用説へと発展していった。人間の発達は複雑で多様な変化を示すが，その中にはいわゆる発達の原理と呼ばれる一般的な法則性が見出される。

▶ 発達の原理

　発達現象について共通に見られる法則性。
① 　連続的に一定の順序をたどって進む過程である。
② 　連続的でありながら，各時期において特にある領域の変化が顕著に目立つ。
③ 　分化と統合の過程である。
④ 　各側面は相互に関連しあって発達する。
⑤ 　発達には個人差があり，それぞれの領域でそれぞれの速度・限界がある。

▶ 発達に関係した概念
〈発達〉
　　体形や行動が，胎児から成人に向かう方向で変化していくこと。
〈成熟〉
　　主として遺伝的に既定され，環境条件や後天的経験に左右されることの少ない，年齢にほぼ一定した発達の過程。学習と対比して用いられることが多い。

🔍 演習問題

1 次のア〜カの言葉を幼児語と幼児音に分けたものとして適切なものを，あとの①〜⑤から1つ選びなさい。　　(難易度■■□□□)

〔言葉〕

ア ちぇんちぇえ　イ おみじゅ　ウ わんわん
エ くっく　　　　オ ぼうりゅ　カ じろうしゃ

① 幼児語−ア，イ，ウ　幼児音−エ，オ，カ
② 幼児語−イ，エ，オ　幼児音−ア，ウ，カ
③ 幼児語−イ，カ　　　幼児音−ア，ウ，エ，オ
④ 幼児語−ウ，オ　　　幼児音−ア，イ，エ，カ
⑤ 幼児語−ウ，エ　　　幼児音−ア，イ，オ，カ

2 幼児期の発達に関する記述として適切なものを，次の①〜⑤から1つ選びなさい。　　(難易度■■■□□)

① 絵を描くとき，幼児が自分にとって印象の強い部分を大きく描くのは，幼児の象徴機能の発達によるものである。
② 幼児期の記憶の特徴は，意味を理解しながら覚える機械的記憶である。
③ 4〜5歳の子どもの遊びは並行遊びが特徴であり，一緒に遊んでいるように見えても相互のやり取りは少ない。
④ 骨格がほぼ完成し，ボール投げ，跳躍などができるようになる。
⑤ 発達のつまずきが見られても，成長とともに消失するものもあり，必ずしも発達障害であるとは限らない。

3 幼児期の心身の諸機能の発達として正しいものの組み合わせを，あとの①〜⑤から1つ選びなさい。　　(難易度■□□□□)

ア 神経系，リンパ系が顕著に発達する。
イ 身体の急激な発達と性的成熟が進み，心理的離乳に向かう。
ウ 骨格が完成する。
エ ボール投げ，跳躍などができるようになる。
オ 女子の体位が男子を上回る。

① ア，ウ　② ア，エ　③ イ，ウ　④ ウ，エ
⑤ エ，オ

4 次は，保育における子どもの生活と発達の援助についての記述である。A～Hにあてはまる語句をア～ソから選ぶとき，正しい組み合わせを，あとの①～⑤から1つ選びなさい。　(難易度■■■□□)

　　子どもの発達は，様々な側面が絡み合って(A)に影響を与え合いながら遂げられていくものであり，子どもの発達を促すためには，大人側からの働きかけばかりでなく，子どもからの自発的・(B)な働きかけが行われるようにすることが必要である。したがって，幼稚園においては，一人一人の子どもが，安心して生活でき，また，発達に応じた適切な(C)と援助があたえられることにより，(B)，意欲的に活動ができるような(D)が構成されなければならない。

　　このため，家庭や地域と連携を持った安定した子どもの生活と，子どもをありのままに見て，それを深く理解して受容する教師との(E)が重要である。

　　子どもの活動には，強いて分けてみるならば，(F)，衣服の着脱や片付けなどのような生活習慣にかかわる部分と遊びを中心とする部分とがあるが，子どもの主体的活動の中心となるのは遊びである。自発的な活動としての遊びにおいて，幼児は心身全体を働かせ，さまざまな(G)を通して心身の調和のとれた全体的な発達の基礎を築いていくのである。この際，教師が遊びにどうかかわるのか，教師の(H)の基本を理解することが必要であり，そのために教師には，子どもの主体的な遊びを生み出すために必要な教育環境を整えることが求められる。さらに，教師には，子どもとの信頼関係を十分に築き，子どもと共によりよい教育環境をつくり出していくことも求められている。

ア	能力	イ	心身	ウ	食事	エ 相互
オ	発達	カ	刺激	キ	複雑	ク 環境
ケ	能動的	コ	信頼関係	サ	積極的	シ 遊び
ス	体験	セ	学習	ソ	役割	

① A－イ　B－サ　C－カ　D－セ　E－ス　F－ウ
　　G－オ　H－ソ

② A－キ　B－ケ　C－ア　D－コ　E－ソ　F－セ
　　G－ク　H－ス

③ A－キ　B－ケ　C－シ　D－セ　E－エ　F－ウ
　　G－カ　H－ア

④　A－サ　　B－ケ　　C－ク　　D－ソ　　E－コ　　F－セ
　　G－オ　　H－ス
⑤　A－エ　　B－ケ　　C－カ　　D－ク　　E－コ　　F－ウ
　　G－ス　　H－ソ

5　幼児期の手腕運動の発達段階を早い順に並べたものとして適切なものを，あとの①〜⑤から1つ選びなさい。　　　　　（難易度■■□□□）

ア　円・正方形の模写。はさみが使えるようになる。
イ　手の届くものを持って遊ぶ。
ウ　三角形を模写。箸をうまく使える。積み木を速く正確に揃えて積める。
エ　模倣して縦線を引く。積み木を押し付けるようにして5，6個積める。
オ　ひし形の模写。のこぎりが使える。

①　イ－エ－ア－ウ－オ
②　イ－ア－エ－ウ－オ
③　エ－イ－ア－オ－ウ
④　エ－イ－ウ－ア－オ
⑤　イ－ア－ウ－エ－オ

解答・解説

1　⑤
解説

　幼児語は，子どもが小さいときに親などの養育者が子どもに対して使い，そのために子どもが使うようになる言葉をいい，育児語とも呼ばれる。したがって，幼児語にはその家庭でだけ使われるものも含まれる。一方，幼児音は子どもの音声が発達する途上においてのもので，不明瞭に聞こえるものをいう。発音の発達スピードには個人差があるが，徐々に正しく発音できるようになる。ただし，聴力や口の中の機能・形態，知的発達の遅れが原因であることもあるので，よく観察する必要がある。

2　⑤
解説

①　幼児期の思考の顕著な特徴として自己中心性がある。印象の強い部分を大きく描くのは，自分から見て目立つ点にのみ注意を集中する中心化

傾向の現れである。

② 幼児期の記憶の特徴は，繰り返されることによって意味と関わりなく覚える機械的記憶である。

③ 並行遊びは2〜3歳頃。4〜5歳頃になるとルールのある集団遊びができるようになる。

④ 幼児期には走行，ボール投げ，跳躍などができるようになるが，骨格が完成するのは青年期である。

⑤ 適切。乳幼児期は認知，知覚，運動機能などが未発達であるため，発達のつまずきが障害であるかどうかの見極めは難しい。家庭環境の聞き取りなどを行いながら慎重に見ていく必要がある。

3 ②

解説

　幼児期には神経系，リンパ系が著しく発達する。脳の神経系は6歳頃には成人の90％に達し，リンパ系は7歳頃には成人の水準に達する。また，歩行から走行ができるようになり，ボール投げ，三輪車乗り，跳躍などができるようになる。女子の体位が男子を上回るのは，児童期後半頃の現象である。女子では10〜11歳，男子では12〜13歳頃から身体の急激な発達と性的成熟が進み，思春期(青年期前期)に入る。骨格が完成するのは青年期である。解答はア，エの②である。

4 ⑤

解説

　Aは「絡み合って」ということから，キかエが考えられるが，「与え合いながら」ということからエとなる。Bは前の語に「自発的」とあることから，似た意味のケとなる。CとDはそれぞれ，「発達を促すためには，(省略)幼児の興味や関心に応じて必要な刺激が得られるような応答性のある環境が必要である」とされていることからカとク。Eはコが文面から自然と導かれる。Fは「幼児の生活は，本来，(省略)具体的な生活行動に着目して，(省略)食事，衣服の着脱や片付けなどのような生活習慣に関わる部分と遊びを中心とする部分とに分けられる」ということからウ。Gは「幼児期は，自然な生活の流れの中で直接的・具体的な体験を通して，人格形成の基礎を培う時期である」とされ，幼児教育では体験が重視されるので，ここはス。Hはあとに「整えることが求められる」とあることからソが正解。な

お，「　　」内はいずれも，文部科学省が示した『幼稚園教育要領解説』(平成30年2月，文部科学省)に示された解説である。

5 ①

解説

　幼児期の手腕運動の発達段階について，設問で扱っているのは，**ア**　3歳児，**イ**　6か月児，**ウ**　5歳児，**エ**　2歳児，**オ**　6歳児の発達段階である。また，上記以外に，次のような発達段階が認められる。3か月児：静止物に手が届く。8，9か月児：手指で物を把握。12か月児：クレヨンの握り持ち。18か月児：なぐりがき。積み木を2，3個積める。4歳児：積み木を押し付けなしに積める。はさみで形を切り抜く。クレヨンを正しく持てる。教師は，以上の発達段階を念頭に，子どもの表現する意欲を十分に発揮させられるように環境の整備などを図るようにする。

発達理論

≡ POINT ≡

▶▶ 発達理論

〈フロイトの精神分析的発達理論〉

　　人格発達を中心とした理論で，人間の心的エネルギーであるリビドーの
向かう方向が人格発達を規定するとし，幼児体験を重視する。

〈エリクソンの心理社会的発達理論〉

　　精神分析的立場に基礎をおきながら，社会・文化的側面を重視し，人格
発達の最も重要な課程を青年期の「**自我同一性(アイデンティティ)の発見**」
においた。

〈ミラーやバンデューラの社会的学習説〉

　　人格発達を，条件づけやモデリングを中心とした**学習理論**で説明する。

〈ピアジェの発生的認識論〉

　　認知的発達を中心として，科学的思考に関する認識が個人内に発達する
過程において，人類にいたる思考の発生の経過との関連で，実証的に明ら
かにされてきている。

〈ヴィゴツキーの認知発達説〉

　　社会・文化的遺産の蓄積と伝達を発達の主要因と考え，子どもの発達に
際しての大人の教化を重視する。この理念が「**発達の最近接領域**」という
概念で代表される。

▶▶ 発達に対する遺伝と環境の影響

　発達を規定する条件を明らかにすることは，心理学のみでなく，生物学な
どにおいても基本的問題である。古来「遺伝か環境か」について，多くの学
説が提唱されてきている。歴史的には，どちらか一方を主として考える立場
から，次第に両要因が何らかの形で関与すると考える立場が大勢を占めるよ
うになった。

　両要因の関係について諸説が分かれているのが現状である。

　① 孤立要因説

　　　どちらか一方のみの要因が主であるとする説。遺伝的素質のみに発達
が規定されるとする立場を「**生得説**」，主として環境を通しての学習が
発達を規定するとの立場を「**経験説**」という。

169

② 加算的寄与説

　遺伝も環境も発達に関与するが，その影響の度合いが異なるとする説。シュテルンの「輻輳説」がその先駆。

③ 相互作用説

　遺伝要因と環境要因との相互作用の結果として発達現象が発現するとの立場。

Q 演 習 問 題

1 ことばの発達に関する記述として適切なものを，次の①〜⑤から1つ選びなさい。　　　　　　　　　　　　　　　　　（難易度■■■□□）

① 話しことばの習得は青年期以降でも可能であるが，自然な文法に従いスムーズな会話をすることは難しくなる。

② ヴィゴツキーによれば，子どものひとりごとは「自己中心的言語」である。

③ 児童期には言語能力が著しく発達する。この時期を「ことばの爆発期」ともいう。

④ 1歳頃から「ママ」「ワンワン」などの意味のある語を話せるようになり，5歳頃からは3語文を話せるようになる。

⑤ 3〜4歳頃は命名期と呼ばれ，「これは何？」としきりに訊ね，身のまわりの物の名前を知りたがる。

2 発達に関する記述として適切なものを，次の①〜⑤から1つ選びなさい。　　　　　　　　　　　　　　　　　　　　（難易度■■■■□）

① 現在は生後の環境が発達に大きく影響すると考える立場が優勢である。

② 環境閾値説によれば，身長などの身体的発達には環境の影響は小さいと考えられる。

③ 発達とは生後から成人期までの身体的・精神的変化である。

④ ゲゼルの成熟説では，訓練によってレディネスが促進され，成熟が早まるとされる。

⑤ 母親と過ごす時間が長い子どもは，ことばの発達が遅い傾向がある。

3 幼稚園で発音が不明瞭な子どもの指導として適切なものの組み合わせを，あとの①〜⑤から1つ選びなさい。　　　　　　　　（難易度■■■□□）

ア　本人がはっきりと話すことが大切なので，本人が正しく発音するよう
　　になるまで待つ。

イ　友達と遊んでいるところにその子どもを連れていき，混じるようにいう。

ウ　その子どもが自ら話したことに関心を寄せ，認め，自信がつくように
　　する。

エ　発音が不明瞭なままでは教育的な意味がないので，その子どもに話せそ
　　うな言葉を使った仕事を与え，とにかく不明瞭に発音する機会をなくす。

オ　耳の聞こえが悪くなるような病気にかかっていないかなど，原因とな
　　るものがないか確認する。

①　ア，イ　　②　ア，ウ，オ　　③　イ，ウ，エ　　④　ウ，エ，オ
⑤　ウ，オ

4 愛着の形成に関する記述として適切なものを，次の①～⑤から1つ選び
なさい。　　　　　　　　　　　　　　　　　　　　　　(難易度■■□□□)

①　乳児は自分の生理的欲求を満たしてくれる人物に愛着を持つため，愛
　　着の対象は必ずしも親しい人とは限らない。

②　人見知りは母子間の愛着が十分に形成されなかった子どもに見られる行
　　動であり，愛着形成が十分な子どもは見知らぬ人にもすぐに親しみを持つ。

③　適切な時期に愛着形成ができなかった子どもには，成長してからも人
　　格的な障害が現れやすい。

④　アタッチメント理論では，乳児は情緒が十分に分化・発達していない
　　ため，自ら人に働きかけることができない依存的な存在であると考えら
　　れている。

⑤　人手の少ない施設で育った子どもにはホスピタリズムの症状がみられ
　　るが，家庭で育った子どもにはみられない。

5 次の文は，幼稚園教育要領(平成29年3月告示)の安全に関する教師の指導
についての記述である。適切な記述を○，不適切な記述を×とした場合の正し
い組み合わせを，あとの①～⑤から1つ選びなさい。　　(難易度■■■■□)

A　避難訓練などを通じて，災害などの緊急時に適切な行動がとれるよう
　　に援助をしていくが，交通ルールに関しては，家庭が主体となり子ども
　　が日常生活で身に付けていくべき事項である。

B　安全に関する指導では，危険な場所や事物などが子どもの生活や遊び

を通して理解できるように環境を設定していく。

C　幼稚園生活の中では，安全を確保するために，場合によっては厳しく指示したり，注意したりすることも必要である。

D　安全に関する指導では，子どもの情緒の安定を図ることが大切である。

	A	B	C	D
①	○	○	×	○
②	○	×	○	×
③	×	○	×	×
④	×	×	○	○
⑤	×	○	○	○

6 次のア～エに記した発達の主な特徴を年齢の低いものから高いものへ並べたものとして正しいものを，あとの①～⑤から1つ選びなさい。

(難易度■■■■□)

ア　大人のいいつけに従うよりも，自分や仲間の意思を重要視し，それを通そうとする。仲間同士の秘密の冒険ごっこなどを喜んでする。

イ　様々なことに興味をもち，「なぜ？」「どうして？」という質問が増える。

ウ　1つの目的に向かって少人数の集団で活動するようになる。互いに自分のしなければならないことや，ルールを守る必要性がわかるようになり，集団としての機能を発揮できるようになってくる。

エ　それまでは何かと大人に頼り，大人との関係を中心に行動していた子どもも，一人の独立した存在として行動しようとするなど，自我が芽生えてくる。

① イ－エ－ア－ウ

② エ－イ－ウ－ア

③ エ－ア－イ－ウ

④ エ－ウ－イ－ア

⑤ イ－ア－ウ－エ

7 次の文のうち，入園時の教師の配慮について幼稚園教育要領(平成29年3月告示)に照らした場合の不適切な記述の組み合わせを，あとの①～⑤から1つ選びなさい。 (難易度■□□□□)

ア　特に3歳児の入園については，家庭との連携を緊密にする。

イ 幼稚園入園までに，排泄の自立と偏食なく食べられる態度を養うよう家庭に協力を依頼する。

ウ 幼稚園入園前に生活していた認定こども園や保育所などの場がある子どもに対しては，そこでの経験に配慮する。

エ 5歳児の入園については，心身の発達に問題のない限り子どもを見守る姿勢に重点を置く。

オ 家庭や幼稚園入園前に生活していた園での生活リズムに十分配慮する。

① イ，エ ② イ，ウ ③ エ，オ ④ ア，エ
⑤ ウ，エ

8 遊びとその意義の組み合わせとして不適切なものを，次の①〜⑤から1つ選びなさい。 (難易度■□□□□)

① 積み木遊び————共同の用具を公平に使い，友達と協力してつくるなどの態度を養う

② すべり台————いろいろな感覚や運動能力の発達を促す

③ 砂遊び————興味をもって自由にのびのびと表現する力を養う

④ ごっこ遊び————簡単な社会の仕組みや人々の働きに興味をもたせる

⑤ 遠足————数量や図形などに対する興味や関心をもたせる

9 次の文の空欄(**A**)〜(**D**)に当てはまる語の組み合わせとして適切なものを，あとの①〜⑤から1つ選びなさい。 (難易度■■■■□)

　幼児同士が会話をするときは，その場所に相手がいるからしゃべっているだけであって，互いに正しく伝えたり，分かり合ったりしようという努力はしない。こういう言葉は(**A**)と呼ばれ，子ども特有の自己中心的思考の表れとみなされている。また，幼児は，困難な場面を切り抜けようと努めているときに(**B**)がしばしば出現するが，この場合は，幼児は言葉を思考の道具として用いているのである。それは，伝達のための言葉である(**C**)から，心の中で自問自答をし，考えをまとめていく(**D**)への過渡的形態とみることができる。(**B**)がみられなくなっていくのは，学齢期以降である。

① **A**−自己中心語 **B**−ひとり言 **C**−幼児音 **D**−幼児語
② **A**−幼児語 **B**−ひとり言 **C**−外言 **D**−内言
③ **A**−幼児語 **B**−吃音 **C**−外言 **D**−内言

173

④　A－自己中心語　　B－ひとり言　　C－外言　　　D－内言
⑤　A－自己中心語　　B－吃音　　　　C－幼児音　　D－幼児語

10　次の文のうち，幼稚園教育要領(平成29年3月告示)に記載されている教育時間終了後の幼稚園の役割や教師の援助として，適切な記述を○，不適切な記述を×とした場合の正しい組み合わせを，あとの①～⑤から1つ選びなさい。　　　　　　　　　　　　　　　　　　　(難易度■■■■■)

A　教育時間の終了後には，幼児教育の啓発のために保護者や地域の人々に機能や施設を開放する。

B　幼児期の教育に関する相談に応じたり，情報を提供したりする。

C　保護者同士の交流の機会を提供したりする。

D　地域における乳幼児期の教育・保育のセンターとしての役割を果たすよう努める。

	A	B	C	D
①	○	○	×	×
②	○	×	○	○
③	×	○	○	×
④	○	○	○	○
⑤	×	○	×	○

11　次はある実習生の教育実習の記録とそれに対する教師のコメントである。コメントの(A)～(F)に当てはまるものをあとのア～スから選ぶとき，正しい組み合わせを，あとの①～⑤から1つ選びなさい。　　(難易度■■□□□)

〈実習生の記録〉

　「実習3日目で，たくさんの子どもたちと交流するうちに，名前と顔が一致するようになった。

　登園してしょうた君に会ったら，「先生，おはよう」と挨拶されたので，「しょうた君，おはよう」と，名前をつけて言い返した。きのうの挨拶のときは名前が出てこず，「おはよう」と言い返しただけだったが，きょうのしょうた君はにこにこ笑って，きのうよりもうれしそうに感じた。砂場遊びでは，みんながいっしょになって遊ぶなかで，はやと君だけが遊びのなかに入らず，どこか元気がないのが気になった。こういうときに，どんな

声を掛けたらいいのだろうか，あとで藤田先生に尋ねることにしよう。積み木あそびのときは，子どもたちと遊ぶのに夢中になって，後片付けの時間になっているのを忘れてしまって，先生に注意されてしまった」。

〈教師のコメント〉

　「実習3日目，多くの子どもと関わることができ，しかも名前と顔が一致したというのは，よかったですね。これは，クラスの子どもたちを（　A　）として見ていたあなたが，子ども一人一人を自立的な存在として，（　B　）として見るように変化したのです。記録するということは，何気なくやっていることを（　C　）させ，それまで気付かなかった気付きが与えられます。記録の中で，昨日と今日の違いが明らかになり，何もしていないはやと君のことが気になる，つまり，子どもの目に見えない（　D　）な状態に気付いたことは進歩です。新任の教師は先輩の先生方の（　E　）も欠かせませんが，それを積極的に求めていこうという姿勢もいいですね。そして，それを参考にしながら，今後，より具体的に，保育者の（　F　）も記録していくと，保育を振り返る資料として役に立つでしょう」。

　　ア　理論化　　イ　愛情　　ウ　助言　　エ　人間　　オ　援助
　　カ　忠告　　キ　集団　　ク　個人的　　ケ　主観的　　コ　個人
　　サ　意識化　　シ　指導　　ス　内面的

① A－キ　B－コ　C－ア　D－ケ　E－カ　F－イ
② A－コ　B－エ　C－サ　D－ス　E－ウ　F－オ
③ A－エ　B－キ　C－サ　D－ク　E－シ　F－イ
④ A－キ　B－コ　C－サ　D－ス　E－ウ　F－オ
⑤ A－キ　B－コ　C－ア　D－ケ　E－シ　F－オ

解答・解説

1 ①

解説

①　適切。ことばなどいくつかの能力の習得には適期(敏感期)があり，その時期を逃すと難しくなる。野生児や社会隔離児はことばの習得が非常に困難であった例がある。

②　ヴィゴツキーは，ひとりごとは外言(外部への伝達のためのことば)から内言(音声を伴わない思考のためのことば)への移行過程で現われると考え，「自己中心的言語」であるというピアジェの説を批判している。

③　児童期には言語能力が著しく発達するが，「ことばの爆発期」は2歳前後の幼児に見られる発達過程である。

④　3語文を話せるようになるのは2～3歳頃からである。

⑤　記述の命名期はおおむね1歳半～2歳頃にみられる。

2　②

解説

①　現在は遺伝と環境の相互作用説が優勢である。

②　適切。ジェンセンの環境閾値説では，特性によって環境要因から受ける影響の大きさが異なり，身長やことばなどはよほど劣悪な環境でない限り発達が進むが，学業成績などには環境が影響しやすいとされる。

③　発達とは生後から老年期までの変化である。

④　レディネス(準備性)促進は学習優位説に立つブルーナーによって提唱されたもの。ゲゼルは一卵性双生児の実験から，訓練が効果をあらわすには学習者の心身の成熟を待たなければならないと考えた。

⑤　ことばの発達は認知の発達と関連が深く，乳幼児期の養育者との応答的なコミュニケーションが重要である。

3　⑤

解説

　発音が不明瞭な子どもは他者との会話が成立しにくく，言語発達が遅れる傾向がある。そのため，他者との関わりの機会が減り，社会性の発達に影響が出る傾向にある。このような子どもの支援の主なポイントとしては，(1)原因を究明し，取り除くようにする，(2)子どもに好きな遊具で存分に遊ばせ，しだいに友だちとの遊びに誘導する，(3)積極的に話したことを認めてやり，自信をもたせる，(4)簡単な言葉を使った課題を与え，やりとげた後にプラスのフィードバックが必要である，などがあげられる。

ア　不適切。放置しているだけである。

イ　不適切。子どもの自由意志を尊重しておらず，友だちとの遊びを強制しているだけである。

ウ　適切。本人の好きなことに共感を示せば，言葉は出やすくなる。

エ　不適切。仕事や課題を与えるまではいいが，やりとげた時にほめてやらなくては，言葉の発達に導けない。

オ　適切。原因となる疾患等がないか確認している。

4 ③

解説

① 愛着は生理的欲求の充足だけでは形成されない。温かく情緒的な接触のある特定の人物に対して形成される。

② 人見知りは特定の人物との間に十分な愛着が形成されている場合に見られやすい行動である。

③ 適切。適時の愛着形成がなかった子どもには，成長後も情愛のなさ，反社会性などの特有の障害が認められる。

④ アタッチメント理論は，ボウルビィが提唱した心理学的概念で，乳児は誕生時から周囲に積極的に働きかける能動的な存在であると考えられている。

⑤ 家庭で育った子どもでも，養育者との間にアタッチメントの形成が不十分な場合はホスピタリズムの症状が現れる。

5 ⑤

解説

A・B・Dは，幼稚園教育要領「第2章　ねらい及び内容」の「健康」の「3　内容の取扱い(6)」に関連している。「安全に関する指導に当たっては，情緒の安定を図り，遊びを通して安全についての構えを身に付け，危険な場所や事物などが分かり，安全についての理解を深めるようにすること。また，交通安全の習慣を身に付けるようにするとともに，避難訓練などを通して，災害などの緊急時に適切な行動がとれるようにすること。」と記述されている。よって，Aは不適切，B・Dは適切。Cは，上記の箇書に関して幼稚園教育要領解説で述べていることなので適切。

6 ②

解説

アは6歳児，イは4歳児，ウは5歳児，エは3歳児の発達の主だった特徴である。幼児期は身体が成長するだけでなく，自我の芽生えから社会性が育つまでと，心も大きく成長する時期であり，その発達の段階に応じた教育指導を行うことが重要である。設問で示された以外の各年齢の特徴は以下の通り。3歳児：食事，排泄，衣類の着脱など基本的生活習慣の点で自立し始める。4歳児：全身のバランスをとる能力が育つ。自意識が芽生える。5歳児：友だちと活動する過程で社会性が育つ。物事の判断ができる基礎が培われる。言葉を介したコミュニケーションがとれるようになる。6歳児：

幼稚園で最年長児としての自信と誇りを持つようになる。創意工夫をした遊びを始め，思考力・認識力もついてくる。

7 ①
解説

　イ・エが不適切である。**ア・ウ・オ**については，幼稚園教育要領第1章「総則」第3「教育課程の役割と編成等」4「教育課程の編成上の留意事項」(2)「入園当初，特に，3歳児の入園については，家庭との連携を緊密にし，生活のリズムや安全面に十分配慮すること。また，満3歳児については，学年の途中から入園することを考慮し，幼児が安心して幼稚園生活を過ごすことができるよう配慮すること。」と記述がある。**イ**については，家庭に呼びかけたり，子どもの発達段階を聞き取ったりすることはあるが，必ずしも自立している必要はなく，このような記載もない。**エ**については，入園時の年齢は関係なく，不安が強い子どもであれば，多くの支えを必要としている。子どもの状況に応じて援助することが大切である。

8 ⑤
解説

　①〜④の遊びには，設問中のもののほか，次のような意義がある。
① 　集中力，持続力をもたせる。数量や図形に興味をもち，理解する能力の芽生えを促す。
② 　身体を動かす楽しさを満足させる。友だちと仲良く，決まりを守って遊べるようになる。
③ 　解放感を味わい，情緒を満足，安定させる。友だちと喜んで遊んだり，協力したりする習慣や態度を養う。さまざまな感覚刺激を受けたり，道具を使うことの意味を学んだりできる。
④ 　想像力や空想力を豊かにする。友だちとグループを作って協力する態度を養う。
⑤ 　遠足には次のような意義がある。集団での行動の仕方を身に付ける。経験を豊かにし，感動を深める。友だちや保育者に対する親近の情を養う。幼稚園での生活に変化をつけ，生活を楽しくする。

9 ④
解説

　Aの子ども特有の自己中心的な思考の表れと目されているのは，自己中

心語である。これがわかっていれば，選択肢②と③は除外できる。Bの「ひとり言」は幼児期に多くみられ，言語能力・思考力の発達とともにみられなくなっていく。CとDは，文脈から対になっている言葉であることがわかる。Cは自分以外の，外界へ向かって発信する言葉であることから外語と呼ばれ，Dは自分自身の内的世界へ向かっての言葉であることから内語と呼ばれる。幼児語は育児語とも呼ばれ，養育者が幼児に対して使う言葉であり，そのために子どもが使うようになる言葉である。幼児音は音声の発達段階における，不明瞭な発音を伴った言葉をいう。吃音はどもることである。

 ③

解説

A 不適切。「幼児教育の啓発」ではなく，「子育て支援」である。保育所保育指針では，子育て支援の章が新たに新設されるなどしており，子育て家庭への支援は幼稚園でも重要である。

B，C 適切。他にも「幼児と保護者の登園を受け入れる」などの記載がある。

D 不適切。正しくは「幼児期の教育のセンター」である。このことについての記載は，「第3章　教育課程に係る教育時間の終了後等に行う教育活動などの留意事項　2」にある。

11 ④

解説

A，B 集団生活のなかで子どもたち一人一人を個人として尊重することが大切であると頭では分かっていても，実習生には学校などで学習してきた理論と実践が一致しない段階であるといえる。

C 記録することによって，自分の何気ない行動を意識化させ，それまで気付かなかったことを認識させることがよくある。

D 保育では，子どもの内面的な状態を適切に理解することも大切である。

E よりよい教師を目指すには，先輩の助言は欠かせない。とくに新任の段階では積極的に助言を求め，それを前向きに捉えて活かそうとすることが重要である。

F 幼稚園は子どもたちが適切な援助を行う教師と共に生活する場である。

第3章

専門試験
保育士分野

社会福祉

≣ POINT ≣

1. 社会福祉の意義
▶ 社会福祉とは何か

　日本国憲法第25条には，「すべて国民は，健康で文化的な最低限度の生活を営む権利を有する」とある。この基本的人権は，すべての国民に保障される「侵すことのできない永久の権利」にして，「現在及び将来の国民に与へられる」(第11条)ものである。

▶ 社会福祉の基本理念

　社会福祉は，全ての国民に対して，下記の各種の基本理念を実現する。

〈リハビリテーション〉

　全ての障害者に対して，人間たるにふさわしい状態を回復することである。私たちは，障害があっても，その人らしい生き方が実現できるよう，生活全般にわたって，つまり機能障害や能力障害の可能な限りの回復と同時に，社会的不利の回復を権利として保障しなければならない。

〈ノーマライゼーション〉

　全ての障害者に対して，健常者と同様に普通の生活条件・様式・環境を提供する社会を実現していくこと，誰もがごく当たり前に日常生活を送れることを目指す。

〈メインストリーミング〉

　アメリカにおける障害者福祉の理念として，特に1950年代の教育現場で起こった障害があるために教育の「本流」(mainstream)からはずされることがあってはならないとする考え方である。つまり，「心身に障害のある子どもを可能な限り制約の少ない環境の中で障害のない子どもと共に教育しようという動き」である。

〈自立生活運動〉

重度の障害者が主体となって，1970年代に展開された障害者の新しい体系的な自立論であり，社会的影響力をもった思想でもある。新しい自立観は，自立困難とされた重度の障害者までもその主たる対象として含み得るような体系的な自立概念を提起した。

〈インクルージョン〉

障害者(障害児を含む)，つまり特別なニーズをもつ人びとの教育を実現するために必要とされる基本理念。障害者のみならず，特別な教育的ニーズをもつ人びとをも「包含」できるような学校を創設し，そうした学校を含む社会のあり方の基本理念となっているのがインクルージョンである。

〈QOL(quality of life)〉

生活の質ともいう。自分らしい生活や人生の満足感を高めることであり，より良い生活に焦点をあてた考え方のこと。

〈ウェルビーイング〉

「個人の権利を保障し，自己実現を目指し，理想的な目標として掲げる福祉」を意味する。「ウェルフェア」が救貧的・慈恵的・恩恵的な思想を背景とし，社会的弱者への制度や援助観を指すのに使用されるのに対して，「ウェルビーイング」は，QOLの豊かさを示す概念としてウェルフェアよりも充実している。

2. 社会福祉の制度と法体系

社会福祉関連法規は多数ある。ここでは代表的なものだけに限定して取り上げるが，法改正には常に目を配り，またその他の福祉関連法規についても概念や用語をよく理解しておきたい。

〈社会福祉法〉

日本の社会福祉の目的・理念・原則と対象者別の各社会福祉関連法に規定されている福祉サービスに共通する基本的事項を規定した法律。従来の行政主導により措置の対象者及び内容を判断し，保護・救済を行ってきた仕組みとしての措置制度を一部改正し，社会福祉を利用者本位の制度として確立す

るため，福祉サービスの利用者の利益を保護し，地域福祉を推進することを可能にする目的を有する。1951年に社会福祉事業法として制定され，2000年に名称改正された。

〈生活保護法〉

日本国憲法第25条の生存権の理念に基づいて，国が生活困窮者に対して，その困窮度に応じた必要な保護を行ない，健康で文化的な最低限度の生活維持を保障するとともに，その自立を助長することを目的とした法律。1950年制定。

〈児童福祉法〉

児童の健全育成と福祉の増進を図ることを目的とする法律。1947年制定。その後，法改正により，「全て国民」から「全て児童」に主語が書き換えられた。改正第1条では，「全て児童は，児童の権利に関する条約の精神にのつとり，適切に養育されること，その生活を保障されること，愛され，保護されること，その心身の健やかな成長及び発達並びにその自立が図られることその他の福祉を等しく保護される権利を有する。」と示され，児童の権利として保障されることになった。

〈母子及び父子並びに寡婦福祉法〉

母子家庭の福祉を図るため，母子福祉法として1964年7月に公布・施行された。その後は法改正を行い，母子家庭に加えて，配偶者のない女子(寡婦)に対しても，そして現在では父子家庭にまで福祉の措置を講じるため，現行の名称に改められた。

〈介護保険法〉

要支援や要介護状態の者のために，保健医療サービスや福祉サービスの給付を目的とした法律。1997年12月に制定，2000年4月に施行された。

〈身体障害者福祉法〉

身体障害者の自立と社会経済への参加を促進することを目的とした法律。1949年制定。わが国の法律の名称として初めて「障害者福祉」を用いたのが同法であった。

〈知的障害者福祉法〉

知的障害者の自立と社会経済への参加を促進することを目的とした法律。1960年に精神薄弱者福祉法として公布，1998年名称変更。

〈障害者総合支援法〉

障害者の日常生活及び社会生活を総合的に支援するための法律。2005年，障害者自立支援法として制定。2012年に改正・改題。2013年度から難病のある人も同法の対象に含められた。

〈その他の重要な福祉関連法規〉

日本赤十字社法，民生委員法，子ども・子育て支援法，児童虐待の防止等に関する法律，いじめ防止対策推進法，老人福祉法，高齢者の医療の確保に関する法律，障害者基本法，障害を理由とする差別の解消の推進に関する法律，発達障害者支援法，身体障害者補助犬法などがある。

3. 社会保障の制度

社会保障制度とは，「社会保険」，「社会福祉」，「公的扶助」，「保健医療・公衆衛生」からなり，国民の生活を生涯にわたって支えるものである。

〈社会保険〉

国民が病気，けが，出産，死亡，老齢，障害，失業など生活の困窮をもたらすいろいろな事故に遭遇した場合に一定の給付を行い，その生活の安定を図ることを目的とした強制加入の保険制度。病気やけがをした場合に誰もが安心して医療にかかることのできる医療保険，老齢・障害・死亡等に伴う稼働所得の減少を補填し，高齢者，障害者及び遺族の生活を所得面から保障する年金制度，加齢に伴い要介護状態となった者を社会全体で支える介護保険のことである。なお，広義の社会保険は，健康保険，介護保険，厚生年金保険，雇用保険，労災保険の5種類を指すが，狭義では健康保険，厚生年金保険，介護保険の3種類の総称として使われる。

〈社会福祉〉

生活上の障害や困難を克服したり，緩和・予防することを社会的責任において援助し，社会構成員としての自立的な生活の回復をはかり，維持し，さらには向上させることを目的とした制度・政策・実践などの諸活動の総体。

〈公的扶助〉

　生活に困窮する国民に対して，最低限度の生活を保障し自立を助けようとする制度。

〈保健医療・公衆衛生〉

　公衆衛生は，日本国憲法第25条第1項の生存権(健康で文化的な最低限度の生活を営む権利)を保障するために，同条第2項で規定されている生存権保障の柱の一つである。公衆衛生は個人だけではなく，集団及び社会全体を対象に，①直接国民に健康診断，予防接種，保健指導，特定の疾患の治療の援助，②保健医療従事者の教育体制の整備，保健医療機関の整備，③薬事行政，④食品衛生，⑤上下水道やごみ処理などの生活環境整備，⑥労働衛生，学校衛生，衛生統計など，健康の維持増進に関する活動分野は多岐にわたる。

4．社会福祉の専門職・従事者

　福祉業務に従事する国家資格や専門職の中で代表的なものを掲載する。なお，国家資格は名称独占(資格を持っている人だけがその名称を名乗ることができる)であることに注意したい。

〈社会福祉士〉

　専門的知識及び技術をもって，身体上もしくは精神上の障害があること，または環境上の理由により日常生活を営むのに支障がある者の福祉に関する相談に応じ，助言，指導，福祉サービスを提供する者，または医師その他の保健医療サービスを提供する者その他の関係者との連絡及び調整その他の援助を行うことを業とする専門職。国家資格。

〈介護福祉士〉

　専門的知識及び技術をもって，身体上または精神上の障害があることにより日常生活を営むのに支障がある者につき心身の状況に応じた介護を行い，並びにその者及びその介護者に対して介護に関する指導を行うことを業とする専門職。国家資格。

〈精神保健福祉士〉

　専門的知識及び技術をもって，精神科病院その他の医療施設において精神障害の医療を受け，若しくは精神障害者の社会復帰の促進を図ることを目的

とする施設を利用している者の地域相談支援の利用に関する相談その他の社会復帰に関する相談又は精神障害者及び精神保健に関する課題を抱える者の精神保健に関する相談に応じ，助言，指導，日常生活への適応のために必要な訓練その他の援助を行うことを業とする専門職。国家資格。

〈介護支援専門員(ケアマネージャー)〉

　要介護者や要支援者の相談や心身の状況に応じるとともに，サービス(訪問介護，デイサービスなど)を受けられるようにケアプラン(介護サービス等の提供についての計画)の作成や市町村・サービス事業者・施設等との連絡調整を行う専門職。また，要介護者や要支援者が自立した日常生活を営むのに必要な援助に関する専門的知識・技術を有するものとして介護支援専門員証の交付を受けた者。

5. 援助技術

　社会福祉の援助活動を「ソーシャルワーク(相談援助)」と総称することができる。専門職としての社会福祉援助者には責任をもって職務を遂行するための専門性が求められる。この専門性は，福祉倫理，専門知識，専門技術から構成される。人間のウェルビーイングの増進を目指し，社会変革を進め，人間関係における問題解決を図り，人びとのエンパワメントと解放を促進する。人権と社会正義の原理がソーシャルワークの基本である。

〈バイステックの7原則〉

　バイステックの提唱したケースワークの7原則である。①個別化，②受容，③意図的な感情表出，④統制された情緒的関与，⑤非審判的態度，⑥利用者の自己決定，⑦秘密保持

〈コノプカのソーシャルグループワーク理論〉

　コノプカによれば，ソーシャルグループワークとはソーシャルワークの一つの方法であり，意図的なグループ経験を通じて，個人の社会的に機能する力を高め，また個人，集団，地域社会の諸問題により効果的に対処しうるよう人びとを援助するものである。

〈ロスのコミュニティ・オーガニゼーション理論〉

　ロスは，コミュニティ・オーガニゼーションの実践において，地域住民の

共通の問題を発見し，住民が参加して計画的にその対策を図るプロセスを強調した。加えて，具体的に達成すべきタスク・ゴール(課題目標)とともに，住民参加の自己決定や協力的活動，そしてコミュニティの問題解決能力を向上させるプロセス・ゴール(過程目標)の設定を論及した。

6. 利用者保護制度

〈第三者評価制度〉

社会福祉事業者の提供するサービスの質について，当事者以外の公正・中立な第三者機関が専門的かつ客観的な立場から評価する制度。法的根拠：社会福祉法第78条。

〈苦情解決制度〉

福祉サービスの利用者がより快適なサービスを受けられるようにするため，利用者からの苦情を適切に解決する制度。法的根拠：社会福祉法第82条。

〈運営適正化委員会〉

福祉サービス利用者の苦情などを適切に解決し，利用者の権利を擁護する目的のために設置されている組織。法的根拠：社会福祉法第83条。

Ｑ 演 習 問 題

❶ 次のア～オのうち，社会福祉法に関する記述として正しいものの組み合わせを，あとの①～⑤から1つ選びなさい。　　　(難易度■■■■□)

ア　1951(昭和26)年に公布された社会福祉事業法を，2000(平成12)年に改正・改称したものである。

イ　社会福祉法の成立を受けて，2000(平成12)年，介護保険法が成立，施行された。

ウ　社会福祉法は社会福祉基礎構造改革の一環として成立した。

エ　社会福祉法における社会福祉事業とは，第1種社会福祉事業及び第2種社会福祉事業をいう。

オ　赤い羽根共同募金は，社会福祉法の共同募金の規定に基づいて，都道府県が行っている事業である。

① ア，イ，ウ　　② ア，オ　　③ ア，ウ，エ

④　イ，ウ　　　⑤　イ，エ，オ

2 次のア〜オのうち，社会福祉の理念に関する記述として正しいものの組み合わせを，あとの①〜⑤から1つ選びなさい。　（難易度■■■□□）

ア　QOLとは「生活の質」と翻訳され，個人の生活に関する主観的な満足感をいう。

イ　ソーシャルインクルージョンとは，社会の中で孤立しやすい立場にある人々を社会連帯の中へ積極的に組み込もうとする考え方。

ウ　バリアフリーとは，すべての人にとって使いやすい製品，環境，情報づくりをめざす考え方のことである。

エ　ノーマライゼーションとは，発育に遅れがある者に適切な療育を与えることである。

オ　ユニバーサルデザインとは，すべての人に普通の生活を保障しようとする考え方である。

①　ア，イ　　②　ア，ウ　　③　ア，オ　　④　ウ，エ
⑤　ウ，オ

3 社会福祉の対象と主体に関する記述として適切なものを，次の①〜⑤から1つ選びなさい。　（難易度■■■□□）

①　社会福祉の援助の対象者は健康で文化的な最低限度の生活に欠く者と憲法に規定されている。

②　わが国において社会福祉の対象の拡大にともない，福祉サービスの利用料は応能負担から応益負担へと変わりつつある。

③　社会福祉の対象は，普遍主義から選別主義へと変わってきた。

④　国や地方公共団体は社会福祉の実践主体とされている。

⑤　社会福祉法人や社会福祉の専門職は，社会福祉の運動主体とされている

4 次のア〜エのうち，日本の社会福祉にかかわった人物に関する記述として正しいものの組み合わせを，あとの①〜⑤から1つ選びなさい。

（難易度■■□□□）

ア　石井十次──日本の「知的障害者教育・福祉の父」と呼ばれる。

イ　留岡幸助──非行少年のための感化教育施設を開設した。

ウ　野口幽香──貧困児童のための幼稚園という名称で保育所を開設した。

エ 石井亮一——岡山に日本最初の孤児院を創設した。

① ア，イ ② イ，ウ ③ ウ，エ ④ ア，エ

⑤ イ，エ

5 福祉六法に該当しない法律を，次の①〜⑤から1つ選びなさい。

(難易度■■□□□)

① 知的障害者福祉法

② 社会福祉法

③ 児童福祉法

④ 母子及び父子並びに寡婦福祉法

⑤ 生活保護法

6 社会福祉基礎構造改革の目的として適切でないものを，次の①〜⑤から
1つ選びなさい。 (難易度■■□□□)

① 利用者の立場に立った社会福祉制度の構築

② サービスの質の向上

③ 社会福祉事業の拡充と活性化

④ 地域福祉の推進

⑤ 介護保険法の成立

7 次のア〜オのうち，社会福祉事業の種類に関する記述として正しい記述
の組み合わせを，あとの①〜⑤から1つ選びなさい。

(難易度■■■□□)

ア 第1種社会福祉事業は，行政及び社会福祉法人が行うのが原則である。

イ 第2種社会福祉事業は，社会福祉法人が行うのが原則である。

ウ 第1種社会福祉事業を経営しようとする時は，都道府県知事等の許可が
必要である。

エ 老人居宅介護等事業は，第2種社会福祉事業とされる。

オ 共同募金は，第2種社会福祉事業とされる。

① イ，ウ ② イ，エ ③ ア，ウ ④ ア，エ

⑤ ア，オ

8 次は「全国保育士会倫理綱領」の一部である。空欄（　A　）〜（　C　）に当てはまる語句の組み合わせとして正しいものを，あとの①〜⑤から1つ選びなさい。　　　　　　　　　　　　　　　　　　　　（難易度■■■□□）

　私たちは，子どもが現在(いま)を幸せに生活し，未来(あす)を生きる力を育てる保育の仕事に誇りと責任をもって，自らの（　A　）の向上に努め，一人ひとりの子どもを心から尊重し，次のことを行います。

　私たちは，子どもの育ちを支えます。

　私たちは，（　B　）の子育てを支えます。

　私たちは，子どもと子育てに（　C　）をつくります。

① A−人間性と専門性　　　B−親　　　　　C−やさしい社会

② A−倫理観と技術　　　　B−保護者　　　C−安心できる社会

③ A−倫理観と技術　　　　B−親　　　　　C−安心できる社会

④ A−人間性と専門性　　　B−保護者　　　C−やさしい社会

⑤ A−人間性と専門性　　　B−親　　　　　C−安心できる社会

9 社会福祉援助技術を展開した人物とその記述として適切でないものを，次の①〜⑤から1つ選びなさい。　　　　　　　　　　　　（難易度■■■■□）

① ホリス　————　システム論的アプローチを提唱

② ハミルトン　———　診断主義個別援助技術の理論を体系化

③ リッチモンド　——　友愛訪問員の活動をケースワークとして理論的に体系化

④ パールマン　———　問題解決アプローチを提唱

⑤ アダムス　————　ケースワークの要素として4つのPを提唱

10 間接援助技術として適切でないものを，次の①〜⑤から1つ選びなさい。　　　　　　　　　　　　　　　　　　　　　　（難易度■■■■□）

① ソーシャルアクション

② ソーシャルアドミニストレーション

③ ソーシャルワーク・リサーチ

④ ケアマネジメント

⑤ ソーシャルプランニング

11 次は少子化社会対策基本法第2条(施策の基本理念)の一部である。空欄(Ａ)～(Ｃ)に当てはまる語句の組み合わせとして正しいものを，あとの①～⑤から1つ選びなさい。　　　　　　(難易度■■■□□)

　　少子化に対処するための施策は，(Ａ)が子育てについての第一義的(Ｂ)を有するとの認識の下に，国民の意識の変化，生活様式の多様化等に十分留意しつつ，(Ｃ)の形成とあいまって，家庭や子育てに夢を持ち，かつ，次代の社会を担う子どもを安心して生み，育てることができる環境を整備することを旨として講ぜられなければならない。

① Ａ-父母と家族　　　　　Ｂ-権利　　Ｃ-持続可能な社会
② Ａ-父母その他の保護者　Ｂ-義務　　Ｃ-男女共同参画社会
③ Ａ-父母と家族　　　　　Ｂ-義務　　Ｃ-持続可能な社会
④ Ａ-父母その他の保護者　Ｂ-責任　　Ｃ-持続可能な社会
⑤ Ａ-父母その他の保護者　Ｂ-責任　　Ｃ-男女共同参画社会

解答・解説

1 ③

ア　社会福祉法は日本の社会福祉事業に共通する基本事項を定めており，他の社会福祉に関する法律にも影響を与えることから，改正，改称した。

イ　誤り。社会福祉法の成立と介護保険法は直接的な関係はない。介護保険法の成立は1997(平成9)年，施行が2000(平成12)年。

ウ　少子高齢社会の進展や核家族化による家族機能の低下など，社会状況の変化に対応するため，社会福祉基礎構造改革が実施された。従来の措置制度から，サービス利用者が契約する制度となったことから，権利擁護制度も設けられた。

エ　社会福祉法第2条に規定されている。

オ　誤り。「赤い羽根」として知られる共同募金を行うのは，都道府県ではなく共同募金会である。規定は社会福祉法第113条第2項，第3項による。

2 ①

ア　正しい。QOL(生活の質)とは，自己の生活に関する主観的な満足感をいい，患者の自立性の尊重や，慢性疾患および障害との共存等の疾病構

造の変化を背景に重要な理念となっている。

イ 正しい。ソーシャルインクルージョンとは，すべての人々を孤立や排除等から援護し，社会の構成員として包み，支えあう理念である。EUやその加盟国では社会的排除に対処する戦略として位置づけられ，日本でも社会的に弱い立場にある人々へのソーシャルインクルージョンの必要性が提言されている。

ウ 誤り。バリアフリーとは，障害者の社会参加推進のため，障害のある人の生活に影響を及ぼす障壁を取り除くこと。すべての人にとって使いやすい製品，環境，情報づくりをめざす考え方はユニバーサルデザイン。

エ 誤り。ノーマライゼーションは，障害等の有無に関係なく，すべての人に普通の生活を保障しようとする考え方。

オ 誤り。ユニバーサルデザインについて記述しているのはウである。

❸ ②

解説

① 日本国憲法では社会福祉の援助の対象者は具体的には規定されていない。歴史的には，障害者等の限定された者から社会福祉ニーズのある国民全体へと社会福祉の援助の対象者は拡大してきている。

② 正しい。日本においては，福祉サービスの利用料は，介護保険のように応能負担から応益負担へと変化する傾向が認められる。

③ 社会福祉の対象は，世界的にも選別主義から普遍主義へと変わってきている。

④ 国や地方公共団体は社会福祉の政策主体として社会福祉政策の形成を担う。社会福祉政策の具体的な行動を担う社会福祉の実践主体は，行政，社会福祉法人，専門職等である。

⑤ 社会福祉の運動主体は地域住民等のことであり，制度の改変や改革を求めて，社会福祉政策主体に対し問題提起や各種提案を行う。

❹ ②

解説

ア 石井十次(1865〜1914)は，1887年，岡山に日本最初の孤児院を創立し，1910年には宮崎県に孤児院を移転し孤児の労働による自立を指導した。大阪のスラム街にも保育所や夜間学校を開設した。

イ 留岡幸助(1864〜1934)は，感化院(現在の児童自立支援施設)教育を実践

した日本の社会福祉の先駆者。1899年，東京に非行少年のための感化教育施設を開設した。

ウ　野口幽香(1866～1950)は，1900年に森島美根とともに日本最初の貧民のための保育所二葉幼稚園を創設し，1922年に母子寮を付設した。

エ　石井亮一(1867～1937)は，後の滝乃川学園となる日本最初の知的障害児の教育・福祉施設を創設し，日本の「知的障害児教育・福祉の父」と呼ばれる社会事業家である。

5 ②

解説

福祉六法とは，現行の生活保護法(1950年)・児童福祉法(1947年)・身体障害者福祉法(1949年)・知的障害者福祉法(1960年に精神薄弱者福祉法として成立。1998年名称変更)・老人福祉法(1963年)・母子及び父子並びに寡婦福祉法(1964年に母子福祉法として成立。2014年名称変更)をいう。

① 　該当する。知的障害者福祉法は知的障害者の援助と必要な保護を行うことにより，その福祉の増進を図ることを目的とする法律。

② 　該当しない。社会福祉法は1951年制定の社会福祉事業法を前身とし，社会福祉基礎構造改革により2000年に同法が全面改正され法律名が改称された。社会福祉の目的や理念，原則を定め，各種の社会福祉関連法における基本的事項も規定している。

③ 　該当する。児童福祉法は児童が心身ともに健やかに生まれると同時に育成されるよう，保育，母子保護，児童虐待防止対策を含むすべての児童の福祉を目的とする法律。

④ 　該当する。母子及び父子並びに寡婦福祉法は母子・父子家庭及び寡婦(配偶者と離婚・死別などした女子であって，かつて配偶者のいない女子として民法第877条の規定により児童を扶養していたことのあるもの)の福祉に関する原理を明らかにし，その生活の安定と向上のため必要な援助を目的とする法律。

⑤ 　該当する。生活保護法は最低限度の生活を保障し，自立した生活を送るための支援を目的とする。

6 ⑤

社会福祉基礎構造改革とは，2000年に「社会福祉の増進のための社会福

祉事業法等の一部を改正する等の法律」として成立した福祉分野の法改正
を指す。同法の成立前に、児童福祉法の改正(1997年)による新しい保育所
利用手続の導入(行政との契約方式)や介護保険法の成立(1997年)が行われて
いるため⑤は誤り。社会福祉基礎構造改革により、社会福祉事業法は社会
福祉法へと改められ、また社会福祉各法における措置制度の多くが利用者
による契約制度に変えられ、また利用者保護制度(「地域福祉権利擁護事業」
「苦情解決システム」)が整えられ、福祉サービスの質の向上のための規定
も改正に盛り込まれた。また社会福祉事業活性化のための社会福祉法人設
立要件の見直しや、都道府県・市町村が主体となり住民参加のもとで地域
福祉計画を作成することを明文化し、地域福祉の推進を企図した。

 ④

解説

ア　正しい。第1種社会福祉事業とは、利用者への影響が大きいために、経
　　営安定を通じた利用者の保護の必要性が高い事業(主として入所施設サー
　　ビス)とされる。経営主体は行政及び社会福祉法人が原則。

イ　誤り。第2種社会福祉事業とは、比較的利用者への影響が小さいため
　　に、公的規制の必要性が低い事業(主として在宅サービス)とされる。経
　　営主体に制限はなく、すべての主体が届出をすることにより事業経営が
　　可能。

ウ　誤り。行政および社会福祉法人が施設を設置して第1種社会福祉事業を
　　経営しようとする時は、都道府県知事等への届出が必要になる。その他
　　の者が第1種社会福祉事業を経営しようとする時には都道府県知事等の
　　許可が必要。

エ　正しい。老人居宅介護等事業(ホームヘルプサービス)、老人福祉セン
　　ター、身体障害者福祉センター等は第2種社会福祉事業とされる。

オ　誤り。共同募金は、社会福祉法第113条にて第1種社会福祉事業と規定
　　されている。

 ④

解説

　Aには「人間性と専門性」、Bには「保護者」、Cには「やさしい社会」が
当てはまる。保育士の倫理については「保育所保育指針」(平成29年3月告
示)において、保育士は倫理観に裏付けられた専門的知識、技術及び判断を

もって，子どもを保育する，と明記されていることから，高い専門性と人間性が求められ，子どもの育ちや子育てに対する社会的支援の担い手として，保育士の責務は重要になっている。2003(平成15)年に全国保育士会によって発表された「全国保育士会倫理綱領」は保育士の倫理についての行動規範であり，子どもの最善の利益の尊重，利用者の代弁，地域の子育て支援，チームワークと自己評価等が記されている。

9 ⑤
解説

① 適切。ホリス(1907〜87)は「状況の中の人」という視点から心理社会的アプローチを提唱した。

② 適切。ハミルトン(1892〜1967)はアメリカの社会福祉研究者であり，『ケースワークの理論と実際』を著した。診断主義による個別援助技術の理論を体系化し，その確立と発展に大きく貢献した。

③ 適切。リッチモンド(1861〜1928)は，ケースワークという言葉を用い，個別援助技術の過程を，情報の収集・調査，社会診断，社会治療の3つに分け，個別援助技術を専門的・科学的なものへと発展させた。「ケースワークの母」と称される。

④ 適切。パールマン(1905〜2004)は問題解決アプローチの提唱者として知られる。4つのPである，Person(利用者)・Problem(問題)・Place(施設・機関)・Process(過程)を提唱し，問題(Problem)を抱えた利用者(Person)に対し面接や指導を行う施設・機関(Place)が必要とし，ワーカーとクライエントが問題解決の過程(Process)を展開するとした。

⑤ 適切ではない。4つのPはパールマンの学説。アダムス(1860〜1935)はアメリカのソーシャルワークの先駆者。世界最大規模のセツルメントハウスとなったハルハウスをシカゴに設立した。1931年，ノーベル平和賞を受賞する。

10 ④
解説

① 適切。ソーシャルアクション(社会活動法)は，世論の喚起，行政対応の促進や立法を目的に，制度の改善や新たな制度・サービスの拡充を行政や議会に働きかけ，社会福祉を推進する組織的活動。

② 適切。ソーシャルアドミニストレーション(社会福祉運営管理)は社会

福祉サービスを合理的・効率的に展開する方法。

③　適切。ソーシャルワーク・リサーチ(社会福祉調査)は社会調査により福祉の実態と問題点を明らかにし，利用者への問題の把握とニーズの発見，援助の評価，援助者への提案を行う。

④　適切ではない。ケアマネジメントは，関連援助技術とされ，最適な社会福祉サービスを効果的・迅速に提供することを目的とした援助技術。

⑤　適切。ソーシャルプランニング(社会福祉計画法)は地域社会のノーマライゼーションを目指し社会福祉を増進するための目標や方法等を設定する。

 ⑤

解説

　Aには「父母その他の保護者」，Bには「責任」，Cには「男女共同参画社会」が当てはまる。2003年7月に「少子化社会対策基本法」及び「次世代育成支援対策推進法」が制定され，保育関係事業のみならず，若者の自立や働き方の見直し，地域の子育て支援を含めた総合的な取組を進める枠組みが作られた。2004年6月には，少子化社会対策基本法に基づき少子化に対処するために政府が講じるべき指針として「少子化社会対策大綱」が閣議決定され，2004年12月には，大綱の具体的な実施計画として，少子化社会対策会議において，新エンゼルプランに代わる「子ども・子育て応援プラン」を作成し，「若者の自立とたくましい子どもの育ち」「仕事と家庭の両立支援と働き方の見直し」「生命の大切さ，家庭の役割等についての理解」「子育ての新たな支え合いと連帯」の4つの重点課題について取組が進められた。さらに，2007年12月には「子どもと家族を応援する日本」重点戦略が取りまとめられるとともに，「仕事と生活の調和(ワーク・ライフ・バランス)憲章」及び「仕事と生活の調和推進のための行動指針」が，仕事と生活の調和推進官民トップ会議で決定された。2010年1月には「子ども・子育てビジョン」が閣議決定された。2012年は，子ども・子育て関連3法と呼ばれる「子ども・子育て支援法」，「認定こども園法の一部改正」，「子ども・子育て支援法及び認定こども園法の一部改正法の施行に伴う関係法律の整備等に関する法律」が成立し，これらに基づく制度を「子ども・子育て支援制度」という。2013年は，「待機児童解消加速化プラン」を策定し，2017年度末までに50万人分の保育の受け皿を確保した。2015年には，「子ども・子育て新制度」が施行され，幼児教育・保育・地域の子ども・子育て支援を

総合的に推進することを目的としている。2016年，「ニッポン一億総活躍プラン」が閣議決定され，少子高齢化の問題に対して，日本経済が更なる好循環を形成するために，三本の矢の経済政策を一層強化するとともに，広い意味での経済政策として，子育て支援や社会保障の基盤を強化し，新たな経済社会システムづくりに挑戦するとした。2019年，「幼児教育・保育の無償化」が始まり，3〜5歳までの幼稚園，保育所，認定こども園などを利用する子供たちの利用料が無償化された。なお，0〜2歳の住民税非課税世帯の子供たちも対象とされている。2020年は，第4次少子化社会対策大綱が作成され，「希望出生率1.8」の実現に向け，結婚・子育て世代が将来にわたる展望を描ける環境をつくることや，多様化する子育て家庭の様々なニーズに応えることなどが基本的な考え方である。

子ども家庭福祉

≡POINT≡

1. 現代社会における子ども家庭福祉の意義

▶ 子ども家庭福祉の理念と概念

　子ども家庭福祉は，社会福祉分野の中でもとくに「子ども」と「家庭」を対象とした福祉を意味している。今日のわが国の子ども家庭福祉は，**ウェルビーイング**という社会福祉の基本理念のもと，**基本的人権の尊重**，**ノーマライゼーション**，**子どもの最善の利益**など，子どもと家庭を取り巻く各種の理念や概念を踏まえた取り組みを目指している。

▶ 現代社会と子ども家庭福祉

〈1.57ショック〉

　1989年に，合計特殊出生率が直近の丙午の年(1966年)の1.58を下回り1.57を記録した際にマスコミ等が中心となって用いた言葉である。その後，合計特殊出生率は下がり続け，2005年には最低の1.26を記録した。2020年は1.34，2021年は1.30，2022年は1.26と低水準の状態が続いていたが，2023年には過去最低の1.20となった。

〈少子化の原因〉

　少子化の原因としては，女性の高学歴化と社会進出による晩婚化，結婚をしない人の増加(非婚化)，夫婦が子どもを産まない選択をするようになったこと(夫婦の出生率の低下)などがある。いずれも，子どもが欲しくても産むことのできない環境の要因が影響しており，単に制度や政策による取り組みだけでなく，民間レベルの取り組みや従来の子育て観の変容など，少子化の原因をめぐる問題には社会全体の取り組みが求められている。

〈家族の規模の縮小〉

　地域社会のつながりが希薄化する中，**核家族化やひとり親世帯**では，かつての三世代家庭のように，子育て経験のある相談相手が身近にいないために，保護者の育児への不安が高い状況を作り出している。

2. 子どもの人権擁護

■▶ 子どもの人権擁護にかかわる制度

〈第三者評価制度〉

　社会福祉法では，福祉事業者が自らのサービスを自己評価することや，提供するサービスの質を当事者(事業者及び利用者)以外の公正・中立な第三者機関が専門的かつ客観的な立場から評価する**第三者評価**を受けることの努力義務を定めている。

〈子どもの権利ノート〉

　児童養護施設などに入所する子どもが自身に認められている権利を知り，施設生活の中で自分の権利を主張できることが当たり前であることを理解してもらうために活用されるものとして，「**子どもの権利ノート**」がある。

3. 子ども家庭福祉の制度と実施体系

■▶ 子ども家庭福祉の制度と法体系

〈児童福祉六法〉

　子ども家庭福祉の主要関連法規である

- ・児童福祉法
- ・児童手当法
- ・児童扶養手当法
- ・特別児童扶養手当法
- ・母子及び父子並びに寡婦福祉法
- ・母子保健法

の6つを総称して「**児童福祉六法**」と呼ぶ。児童福祉六法については，それぞれ詳しく学習しておきたい。

〈子ども家庭福祉に関連するその他の法律〉

　子ども家庭福祉に関係する法律としては，児童福祉六法の他に，「障害者基本法」「児童買春，児童ポルノに係る行為等の規制及び処罰並びに児童の保護に関する法律」「児童虐待の防止等に関する法律(児童虐待防止法)」「配偶者からの暴力の防止及び被害者の保護等に関する法律(DV防止法)」「発達障害者支援法」「障害者の日常生活及び社会生活を総合的に支援するための法律(障害者総合支援法)」「障害を理由とする差別の解消の推進に関する法律

(障害者差別解消法)」などがある。それぞれの法律と子ども家庭福祉の関連について，十分に学習しておきたい。

▶ 子ども家庭福祉の実施体系

〈子ども家庭福祉の行政〉

子ども家庭福祉の行政は，こども家庭庁，都道府県・指定都市，市町村の3つのレベルで実施されている。

こども家庭庁は，「こどもまんなか」社会を実現することを目標に掲げている。長官官房，成育局，支援局から構成される。長官官房は，こども政策全体の司令塔として，予算編成や政策の立案，広報活動など庁全体の代表窓口的な役割を果たしている。成育局は，保育所や認定こども園などの教育・保育給付の充実等，全てのこどもが健やかで安全・安心に成長できる環境の実現を目指している。支援局は，児童虐待防止対策，社会的養護，こどもの貧困の解消に向けた支援や障害児支援など，様々な困難を抱えるこどもや家庭に包括的な支援を行う。また，都道府県・指定都市は各地方の広域的にわたる行政施策に関する機能を，市町村は地域住民に密着した行政施策を担っている。

〈子ども家庭福祉の実施機関〉

子ども家庭福祉の実施機関としては「児童相談所」「福祉事務所」「保健所・保健センター」「児童福祉審議会」などがある。それぞれ詳しく学習しておきたい。

▶ 児童福祉施設

児童福祉施設については，児童福祉法第7条に，「この法律で，児童福祉施設とは，助産施設，乳児院，母子生活支援施設，保育所，幼保連携型認定こども園，児童厚生施設，児童養護施設，障害児入所施設，児童発達支援センター，児童心理治療施設，児童自立支援施設及び児童家庭支援センター及び里親支援センターとする」と規定されている。これら施設については，「児童福祉施設の設備及び運営に関する基準」なども参照して，その機能や役割，設置基準について十分に理解しておきたい。

4. 子ども家庭福祉の現状と課題

▶ 少子化と地域子育て支援

　少子化対策は，核家族化や共働き夫婦の一般化，地域社会の子育て機能の低下等の問題への対応とともに，従来から次のような施策による取り組みが行われている。それぞれについて確認をしておきたい。

- ・エンゼルプラン(1994年)
- ・新エンゼルプラン(1999年)
- ・少子化対策プラスワン(2002年)
- ・少子化社会対策基本法(2003年)
- ・次世代育成支援対策推進法(2003年)
- ・子ども・子育て応援プラン(2004年)
- ・子ども・子育てビジョン(2010年)
- ・子ども・子育て関連3法(2012年)
- ・少子化社会対策大綱〜結婚，妊娠，子供・子育てに温かい社会の実現をめざして〜閣議決定(2015年)
- ・ニッポン一億人総活躍プラン(2016年)
- ・子育て安心プラン(2017年)
- ・新子育て安心プラン(2020年)

▶ 母子保健と児童の健全育成

〈母子保健〉

　母子保健は，「母性並びに乳幼児に対する保健指導，健康診査，医療その他の措置を講じ，母子の保健の向上を目指すもの」であり，市町村の保健センターなどがサービスを提供している。母子に関する健康診査，保健指導，療養援護等，医療対策や母子保健関連施策の動向について，それぞれ学習しておきたい。

〈児童の健全育成〉

　児童の健全育成のための施設として児童厚生施設(児童館，児童遊園)が，健全育成にかかる取り組みとして放課後児童健全育成事業(放課後児童クラブ)がある。また，文部科学省と厚生労働省では，新・放課後子ども総合プランを策定し，放課後児童クラブと放課後子供教室の一体的な実施等を推進している。

▶️ 児童虐待・DV(ドメスティック・バイオレンス)とその防止

〈児童虐待の動向と種類〉

　児童虐待は増加の一途をたどっている。児童虐待をめぐる動向としては，2000年に「**児童虐待の防止等に関する法律(児童虐待防止法)**」が成立し，児童相談所を中心に虐待への対応の強化が図られている。

　児童虐待の分類については，**児童虐待防止法第2条**に次のように定められている。

身体的虐待	児童の身体に外傷が生じ，又は生じるおそれのある暴行を加えること。
性的虐待	児童にわいせつな行為をすること又は児童をしてわいせつな行為をさせること。
ネグレクト	児童の心身の正常な発達を妨げるような著しい減食又は長時間の放置，保護者以外の同居人による前二号又は次号に掲げる行為と同様の行為の放置その他の保護者としての監護を著しく怠ること。
心理的虐待	児童に対する著しい暴言又は著しく拒絶的な対応，児童が同居する家庭における配偶者に対する暴力，その他の児童に著しい心理的外傷を与える言動を行うこと。

〈ドメスティック・バイオレンス(DV)の動向〉

　ドメスティック・バイオレンス(DV)とは「配偶者など親密な関係にある者から振るわれる暴力」のことで，DVの被害は近年高水準で推移している。

〈DVの形態と対応〉

　DVの形態について内閣府は，①身体的暴力，②精神的暴力，③性的暴力の3つの形態を示している。近年ではこのほかにも④経済的暴力，⑤社会的暴力(社会的隔離)などの形態がある。

　DVの被害にあっている場合，恐怖や不安のため自ら相談できなくなることが少なくない。保育所等においてDVの被害を確認した場合は，福祉事務所，配偶者暴力相談支援センター，警察など関連機関との連携をとり対応することが大切である。

▶ 少年非行等への対応

〈少年法による少年の定義〉

少年法では「少年」を満20歳未満としている(令和4年度から成年年齢が18歳に引き下げられた後も, 18, 19歳の者は少年の定義に含まれるが「特定少年」の扱いとなり, 検察官送致(送検)後の対応が原則20歳以上の者と同様になるなど, 17歳以下の者とは異なる取り扱いがなされる)。

〈非行少年の種類〉

- ・犯罪少年:罪を犯した14歳以上20歳未満の少年
- ・触法少年:犯罪に触れる行為をした満14歳未満の少年
- ・虞犯少年:その性格又は環境に照らして, 将来, 罪を犯し, または刑罰法令に触れる行為をする恐れのある少年

〈家庭裁判所の対応〉

少年の非行に対して家庭裁判所では以下のような判断が行われる。

審判による決定事項	内容
保護処分	・保護観察所による保護観察 ・児童自立支援施設・児童養護施設への送致 ・少年院への送致
児童相談所送致	・「児童福祉法」に基づく支援が相当と判断された場合
試験観察	・処分の決定のために家庭裁判所調査官が適当な期間観察すること
不処分	・保護処分が必要ないと認められた場合

▶ 貧困家庭, 外国籍の子どもとその家庭への対応

〈貧困家庭への対応〉

厚生労働省の調査によると, 2021年のわが国の子どもの貧困率は11.5%, さらにひとり親家庭の貧困率は44.5%と子どもの貧困が問題となっている。なお, 2014年には,「子どもの貧困対策の推進に関する法律」が施行されている。

〈外国籍の子どもへの対応〉

グローバル化が進む今日のわが国では, あらゆる地域で外国人の姿が見ら

れるようになった。こうした中で，保育士にも外国籍の子どもや保護者と身近にかかわる機会が増え，とくに，日本語を母語としない子ども・保護者との意思疎通の問題や，文化や教育方法の違いなどに対応する力が求められている。

▶▶ 地域における連携・協働とネットワーク

〈要保護児童対策地域協議会〉

2004年の児童福祉法改正により法定化された，要保護児童の適切な保護を図るために，関係機関等により構成される協議会。

〈次世代育成支援対策地域協議会〉

2003年に制定された次世代育成支援対策推進法に基づき，地方公共団体等が「次世代育成支援対策の推進に関し必要な措置についての協議会を組織する」ものである。2015年までの時限立法であったが，2025年3月まで延長されることになった。

Q 演習問題

1 次の文は，「児童虐待の防止等に関する法律」の第1条である。（ ア ）～（ オ ）に当てはまる語句の組み合わせを，あとの①～⑤から1つ選びなさい。 （難易度■■□□□）

この法律は，児童虐待が児童の（ ア ）を著しく侵害し，その心身の成長及び（ イ ）に重大な影響を与えるとともに，我が国における将来の世代の育成にも懸念を及ぼすことにかんがみ，児童に対する虐待の禁止，児童虐待の予防及び（ ウ ）その他の児童虐待の防止に関する国及び地方公共団体の責務，児童虐待を受けた児童の保護及び（ エ ）のための措置等を定めることにより，児童虐待の防止等に関する施策を促進し，もって児童の権利利益の（ オ ）に資することを目的とする。

	ア	イ	ウ	エ	オ
①	人権	発達	通告	自立の支援	監護
②	身体	人格の形成	早期発見	保護者	擁護
③	人権	人格の形成	通告	自立の支援	監護
④	身体	発達	早期発見	保護者	擁護
⑤	人権	人格の形成	早期発見	自立の支援	擁護

2 次は「児童虐待の防止等に関する法律」の「第5条　児童虐待の早期発見等」に関する条文である。(A)～(D)に当てはまる語句を語群から選ぶとき，正しい組み合わせを，あとの①～⑤から1つ選びなさい。

（難易度■■□□□）

(A)，児童福祉施設，病院，都道府県警察，女性相談支援センター，教育委員会，配偶者暴力相談支援センターその他児童の(B)に業務上関係のある団体及び学校の教職員，児童福祉施設の職員，医師，歯科医師，(C)，助産師，看護師，弁護士，警察官，女性相談支援員その他児童の福祉に職務上関係のある者は，児童虐待を発見しやすい立場にあることを自覚し，児童虐待の(D)に努めなければならない。

〔語群〕

ア	保育所	イ	地域	ウ	学校
エ	福祉	オ	保育	カ	教育
キ	保育士	ク	保健師	ケ	民生委員・児童委員
コ	学校の教職員	サ	防止	シ	早期発見
ス	通告				

① A－ウ　　B－エ　　C－ク　　D－シ
② A－ウ　　B－カ　　C－キ　　D－サ
③ A－イ　　B－オ　　C－ケ　　D－ス
④ A－イ　　B－エ　　C－コ　　D－シ
⑤ A－ア　　B－オ　　C－キ　　D－サ

3 次は「児童憲章」の一部である。空欄(A)～(C)に当てはまる語句を語群から選ぶとき，正しい組み合わせを，あとの①～⑤から1つ選びなさい。

（難易度■■□□□）

われらは，(A)の精神にしたがい，児童に対する正しい観念を確立し，すべての児童の幸福をはかるために，この憲章を定める。

児童は，(B)として尊ばれる。

児童は，社会の一員として重んぜられる。

児童は，よい(C)の中で育てられる。

〔語群〕

ア	家庭	イ	人	ウ	児童福祉法
エ	環境	オ	国民	カ	児童の権利に関する条約
キ	地域社会	ク	子ども	ケ	日本国憲法

① A－ウ　　B－ク　　C－キ

② A－カ　　B－イ　　C－ア

③ A－ケ　　B－オ　　C－ア

④ A－ウ　　B－オ　　C－エ

⑤ A－ケ　　B－イ　　C－エ

4 子どもの権利を定めた条約や法律について適切でないものを，次の①～⑤から1つ選びなさい。　　　　　　　　　　(難易度■■■■□)

① 児童憲章は，すべての児童の幸福が図られるよう，1951年5月5日に制定されたものである。

② 児童憲章の前文には，児童が「人として尊ばれる」「社会の一員として重んぜられる」「よい環境の中で育てられる」ことが述べられている。

③ 「児童の権利に関する条約(子どもの権利条約)」は，1989年に国際連合総会で採択された，子どもの人権に関する世界で最初の国際的な条約である。

④ 「児童の権利に関する条約(子どもの権利条約)」では，15歳未満を「児童(子ども)」と定義している。

⑤ 「児童の権利に関する条約(子どもの権利条約)」全体では，「生きる権利」「守られる権利」「育つ権利」「参加する権利」が守られることが述べられている。

5 「児童の権利に関する条約」について，条約の内容として適切でないものを，次の①～⑤から1つ選びなさい。　　　　　　　(難易度■■■□□)

① 18歳未満の人を子どもとする。

② 全ての子どもは人種，皮膚の色，性，言語，宗教，出身，財産，心身の障害などによって差別されない。

③ 国は，18歳未満の子どもを戦争に参加させてはならない。

④ 子どもが身体的にも精神的にも，いかなる暴力や虐待を受けないよう，国が対策をとらなければならない。

⑤ 子どもは無理矢理働かされたり，そのために教育を受けられない仕事や健康を害する仕事をさせられたりしない。

6 次の記述に該当する児童福祉の実施機関を，あとの①～⑤から1つ選びなさい。　　　　　　　　　　　　　　　　　(難易度■■■□□)

児童及び妊産婦の福祉に関し，家庭その他からの相談に応じ，必要な調査及び指導を行うこと並びにこれらに付随する業務を行う。

① 保健所　　② 都道府県　　③ 児童相談所　　④ 市町村
⑤ 児童福祉審議会

7 次の文は，児童相談所に関わる「児童福祉法」第12条の記述である。（　　）にあてはまる語句として正しいものを，あとの①〜⑤から1つ選びなさい。　　　　　　　　　　　　　　　　　　（難易度■■□□□）

（　　）は，児童相談所を設置しなければならない。

① 市町村　　② 市町村長　　③ 都道府県　　④ 都道府県知事
⑤ 保健所

8 「児童福祉法」に規定されている保育士の業務として適切なものを，次の①〜⑤から1つ選びなさい。　　　　　　　　（難易度■■■□□）

① 保育士は，児童の健康相談に応じ又は健康診査を行い，必要に応じ保健指導を行う。
② 保育士は，その担当区域内における児童に関し，その担当区域を管轄する児童相談所長又は市町村長にその状況を通知し，意見を述べる。
③ 保育士は，児童及び妊産婦の福祉の増進を図るための活動を行う。
④ 保育士は，児童の保護その他児童の福祉に関する事項について，相談に応じる。
⑤ 保育士は，児童の保育及び児童の保護者に対する保育に関する指導を行う。

9 次の文は，専門職者に関する「児童福祉法」第13条第4項の記述である。（　　）にあてはまる語句として正しいものを，あとの①〜⑤から1つ選びなさい。　　　　　　　　　　　　　　　　　　（難易度■■■□□）

（　　）は，児童相談所長の命を受けて，児童の保護その他児童の福祉に関する事項について，相談に応じ，専門的技術に基づいて必要な指導を行う等児童の福祉増進に努める。

① 民生委員　　② 児童委員　　③ 保育士　　④ 社会福祉士
⑤ 児童福祉司

10 2019(令和元)年6月に改正された児童福祉法の「児童相談所の体制強化及び関係機関間の連携強化等」に当てはまらないものを，次の①～⑤から1つ選びなさい。　(難易度■■■■□)

① 都道府県は，児童相談所が措置決定その他の法律関連業務について，常時弁護士による助言・指導の下で適切かつ円滑に行うため，弁護士の配置又はこれに準ずる措置を行うものとするとともに，児童相談所に医師及び保健師を配置する。

② 児童福祉司の数は，人口，児童虐待相談対応件数等を総合的に勘案して政令で定める基準を標準として都道府県が定めるものとする。

③ 児童虐待を行った保護者について指導措置を行う場合は，児童虐待の再発を防止するため，医学的又は心理学的知見に基づく指導を行うよう努めるものとする。

④ 児童福祉司及びスーパーバイザーの任用要件の見直し，児童心理司の配置基準の法定化により，職員の資質の向上を図る。

⑤ 都道府県は，児童相談所の行う業務の質の評価を行うことにより，その業務の質の向上に努めるものとする。

11 児童福祉施設の設備及び運営に関する基準において，保育士の設置が義務づけられていない施設を，次の①～⑤から1つ選びなさい。

(難易度■■■□□)

① 障害児入所施設
② 児童養護施設
③ 児童発達支援センター
④ 児童心理治療施設
⑤ 児童厚生施設

12 次の説明の(　)にあてはまる名称として正しいものを，あとの①～⑤から1つ選びなさい。　(難易度■■■□□)

待機児童の解消を目指し，女性の就業率の上昇を踏まえた保育の受け皿整備，幼稚園やベビーシッターを含めた地域の子育て資源の活用を進めるため，(　)が取りまとめられた。

(　)では，4年間で約14万人の保育の受け皿を整備するほか，「地域の特性に応じた支援」「魅力向上を通じた保育士の確保」「地域のあらゆる子

育て資源の活用」を柱として，各種取組を推進している。

① 次世代育成支援対策推進法

② 新子育て安心プラン

③ 少子化社会対策基本法

④ 新エンゼルプラン

⑤ 緊急保育対策等5か年事業

⑬ 次の文は，児童福祉施設の設備及び運営に関する基準に定められる，認可保育所に関する児童福祉施設最低基準についての記述である。(**A**)～(**D**)にあてはまる数字として正しいものを，あとの①～⑤から1つ選びなさい。　　　　　　　　　　　　(難易度■■■□□)

保育士の数は，乳児おおむね(**A**)人につき1人以上，満1歳以上満(**B**)歳に満たない幼児おおむね6人につき1人以上，満3歳以上満4歳に満たない幼児おおむね(**C**)人につき1人以上，満4歳以上の幼児おおむね(**D**)人につき1人以上とする。ただし，保育所1につき2人を下ることはできない。

① A－2　　B－2　　C－10　　D－20

② A－2　　B－3　　C－10　　D－25

③ A－3　　B－3　　C－15　　D－25

④ A－3　　B－2　　C－15　　D－20

⑤ A－3　　B－3　　C－30　　D－25

⑭ 児童生活支援員の任用資格として適切なものを，次の①～⑤から1つ選びなさい。　　　　　　　　　　　　(難易度■■■□□)

① 保育士の資格を有する者

② 都道府県知事の指定する児童福祉施設の職員を養成する学校その他の養成施設を卒業した者

③ 学校教育法の規定による大学において，社会福祉学，心理学，教育学若しくは社会学を専修する学科又はこれらに相当する課程を修めて卒業した者

④ 3年以上児童福祉事業に従事した者であって，都道府県知事が適当と認めた者

⑤ 医師であって，精神保健に関して学識経験を有する者

⓯ 「子供の貧困対策に関する大綱」が令和元年11月29日に閣議決定され
た。その中に示されている基本的な方針として誤っているものを，次の①
〜⑤から1つ選びなさい。　　　　　　　　　　　　（難易度■■■■□）

①　貧困の連鎖を断ち切り，全ての子供が夢や希望を持てる社会を目指す。
②　親の妊娠・出産期から子供の社会的自立までの切れ目のない支援体制
　を構築する。
③　支援が届いていない，又は届きにくい子供・家庭に配慮して対策を推
　進する。
④　経済的な支援では，世帯の経済的自立につながる保護者の就労支援を
　中心に位置付け，金銭等の給付は行わないこととする。
⑤　地方公共団体による取組の充実を図る。

解答・解説

1 ⑤
解説

　児童虐待事件の増加に伴い，2000年に「児童虐待の防止等に関する法律」
が制定された。この法律では，児童虐待を明確に定義し，虐待の防止と早
期発見，虐待を受けた子どもの適切な保護などが定められた。また，その
後の改正で，国及び地方公共団体の責務の強化，児童虐待にかかわる通告
義務の範囲の拡大などの規定が整備された。2007年の改正では，立ち入り
調査の強化，保護者に対する面会・通信等の制限の強化がなされた。2017
年の改正で，児童の保護に関して司法関与の強化が行われ2019年の改正で
は，親による体罰も禁止された。

2 ①
解説

　児童相談所は児童の福祉増進のため，児童福祉法に基づいて指定都市及
び児童相談所設置市に設置され，児童の生活全般に関して保護者や学校か
らの相談に応じ，児童や家庭について調査や判定を行って，必要な指導や
措置をとる機関である。児童虐待の防止等に関する法律第6条第1項で「児
童虐待を受けたと思われる児童を発見した者は，速やかに，これを市町村，
都道府県の設置する福祉事務所若しくは児童相談所又は児童委員を介して
市町村，都道府県の設置する福祉事務所若しくは児童相談所に通告しなけ

ればならない。」とされていることについての出題が多い。

3 ⑤
解説

　児童憲章は1951(昭和26)年5月5日に制定された。5月5日はこどもの日(1948〈昭和23〉年の国民の祝日に関する法律で制定)であり，児童憲章制定記念日でもある。制定したのは，当時の厚生省中央児童福祉審議会の提案に基づき日本国民各層・各界の代表で構成された児童憲章制定会議である。法令ではないものの，一定の公的規範としての性格を有している。引用文は前半部分で，後半は「すべての児童は」で始まる一から十二までの文章が列記されている。児童憲章は，わが国で最初の子どものための権利宣言である。**A**には**ケ**の日本国憲法が当てはまる。**B**には**イ**の人が当てはまる。**C**には，**エ**の環境が当てはまる。

4 ④
解説

　「子どもの権利条約」では，児童は，18歳未満のすべての人としている。なお，この条約は，平成元(1989)年に国際連合で採択され，日本が批准したのは，平成6(1994)年である。

5 ③
解説

　「児童の権利に関する条約」(子どもの権利条約)は，世界的な視野から，児童の人権の尊重，保護の促進を目指し54の条項から成り立っている。その内容は，生きる権利(生存権)，育つ権利(発達権)，保護される権利(虐待・放任・搾取からの保護)，参加する権利(自由に意見を表明したり活動したりする権利)に分類することもできる。なお，①は第1条(子どもの定義)，②は第2条(差別の禁止)，④は第19条(虐待放任からの保護)，⑤は第32条(経済的搾取・有害労働からの保護)に規定されている。

6 ④
解説

①　保健所は，相談に関しては，児童福祉法第12条の6第1項第二号において「児童の健康相談に応じ，又は健康診査を行い，必要に応じ，保健指

導を行うこと」と規定されている。

②, ③　都道府県は，児童福祉法第11条第1項第二号のロにおいて「専門的な知識及び技術を必要とするものに応ずる」とされている。また同法第12条で都道府県は児童相談所を設置することを規定している。

④　児童福祉法第10条第1項第三号の規定である。同条第1項第一号では「児童及び妊産婦の福祉に関し，必要な実情の把握に努めること」，同条第1項第二号では「児童及び妊産婦の福祉に関し，必要な情報の提供を行うこと」とされる。

⑤　児童福祉審議会は，児童・妊産婦等の福祉，母子保健等に関して調査・審議し，行政庁に答申や意見具申を行う。

7 ③

児童相談所は，児童福祉行政の第一線の専門行政機関であり，児童福祉法第12条及び第59条の4により，都道府県・指定都市には義務設置され，市町村は任意設置できると規定されている。2006年から中核市等も設置できることになった。児童相談所の業務は，市町村や家庭からの相談に応じて，調査・診断・判定の上で，効果的な援助を行うことであり，児童の一時保護，児童福祉施設入所，里親等委託等の措置を実施したり，民法上の業務である，親権者の親権喪失宣告請求，児童の後見人の選任等も行う。児童福祉司，児童心理司，児童指導員，保育士，医師等の専門職のチームによって業務にあたる。

8 ⑤
解説

①　保健所の業務(第12条の6第1項第二号)。

②　児童福祉司の業務(第14条第2項)。

③　児童委員の業務(第17条第1項第六号)。

④　児童福祉司の業務(第13条第4項)。

⑤　保育士の業務(第18条の4)。児童福祉法第18条の4において，保育士とは，「第18条の18第1項の登録を受け，保育士の名称を用いて，専門的知識及び技術をもつて，児童の保育及び児童の保護者に対する保育に関する指導を行うことを業とする者」と規定されている。2001年の児童福祉法改正によって名称独占の資格として法制化された。保育所勤務のほか

には，乳児院，児童養護施設，知的障害児施設等の児童福祉施設に配置されている。

 9 ⑤

解説

　児童福祉法第13条第4項の規定。児童福祉司は，児童の福祉に関して，親や児童からの相談業務にあたる。任用の要件は，(1)都道府県知事の指定する児童福祉司若しくは児童福祉施設の職員を養成する学校その他の施設を卒業し，又は都道府県知事の指定する講習会の課程を修了した者，(2)学校教育法に基づく大学又は旧大学令に基づく大学において，心理学，教育学若しくは社会学を専修する学科又はこれらに相当する課程を修めて卒業した者であつて，内閣府令で定める施設において1年以上相談援助業務(児童その他の者の福祉に関する相談に応じ，助言，指導その他の援助を行う業務をいう)に従事したもの，(3)医師，(4)社会福祉士，(5)精神保健福祉士，(6)公認心理士，(7)社会福祉主事として，2年以上相談援助業務に従事した者であって，内閣総理大臣が定める講習会の課程を修了した者，(8)その他内閣府令で定めるもの。

10 ③

解説

　児童福祉法は昭和22(1947)年に公布され，平成16(2004)年の改正では児童虐待に対応するための措置が盛り込まれた。また，平成28(2016)年に行われた改正では，第1条及び第2条が大幅に改正され，さらに，第1条及び第2条は「児童の福祉を保障するための原理」であり，児童に関する全ての法令の施行に当たって，常に尊重されなければならない，という条文が同法第3条として加えられた。令和元(2019)年の改正では，国，都道府県及び市区町村における体制の強化を進めるための改正が行われた。③は，同じく改正された「児童虐待の防止等に関する法律」に当てはまるものである。

11 ⑤

解説

　児童福祉施設の設備及び運営に関する基準とは児童福祉法第45条に基づいて制定された厚生省令で，児童福祉施設の設備・運営に関する最低基準が規定されている。この最低基準が遵守されるよう，行政による監査が実施される(最低基準の遵守は当然のことであり，基準を上回るように努める必

要がある)。同基準の第38条において，児童厚生施設には児童の遊びを指導する者の設置が義務化され，児童の遊びを指導する者の任用要件として第38条第2項第二号に保育士があげられているが，社会福祉士等でも可能であるため義務づけられているとまでは言えない。この他には，児童自立支援施設，母子生活支援施設では，保育士の設置が義務づけられていない。

 12 ②

解説

① 次世代育成支援対策推進法により，101人以上の労働者を雇用する事業主は，従業員の仕事と家庭の両立を図るために必要な雇用環境の整備などについて「一般事業主行動計画」を策定し届けることになった。
② 2020(令和2)年12月に発表された新子育て安心プランは，女性の就業率の上昇を踏まえた保育の受け皿整備，幼稚園やベビーシッターを含めた地域の子育て資源の活用。
③ 2003(平成15)年7月制定された少子化社会対策基本法は，子育て支援のため，雇用環境の整備，保育サービスの充実，地域社会の子育て支援の強化等を定めた。
④ 新エンゼルプランは2000(平成12)年度から5か年の少子化対策。
⑤ 緊急保育対策等5か年事業は1994(平成6)年のエンゼルプランの一環として策定された。

 13 ③

解説

児童福祉施設の設備及び運営に関する基準第33条第2項によると，認可保育所における保育士の数は，乳児が3人に対して保育士が1人以上，1～2歳児が6人に対して保育士が1人以上，3歳児が15人に対して保育士が1人以上，4歳以上児が25人に対して保育士が1人以上とされている。職員はこの保育士の他に嘱託医，調理員を置かなければならない。保育所における保育時間は，1日に8時間が原則とされ，その地方における乳児又は幼児の保護者の労働時間その他家庭の状況等を考慮して，保育所の長がこれを定めるとしている(同法第34条)。

 14 ①

解説

児童自立支援施設は，犯罪などの不良行為を行い，または行うおそれが

ある児童や，生活指導を要する児童を入所・通所させて，必要な指導を行い自立を支援する児童福祉施設。児童福祉施設の設備及び運営に関する基準第83条において，児童生活支援員は，保育士の資格を有する者，社会福祉士の資格を有する者，3年以上児童自立支援事業に従事した者のいずれかに該当する者でなければならないと規定されている。②，③，④は，児童指導員の任用資格の条件の一部であり，⑤は児童自立支援専門員の任用資格の条件の1つである。

 ④

解説

　出題の資料では，「経済的支援に関する施策は，様々な支援を組み合わせてその効果を高めるとともに，必要な世帯への支援の利用を促していく」とされており，経済的支援についても，母子父子寡婦福祉資金貸付金等や養育費の確保に関する支援などが示されている。

保育の心理学

1. 子どもの発達と理解

　子どもに対してより良い保育を行うためには，目の前の子どもの発達についての見通しをもつことが不可欠である。そのためには，乳幼児期はもちろん老年期までの各発達段階の特徴や課題について理解をしておく必要がある。

　また，発達を取り巻く環境についても把握をし，子どもの理解に役立てていくことが大切である。

▶ 発達

　発達とは，出生から死に至るまでの身体的・精神的機能を変えていく過程である。

　発達の考え方には

> 成熟優位説(遺伝の影響を重視)──ゲゼル
> 環境有位説(環境の影響を重視)──ワトソン
> 相互作用説(遺伝と環境両方の影響を重視)──ジェンセン

がある。代表的な研究者とあわせて覚えておきたい。

▶ 発達理論

〈ピアジェの認知発達段階説〉

　子どもは生まれたときから環境と相互作用しており，環境に対する認識の枠組みが段階的に(質的に)変化していくという説。

> 第1段階(0〜2歳)を感覚運動期
> 第2段階(2〜7歳)を前操作期
> 第3段階(7〜12歳)を具体的操作期
> 第4段階(12歳〜)を形式的操作期

と分けられる。幼児期に該当する第2段階は表象(イメージ)を用いて頭の中で考えることができるようになるが，論理的思考はまだ難しく，自己中心性(自分と他人の視点を区別できず，自分の視点からしか物事を理解できない性質)が強い時期としている。

〈エリクソンの心理社会的発達段階説〉

　生涯発達の観点で乳児期から老年期までを8つの段階に区分し，各段階の発達課題(心理社会的危機)を乗り越えることが次の課題に向かう力になるという説。各段階に直面する発達課題は次のように整理される。

発達段階	発達課題
乳児期(0〜1歳)	基本的信頼 対 不信
幼児前期(1〜3歳)	自律性 対 恥・疑惑
幼児後期(3〜6歳)	自主性 対 罪悪感
学童期(6〜12歳)	勤勉性 対 劣等感
青年期(12〜22歳)	同一性 対 同一性拡散
成人前期(22〜35歳)	親密性 対 孤立
成人後期(35〜65歳)	生殖性 対 自己陶酔
老年期(65歳〜)	統合性 対 絶望

　そのほかの発達理論として，**ヴィゴツキーの発達理論**やバルテスの**生涯発達理論**，また，発達を取り巻く環境についてはブロンフェンブレンナーの**生態学的システム理論**なども覚えておきたい。

2. 各発達段階の特徴

　ここでは大まかな内容とキーワードのみ記すが，各発達段階の特徴や課題について，実際の子どもの姿や他者との関わりを含めて理解をしておきたい。また，発達の連続性を意識することも大切である。

〈新生児期・乳児期〉

・誕生時の視力は0.02程度，複雑な図形，顔図形への選好注視
・世界中の音韻に対する弁別能力(〜生後6ヶ月)→母語への適応(〜1歳)
・物理的環境との関わり(原始反射→循環反応)，対象の永続性の理解
・他者との関わり(共鳴動作，エントレインメント)
・愛着の形成(安全基地の確立・基本的信頼感の獲得)
・二項関係→三項関係(共同注意)の成立(9ヶ月革命)，社会的参照

〈言語発達の目安〉

泣き・叫喚(1ヶ月)→クーイング(2〜3ヶ月)→過渡的喃語(4ヶ月)→規準喃語(6ヶ月)→会話様喃語(10ヶ月)→初語(1歳)

〈幼児期〉
- 自我の芽生えと第一反抗期，基本的生活習慣の獲得
- 表象(イメージ)の使用，ふり遊び，見立て遊び，ごっこ遊びの展開
- 内的作業モデル(愛着表象)の発達，分離不安の低下と探索活動の活発化
- 言葉によるコミュニケーションの確立，内言の発達(ひとり言)
- 心の理論の獲得(4〜5歳)，社会的な遊びの発達(パーテンによる分類)

〈学童期・青年期〉
- 学校社会への適応(一次的ことば→二次的ことば)，小1プロブレム
- 認知発達(前操作期→具体的操作期→形式的操作期)，メタ認知の発達
- 仲間集団の形成と発達(ギャングエイジ，チャムグループ→ピアグループ)
- 他者視点の取得，自己意識の高まり，社会的比較，9歳(10歳)の壁
- 思春期(第二次性徴に伴う心理的変化の時期)，第二反抗期，心理的離乳
- アイデンティティの探索，モラトリアム

〈成人期・老年期〉
- 他者やパートナーとの親密性の確立(就職や結婚，子育て)
- 社会的役割と責任，ライフスタイルの確立(燃え尽き症候群)
- 社会的な役割の変化に伴うアイデンティティの再構成(空の巣症候群)
- 身体機能の低下と喪失経験，サクセスフルエイジング

3. 現代の子どもを取り巻く環境の理解と家庭支援

　子どもを理解し，適切な援助をするためには，家庭との連携が重要であるが，現代社会は価値観やライフスタイルが多様化し，家庭のあり方は一様ではない。また，子育てをめぐる社会的状況が変化する中で，子育てに悩み，苦しむ家庭も少なくない。保育者は，子どものより良い援助のためにもそうした家庭の理解や支援をしていくことが求められている。

▶ 家族関係や親子関係の理解

　家族関係や親子関係は社会的な文脈の中に埋め込まれていて，ダイナミックに(動的に)変化するものであることをについて，以下のキーワードを押さえておきたい。

- 発達の相乗的相互作用モデル，気質と環境の適合の良さ
- 養育行動のプロセスモデル(親要因，子ども要因，社会文化的要因)
- システムとしての家族(直線的因果律ではなく，円環的因果律での理解)
- ブロンフェンブレンナーによる生態学的システム理論(マイクロシステム，メゾシステム，エクソシステム，マクロシステム)

▶ 子育て家庭に関する現状や課題

　女性の就業率の高まりにより共働き家庭が増える一方で，いまだ子育ての負担は女性に偏っているのが現状である。子育ては性別ではなく，経験によるところが大きい。また，ヒトという種はそもそも血縁に関わらずさまざまな個体が協力して子育てをする性質をもっている，ということを念頭に家庭の子育て支援をしていく必要がある。ここでは，以下のキーワードをぜひ押さえておきたい。

- 共働き世帯の増加と性別役割分業の問題，M字カーブ，3歳児神話
- 少子化に伴う親準備性の不足と孤立した育児→育児不安
- マタニティーブルーズと産後うつの特徴と違い
- 虐待とマルトリートメントについての理解と，保育士としての対応
- 多様な家族(ひとり親家庭，貧困家庭，ステップファミリー，里親家庭，外国にルーツをもつ家庭)の理解と必要な支援

4. 子どもの発達の理解に基づく保育

　子どもの発達は個人差が大きく，また，子どもが生まれもつ気質や家庭の状況によっても異なる。また，実際の子どもの発達は連続したものであり，理論は参考にはなるが，そのまま当てはまるものではない。さらに，一人ひとりに向き合うだけでなく，子ども同士の関わりを促していくことも保育者の役割である。

　そうした保育の実践には正解と呼べるものはなく，保育者は自らの保育実践を常に振り返り，評価していくことが必要である。そのためには，他の保育者との協働，対話も欠かすことができないだろう。

　ここでは，そうした実際の保育場面における子どもの姿や保育士としての役割を意識したキーワードを記す。

▶▶ 子ども相互の関わり・集団での育ち

・集団で過ごすことの意義(観察学習，発達の最近接領域を刺激する存在として の仲間)
・いざこざやけんかの意味，自己制御能力(自己主張・自己抑制)の発達，い ざこざやけんかへの介入

▶▶ 保育実践とその評価

・保育士の役割(安全基地として，子どもの環境から学びを促す環境設定)
・発達の連続性を意識した援助，小学校との連携と接続
・カリキュラムマネジメント，PDCAサイクル，全体的な計画
・保護者や他の保育者との対話，協働

🔍 演 習 問 題

1 発達について述べた記述として不適切なものを，次の①〜⑤から1つ選 びなさい。　　　　　　　　　　　　　　　　　　　　(難易度■■□□□)

①　ポルトマンによれば，ヒトは進化の過程で大脳が発達した一方，直立 二足歩行によって骨盤の形状が変化し，産道が狭くなったため，未熟な 状態で子どもを出産するようになった。

②　バルテスによれば，発達は生涯にわたる獲得と喪失のダイナミックな 相互作用であり，加齢とともに獲得はなくなり，喪失のみとなる。

③　エリクソンやピアジェは，発達には量的な変化だけでなく，質的な変 化があると考え，発達段階を設定している。

④　発達には遺伝要因と環境要因がともに関わるが，近年，特定の遺伝的 傾向をもつ人は，特定の環境にさらされやすいという遺伝・環境間相関 を考える必要性も指摘されている。

⑤　ヴィゴツキーは，子どもに対する教授・学習においては，子どもが自 力で達成できる水準だけでなく，子どもが他者との共同や，他者からの 援助によって達成できる水準を把握する必要性を指摘し，発達の最近接 領域という概念を提唱した。

2 次の0歳児クラスの事例と特に関連が深い用語の組み合わせとしてもっ とも適切なものを，あとの①〜⑤から選びなさい。　　(難易度■■■□□)

【事例】

　　保育士の膝に座って絵本を読んでいたAちゃんは，絵本の中に描かれたごみ収集車を指さしながら保育士の顔を見上げた。保育士は「ごみ収集車あったね」と応じてから，ついさっき保育所の前にごみ収集車が止まっていたことを思いだし，「ごみ収集車，Aちゃん，さっき見たねえ」と声をかけると，Aちゃんはにっこり笑って絵本に視線を戻した。

【語群】

　選好注視　　共同注意　　　三項関係　　　二項関係

　叙述の指差し　　　要求の指差し

① 選好注視，三項関係，叙述の指差し

② 選好注視，二項関係，要求の指差し

③ 共同注意，三項関係，叙述の指差し

④ 共同注意，二項関係，要求の指差し

⑤ 共同注意，三項関係，要求の指差し

3 ピアジェの認知発達段階説に関するA～Eの年齢と，ア～オの発達段階の組み合わせとして正しいものを，あとの①～⑤から1つ選びなさい。

(難易度■■□□□)

A　0～2歳　　　　　B　2～4歳　　　　　C　4～7，8歳

D　7，8～11，12歳　E　11，12～14，15歳

　　ア　前概念的思考期　　　イ　感覚運動期

　　ウ　具体的操作期　　　　エ　形式的操作期

　　オ　直観的思考期

① A－イ　　B－ア　　C－エ　　D－オ　　E－ウ

② A－オ　　B－ウ　　C－エ　　D－ア　　E－イ

③ A－オ　　B－ア　　C－イ　　D－ウ　　E－エ

④ A－イ　　B－ア　　C－オ　　D－ウ　　E－エ

⑤ A－イ　　B－ウ　　C－オ　　D－エ　　E－ア

4 言葉の発達に関する記述として不適切なものを，次の①～⑤から1つ選びなさい。

(難易度■■■■□)

① 新生児期は不快を表す泣き声が主であるが，生後2ヶ月頃から機嫌のよい時にクーイングと呼ばれる，「アー」「クー」とのどの奥を鳴らすよう

な音を出すようになる。

② 生後6ヶ月頃には，規準喃語と呼ばれる，「マンマンマン…」のように子音と母音を組み合わせたリズミカルな発声ができるようになる。

③ 生後1歳になるまでには，「バブバブ」のように異なる音を組み合わせ，母語のイントネーションを備えた会話様喃語(ジャーゴン)を発するようになり，その中に特定の意味を伴う語が現れるようになる。

④ 初語が出現して半年ほどは語の獲得速度が遅く，過大汎用(動物はすべて「ワンワン」と呼ぶ)や過大縮小(自分の家の犬だけを「ワンワン」と呼ぶ)といった現象が見られる。

⑤ 多語文が話せるようになると，遊び場面ではひとりごとが増える。ピアジェはこの現象を，コミュニケーション手段として獲得された言葉が，思考の手段としての機能をもつようになる過程で生じるものと考え，理論化した。

5 排泄の自立に関する記述として不適切なものを，次の①～⑤から1つ選びなさい。 (難易度■■■□□)

① 排泄の自立には，尿を膀胱に2時間以上ためておけるようになっていること，歩けること，言葉で尿意を知らせることができるようになっていることなど，一人ひとりのレディネスを見極め，無理なく進めることが必要である。

② 排泄の自立に向けては，絵本を読んだり，動物の排泄を観察したり，生活の中で排泄やトイレに対する興味関心をもつところから始め，トイレに行き，次に便器に座るなど，スモール・ステップで進めることが大切である。

③ 保育者が子どもの好きなシールと台紙を用意して，子どもが便器で排泄できたらシールを貼れるようにするのは，子どもの便器での排泄に対する内発的動機づけを高めるための正の強化子である。

④ 他児が自分からトイレに行き，排泄を済ませてすっきりした様子で戻ってくる姿を見ることは，子どもにとって観察学習のモデルになる。

⑤ 排泄の自立の過程において，子どもは自らの主体感や有能感とともに，時には甘え，受容される経験を通して，他者への基本的信頼感を深めていると考えられる。

6 学童期から青年期の発達に関する記述として不適切なものを，次の①〜⑤から1つ選びなさい。　　　　　　　　（難易度■■■□□）

① 学童期は対人関係において友人の比重が高まり，中・高学年の頃にはギャングエイジと呼ばれる同年代，同性からなり，役割分担のはっきりした排他的な仲間集団を形成する。

② 割り算や小数・分数など，具体的に操作しづらい学習が始まることで「9歳の壁」などと呼ばれるように，学習へのつまずきが増えてくる時期である。

③ 第二次性徴など身体的な成熟とともに，心理的変化を経験する思春期は，親からの心理的離乳を試みる時期であり，不安なことにもひとりで立ち向かうことが必要である。

④ 青年期において，友人は親に代わる重要な存在となるが，青年期前期は同調性が高く，互いの異なる部分を積極的に理解し合うことが難しいため，いじめの問題も起こりやすい。

⑤ メタ認知とは，自らの認知活動を客観的にとらえ，評価したり，修正したりする機能であるが，これは学童期から青年期を通して発達する。

7 多様な家庭・配慮の必要な家庭とその支援に関する記述として不適切なものを，次の①〜⑤から1つ選びなさい。　　　　　（難易度■■■■□）

① マルトリートメント(不適切な養育)とは，虐待を含め，それが子どものためであるという認識に基づくものであっても，子どもの心やからだを傷つけるような行為すべてを指す。

② ステップファミリーとは，主に子どもを連れた再婚などで血縁関係のない親子関係やきょうだい関係を含む家庭のことであるが，大人に比べて子どもは適応が早いため，新しい家族を受け入れ，家族としての一体感を感じられるようになるまでほとんど時間を要さない。

③ 虐待を受けている子どもが無気力で抑うつ的になってしまうメカニズムは，不快な状況から逃げ出そうとしても逃げ出せない状況に長くいると，そこから逃げ出そうとする努力さえしなくなってしまう学習性無力感が考えられる。

④ 近年，外国にルーツをもつ子どもが増えているため，保育者が積極的に異なる文化に関心や学ぶ姿勢をもち，異なる文化的背景をもつ者同士が尊重し合える保育の場を作る必要がある。

⑤　日本では相対的貧困率の高さが問題であり，子どもたちが家庭で得られる経験に家庭の経済状況による格差が生じているため，保育所では家庭で不足した子どもの経験不足を補う役割がある。

8 子どもの心の健康に関わる問題に関する記述として適切なものを，次の①〜⑤から1つ選びなさい。　　　　　　　　　（難易度■■■■■）

①　選択性緘黙とは，他の状況では年齢相当に話せるのに対し，特定の社会状況で一貫して話をすることを自らの意志で拒否する状況が，1ヶ月以上持続している状態をいう。

②　性器いじりは，性器に刺激を与えて身体的快感を得る行為のことであるが，習慣化しないように厳しく制止しなくてはいけない。

③　自閉スペクトラム症は社会的なコミュニケーションの難しさがその中核症状であり，対人的交流に対して関心を示すことはない。

④　逆境でも良好な発達や社会適応を達成する人はレジリエンス(精神的回復力)が高いと考えられるが，このレジリエンスは個人のもって生まれたものであり，発達の過程で獲得されることはない。

⑤　乳幼児期は発音が未熟でもあまり気にする必要はないが，周囲の大人が噛む・吹く・吸う・舌を動かすといった遊びや活動を楽しめるような工夫をすることで，子どもの発音の発達を支援することは可能である。

9 エリクソンの心理社会的発達段階説に関する記述として不適切なものを，次の①〜⑤から1つ選びなさい。　　　　　　　　　（難易度■■■□□）

①　アイデンティティとは，自分で斉一性と連続性が感じられるとともに，他者がそれを認めてくれているという両方の自覚であり，両者の合致によって生じる自信がアイデンティティの感覚といえる。

②　人生は8つの段階に区分され，各段階にはその時期に達成されるべき課題(心理社会的危機)があり，それを乗り越えることが次の段階の発達課題に立ち向かう力となる。

③　乳児は自身の欲求が満たされる中で，世界に対する基本的信頼感を獲得するため，周囲の大人は乳児の欲求をすべて完璧に満たしてやらなければならない。

④　幼児期前期は「自分でやりたい」気持ちと「やりたいけれどできない」という葛藤を経験しているため，大人はやろうとした気持ちを認め，尊

重し，次にまた挑戦できるよう支援する必要がある。

⑤　幼児期後期は子どもの興味の対象が広がり，「なぜ？」「どうして？」と質問を積極的にするが，そうした質問が許されない環境では，子どもは好奇心をもつこと自体に「罪悪感」を感じるようになってしまう。

10 次のア〜オは，乳幼児期の遊びの形態である。発達のより早い時期に観察されるものを左から順に並べたものとして適切なものを，あとの①〜⑤から1つ選びなさい。　(難易度■■□□□)

ア　協同遊び　　　イ　傍観的行動　　ウ　連合遊び　　エ　並行遊び
オ　ひとり遊び

① オ−イ−エ−ア−ウ
② オ−イ−エ−ウ−ア
③ オ−エ−イ−ア−ウ
④ エ−オ−イ−ウ−ア
⑤ エ−イ−ウ−ア−オ

11 就学の援助に関する記述として適切でないものを，次の①〜⑤から1つ選びなさい。　(難易度■■■□□)

①　読み書きの習得には音韻意識が必要であるが，これは4歳頃から学童期を通して遊びの中で育まれる。

②　就学に伴い，子どもたちは場を共有していない人でも理解できるような二次的ことばの習得を求められるが，二次的ことばの習得に際しては生活経験と切り離した内容で他者に伝える訓練が必要である。

③　小学校では，幼児期に自発的な遊びを通して育まれてきたことが各教科の学習に円滑に接続され，主体的に学びに向かえるようスタートカリキュラムが行われている。

④　子どもたちは生活や遊びの中で自らの必要感に基づいて，数量の感覚や文字の読み書きを身に付けるため，日常的に保育者が数量や文字を効果的に活用する姿は子どもたちの就学の援助につながる環境設定の1つといえる。

⑤　小学校における交流会は，小学生にとっても幼児と接する経験の中で責任感や表現力が育まれるなど，メリットがあるといえる。

⑫ 保育士としての心構えに関する記述として不適切なものを，次の①〜⑤から1つ選びなさい。 (難易度■■■■□)

① 平成29年に改訂された保育所保育指針では，保育所は児童福祉施設であると同時に，幼児教育を行う施設であることが明記されている。保育士は子どもたちの遊びの援助を通して教育を行っているという意識が必要である。

② 「学びに向かう力，人間性等」のような非認知能力(社会情動的スキル)を育むためには，大人が指示を出したり知識を与えたりする教育ではなく，子ども自身が主体となって正解のない遊びのような活動の中で試行錯誤する経験が必要である。

③ ピグマリオン効果は，子どもに対するはたらきかけが期待に沿ったものになるというメカニズムであることから，どの子どもにも期待をもって関わることが大切である。

④ 否定をせずに肯定的な態度で保護者の話を傾聴するカウンセリングの技法は，保護者との信頼関係の構築においても有用である。

⑤ 子どもが不安になっている時は，子どもがその不安に注意を向けることのないように，笑顔で励ましたりポジティブなことばかけをしたりすることが大切である。

⑬ 子ども理解のための方法や保育所における評価に関する記述として不適切なものを，次の①〜⑤から1つ選びなさい。 (難易度■■■■□)

① 子どもがスプーンを投げた時，スプーンを投げる行動に反応するのでなく，「なぜスプーンを投げたのか」という行動の背後にある心理や発達状態に踏み込んで理解することが，子どもに必要な援助につながる。

② 省察とは，記録を通じ，実践の中でとらえきれなかった子どもの姿や出来事の意味を振り返ることである。

③ カリキュラムマネジメントとは，計画を作り(P)，実行して(D)，うまくいっているか評価して(C)，計画を改善する(A)という一連の流れであり，こうしたサイクルは目の前の子どもの実態に合わせながら，個々の保育者だけでなく園全体でも行う必要がある。

④ 他の保育者と保育の記録を共有することで，子どもの姿を多面的にとらえ，理解を深めることにつながる。

⑤ 人には避けられない認知的バイアスがあるため，子ども理解のために

は，その子どもの目に見える行動のみを客観的にかつ注意深く記録することが必要である。

解 答・解 説

1 ②

解説

① 適切。生理的早産と呼ばれる。

② 適切ではない。生涯にわたって獲得と喪失の両方が生じる。例えば，生後半年頃まで子どもは非母語の子音も聞き分けができるが，1歳頃にはそうした能力は失われることが分かっている。

③ 適切。エリクソンは心理社会的発達段階説，ピアジェは認知発達段階説を提唱した。

④ 適切。例えば，外向性が高い場合は社会的な活動に積極的に参加することでさらに外向性が高まることが考えられる。

⑤ 適切。ヴィゴツキーは子どもの精神発達は社会生活に起源があると考え，他者の存在を重視した。

2 ③

解説

共同注意とは，他者と同じ対象に注意を向け合うことであり，これによって，「自己－他者－対象」の三項関係を成立させることができる。三項関係によって他者から対象について学べるようになることで，認知発達や言語発達が飛躍的に向上する。共同注意が可能になる時期から「9ヶ月革命」と呼ばれる。なお，選好注視法はファンツによって開発された言語をもたない乳児の興味を測定する方法である。

3 ④

解説

A 0～2歳(感覚運動期)は，身体的な動作の繰り返し(循環反応)を通じて運動と感覚の関係を理解し，目の前にあるものをだんだんとうまく操作できるようになる時期。

B 2～4歳(前概念的思考期)は，表象を用いて頭の中での思考が可能になるが，まだ表象が概念化されていない時期。

C 4〜7，8歳(直観的思考期)は，知覚情報に影響されやすく，論理的判断は難しいが，概念操作が可能になる時期。

D 7，8〜11，12歳(具体的操作期)は，具体的に存在するものについては表象を操作して論理的思考が可能になる時期。

E 11，12〜14，15歳(形式的操作期)は，現実から離れた抽象的な概念や表象に関しても，論理的思考が可能になる時期。実際の子どもの姿とも結びつけて理解してほしい。

4 ⑤
解説

① 適切。生後4ヶ月頃には音の高さや強さを変えながら長めに発声し，笑い声も出るようになる。

② 適切。規準喃語は聴覚障害児ではまれにしか見られない。

③ 適切。意味をもつ最初の語を初語と呼ぶ。

④ 適切。一語発話の時期である。1歳半を過ぎて発語が50語を超えるあたりから語彙爆発が訪れる。

⑤ 適切ではない。外言(コミュニケーションのための言葉)と内言(思考のための言葉)を区別して理論化したのはヴィゴツキーである。ピアジェはひとりごとを自己中心性の現われととらえ，自己中心語と呼んだ。

5 ③
解説

① 適切。レディネスはゲゼルの成熟優位説とセットで確認すること。

② 適切。オペラント条件づけによる行動形成である。

③ 適切ではない。正しくは外発的動機づけである。正の強化子はオペラント条件付けの用語であるが，オペラント条件付けは，行為者の外発的動機づけを利用したものといえる。内発的動機づけを高めるためには，例えば，便座で排泄した際に「すっきりしたね！」と子どもの内的状態に言及することで，その行動自体の価値に気づいてもらう方法があるだろう。

④ 適切。観察学習とは自分が直接経験しなくても，他者が行動した結果を観察することで，新たな行動を習得することである。

⑤ 適切。排泄の自立に限らず，基本的生活習慣の獲得全般にいえることである。

6 ③

解説

①　適切。仲間集団に適応する中で，他者の思考や感情，視点を理解する力が発達する。

②　適切。学童期の心理社会的危機は「勤勉性対劣等感」であり，つまずきにより劣等感を感じやすくなるが，挫折し，それを乗り越える経験が，その後の人生の糧になるという理解も重要である。周囲の大人には，子どもがつまずきや困難と向き合えるようサポートすることが求められる。

③　適切ではない。青年期前期の愛着対象者は友人や恋人というより身近な大人である。不安定な時期ゆえ，反抗的な態度が見られるが，周囲の大人はその発達の過程を理解し，何かあった時の安全基地として機能できるよう，子どもを受容し，見守ることが大切である。

④　適切。近年はSNSが友人との親密性を確認するために利用されているため，返信しないことで自分が仲間外れにされてしまうのではないかという不安から，SNSの過剰利用も問題となっている。

⑤　適切。形式的操作もできるようになり，自己や他者を客観的に見ることにより，自己矛盾で葛藤したり，大人に対する反発心をもったりする。

7 ②

解説

①　適切。虐待した保護者が「しつけ」を理由とすることもあるが，「子どもにとって心身ともに健康，安全で情緒の安定した生活が少しでも脅かされれば，それは虐待」という子ども側に立った判断をすべきと考えられている。

②　適切ではない。ステップファミリーが一体感を確立するにはおよそ5〜7年かかると指摘されている。実際にコミュニケーションを重ねて適切な距離感(子どもが安心・安全を感じられる距離感)を形成する必要があり，大人だけでなく子どもにも多大な労力，努力が求められる。

③　適切。どう頑張っても保護者に愛してもらえない経験は，子どもの自己肯定感や自尊心の低下をもたらす。保育者としては子ども自身の言動を受け止め，子どもの安全基地となること，「あなたは大切な存在なのだ」と根気強く伝えていくことが大切である。

④　適切。外国にルーツをもつ家庭に限らず多様な家庭がある中で，保育

者は自分がもつ価値観を大切にしながらも，他者の価値観を否定せず受け止め，子どもの保育の必要に応じて折り合いをつけていく柔軟な姿勢が求められている。

⑤　適切。日本では生存の維持に困難が生じる絶対的貧困の状態にある子どもは少ない一方，標準的な生活水準が維持できない相対的貧困の状態にある子どもは多くなっている。そうした家庭の保護者は仕事で忙しく，子どもに十分に手をかけられていないことも多いため，保育者は子どもとの一対一の関わりの中で愛着形成をはかりながら，基本的生活習慣の獲得を丁寧にサポートしていくことなどが求められる。

8 ⑤
解説

①　選択性緘黙は自分の意志で話さないことを選択しているという誤解を生じやすいために，当事者，保護者や支援者の間では「場面緘黙」を用いることが多い。実際には，子どもにとって話したいのに話せない状況であることに留意したい。

②　不安や葛藤を落ち着けるための行為であるとすれば，大人がびっくりして叱ることはかえって子どもの行為を助長するので，スキンシップをとるなどできる限り別のところで欲求不満が解消できるようにしていく。

③　自閉スペクトラム症で社会的コミュニケーションが難しい理由は「心の理論」が活用できず，他者の行動の背後にある心の世界を推測することが難しいからである。したがって，他者との接触を積極的に図ろうとするケースもあるが，他者の心的状態を配慮したものではないため，コミュニケーションの観点で違和感が生じることがある。

④　レジリエンスは，ストレスの影響の受けやすさの個人差を説明する概念。もともと備わる気質的な要素と，ソーシャルサポートの状況，他者との関係の中で育まれる社会的スキルもレジリエンスを構成する大切な要素である。

⑤　適切。発音は構音とも呼ばれ，およそ6歳頃完成する。風車を強く早く吹く，笛をゆっくり優しく吹く，食事をゆっくりよく嚙んで食べる，棒付きキャンディーをぺろぺろなめるといったことが口や舌を動かす練習になる。また，発音の間違いを指摘したり，笑ったりして，子どもの自尊心を傷つけることがないように気を付けたい。

9 ③

解説

① 適切。アイデンティティは自己に関する感覚であるが，他者との関係の中で形成されるものであるということを確認しておきたい。

② 適切。発達は連続しているという視点が重要である。

③ 適切ではない。エリクソンによれば，欲求が満たされない不信を体験しながらも，それを上回る信頼の体験があれば，世界に対する基本的な信頼感は獲得されるとされている。

④ 適切。「自律性対恥・疑惑」が発達課題である。自分でやろうとする気持ちを尊重することが，基本的生活習慣の獲得にもつながる。

⑤ 適切。質問に限らず，好奇心のもとに，いわゆる「いたずら」をして大人に注意されることも増えるが，そうした子どもの好奇心や疑問をもつ態度は積極的に歓迎し，好奇心を満たせる環境を用意したい。

10 ②

解説

　これらの遊びは，パーテンが子どもの社会的参加に注目して自由遊びを観察，分類したものである。特に同じもので遊んでいるが相互のやりとりのない並行遊び，物の貸し借りや会話などやりとりのある連合遊び，明確なルールや目標があり，それにしたがって役割分担をする協同遊びの違いを整理しておきたい。また，4・5歳児クラスになると友だちと遊ぶ姿が多くなる一方で，自分のやりたいことに没頭し，ひとり遊びをする姿も見られる。ひとり遊びは決してレベルが低いものではないという点に留意したい。保育者は子どもの「自分の世界」も「友だちとの世界」も大事に，一人ひとりの成長に寄り添う姿勢が必要である。

11 ②

解説

① 適切。「うさぎ」と聞いて文字にするためには「う」と「さ」と「ぎ」に音韻を分解し，1音ずつ抽出する力が必要である。

② 適切ではない。文脈を共有しない人にことばだけで伝えることは負担が高いため，「伝えたい」と思える充実した生活経験の方が求められるといえる。

③ 適切。保育所側で行われるのはアプローチカリキュラム。小学校との

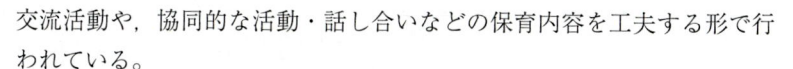

交流活動や，協同的な活動・話し合いなどの保育内容を工夫する形で行われている。

④　適切。小学校教育の先取りが求められているわけではない。

⑤　適切。保幼小連携において互恵性(双方に意味のある関係であること)はポイントの1つである。

12 ⑤
解説

①　適切。幼児教育を行う施設として幼稚園，子ども園と「育みたい資質・能力」と「幼児期の終わりまでに育ってほしい姿(10の姿)」が共有された。

②　適切。非認知能力(社会情動的スキル)には好奇心や集中力，自己制御能力や自己肯定感などが含まれる。

③　適切。ピグマリオン効果とは，期待をするとその通りに子どもが伸びるというものである。

④　適切。受容と共感を基本とするカウンセリングの技法は，保育や保護者支援においても有用である。

⑤　適切ではない。ネガティブな気持ちをないものにせず，それを当たり前と受容してから「先生が一緒にいるよ」「大丈夫だよ」など情動調整する方が感情制御の発達を促すことができる。

13 ⑤
解説

⑤　保育においては目に見える行動を観察，記録するだけではなく，当事者の目線に立ち，当事者の気持ちになってその行動に対して考察を行っていくことが大切である。

専門試験　子どもの保健

≡ POINT ≡

1. 子どもの保健の意義

▶ 子どもの保健の意義

　子どもの命を護り，子どもの発育(成長・発達)を見守り，健康を保持増進させることは，保育士の大切な役割である。子どもの保健では，

> 子どもの体のしくみや疾病の正しい知識を身につけ，疾病の早期発見・早期対応および疾病予防の他，子どもの事故予防や救急対応だけではなく，子育て支援や地域連携

について活用していかなければならない。

▶ 健康の定義

　「健康」は，WHO(世界保健機構)によると，以下のように定義されている。

> 「健康とは，病気でないとか弱っていないということではなく，肉体的にも精神的にも，社会的にもすべてが満たされた状態である。」

　この条文にあるように，ただ病気でない，弱っていないというだけではなく，心身ともに，また社会生活においてもすべてが満たされている状態である。子どもの虐待や社会情勢も含めた子どもの健康全般について，理解を深めておきたい。
　また，親の喫煙など生活習慣が子どもに影響を与えることも多々ある。**乳幼児突然死症候群(SIDS)**についても，原因や予防をしっかり理解しておきたい。

2. 子どもの発育と成長・発達

　子どもの発達や発育，運動機能等について正しく理解し，評価することが大切である。

▶ 小児期の区分

　発育とは，成長と発達の両方を含めたものをあらわす用語として使われる。子どもは成長・発達の段階により，いくつかに区分される。一般的な小児期の区分は，以下の通りである。

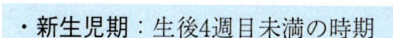

- **新生児期**：生後4週目未満の時期
- **乳児期** ：生後1年未満(新生児期を含む)の時期
- **幼児期** ：1歳以上小学校就学前まで
- **学童期** ：小学校入学から満18歳まで

▶ 成長・発達

　成長は，量的増大をいい，乳幼児では身長，体重，頭囲，歯の本数が増えていく状態などがあたる。

　発達は，臓器の持つ機能を発揮していく過程，未熟な状態から成熟する過程を言う。例えば運動機能においては，脳が成熟していく過程で首がすわり，お座りをして，1歳から1歳半ころまでに立って歩けるようになる過程をいう。

　成長・発達の原則は，

①頭部から尾部へ　②中心から末梢部へ　③全体から特殊へ

の3つを頭に入れておくとよい。また，子供の成長・発達は個人差が大きいが，発育は身体の各部が一様に進むのではなく，速度も一定ではない。身長や体重は乳児期に著しく伸び，臓器別では，脳神経系と免疫系の発育が乳児期に著しく，生殖系は12歳以降に進むことを覚えておくと子どもを理解しやすい(**スキャモンの発達・発育曲線参照**)。

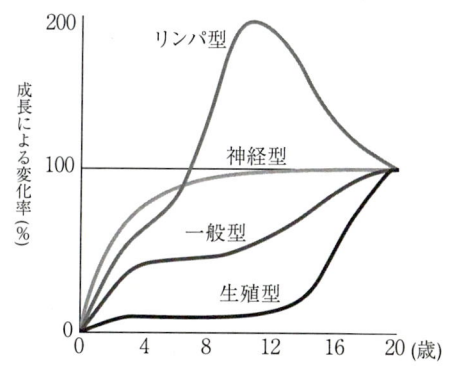

〈スキャモンの発達・発育曲線〉

▶ 発育評価

　身体発育評価の基準は，乳幼児では10年に一度厚生労働省が実施している乳幼児身体発育調査に基づく男女別の乳児身体発育パーセンタイル曲線が用

いられる。パーセンタイルとは，データを小さい順に並べ，最小値から数えて何パーセント目に位置するかを表す値である。母子健康手帳などに乳幼児身体発育パーセンタイル曲線などは掲載されているため，確認しておきたい。

そのほか，肥満とやせの判断の指標として，肥満度の計算や身長体重曲線，指数を用いるカウプ指数，ローレル指数などによって評価する。

- **肥満度**：肥満度(%) = $\dfrac{実測体重〔kg〕 - 身長別標準体重〔kg〕}{身長別標準体重〔kg〕} \times 100$

  （評価：[乳幼児]±15%が「ふつう」

  [学童以降]±20%が「ふつう」）

- **身長体重曲線**：横軸に身長(cm)縦軸に体重(kg)

  （評価：−15%超＋15%未満が標準）

- **カウプ指数**：体重(g) ÷ 身長(cm)^2 × 10

  （評価：15以上19未満が標準）

- **ローレル指数**：体重(kg) ÷ 身長(m)^3 × 10

  （評価：115以上145未満が標準）

精神発達については運動発達以上に個人差が大きい。言葉の発達は，DENVER Ⅱ(発達判定法)などを参考にして，発達の基本を理解していくことが大切である。

3. 子どもの生理機能の発達

〈脳〉

出生時の体重は約3000g，3カ月で2倍，1歳で3倍になる。身長は50cm，1歳で1.5倍になる。脳の重量は出生時は大人の25%(350g)で，3歳で約80%，6歳で大人の90%に達する。

脳は大脳，間脳，下垂体，脳幹(中脳・橋・延髄)，小脳からなる。出生時，乳幼児期は未熟で，5つの感覚器官(耳，眼，皮膚，舌，鼻)を通し情報を入力し，大脳はその情報を識別統合し，それに応じた行動を起こす。乳幼児期の脳の発達や情報処理に関しては，よく理解しておきたい。

〈呼吸・循環〉

生後肺呼吸が開始され臍帯が結紮されると，次第に胎児期特有の循環経路である静脈管，卵円孔，動脈管が閉鎖し，成人循環に移行する。1回の拍出量，呼吸量が少なく，その分数を多くして循環・呼吸を維持するため，年齢

が低いほど心拍数(脈拍数)，呼吸数は多い。新生児期から2歳ころまでは腹式呼吸，2歳ころより胸腹式呼吸になり，7歳ころになると胸式呼吸になる。

〈水分代謝〉

　新生児，乳児期の腎臓は未熟であり，成人の機能に達するのは2〜3歳ころである。小児は体重に占める水分の割合が成人に比べ多い。新生児では80%，乳児前期で75%，乳児後期で70%，成人では60%である。

〈体温調節機能〉

　子どもは体温調節機能が未熟なため，環境温度により体温は上昇しやすい。高温・多湿などでは熱の放散が容易に妨げられるため体温は上昇しやすく，夏季熱やうつ熱を起こしやすい。そのため環境温度に注意して衣服の調節をする必要がある。

〈免疫機能〉

　免疫グロブリンには，IgA，IgG，IgM，IgD，IgEの5種類ある。IgGは胎盤を通過できるため，新生児は母子免疫としてIgGを持って生まれる。また母乳にはIgAが含まれており，感染症の予防に有効である。

〈骨と歯〉

　新生児の脳頭蓋は6種8個の骨からできている。前側前頭骨と頭頂骨の間隙を大泉門，後側後頭骨と頭頂骨の間隙を小泉門という。小泉門は生後間もなく閉鎖する。大泉門は1歳6カ月頃までに閉鎖する。

　乳歯は，生後6カ月〜8カ月頃，下の中央(乳中切歯)から生えはじめ，1歳半くらいになると第一乳臼歯が，2歳ごろまでに乳犬歯が生え，最後に第2乳臼歯が2歳半から3歳ころに生え，乳歯20本が揃う。

4. 子どもの健康観察，疾病の予防および適切な対応
▶ 健康観察

　平常時の子どもの健康観察のポイントをしっかり頭に入れておくことが必要である。「いつもと違う」「何か変」ということに早期に気づき対応できる能力が，保育者には必要不可欠である。

　また，子どもが罹患しやすい疾病の症状を見分けるポイント，体調不良時

の対応について理解しておくことが大切である。

【体調不良時の対応】

・発熱

熱の放散が上手くいかないうつ熱と，細菌やウイルスに感染することによって発熱物質がプロスタグランジンを産生させ体温が上昇する発熱がある。むやみに解熱剤を使用して熱を下げない。

・けいれん

意識はないことが多い。子どもは熱性けいれんが一番多い。発熱がない場合はてんかんが代表的な病気である。けいれんがおきた場合は，発熱の有無，どこからおきたか，左右差，持続時間などを観察する。

・嘔吐・下痢

発熱や腹痛，その他の症状を伴う場合，感染症を疑う。その場合の吐物・排泄物の処理を適切に行う。また，イオン水や経口補水液などの水分が摂れない場合は，医療機関を受診する。

・咳・呼吸困難・喘鳴

気道感染症や喘息などで空気の通り道が狭くなった時にゼーゼーなど雑音が見られる。これを喘鳴という。この場合，横にさせるより縦抱きや座らせる姿勢を取らせた方が呼吸しやすい。顔色や口唇の色がすぐれなかったりするときは医療機関を受診する。

▶ 感染症や予防接種

子どもが罹患しやすい疾患(感染症や消化器疾患など)について理解を深めておくとよい。また感染の予防と対策として，感染源対策，感染経路対策(飛沫感染，空気感染，接触感染，経口感染)，感受性対策(予防接種)があり，特に予防接種スケジュールについても理解しておくとよい。生ワクチンか不活化ワクチンか，定期接種か任意接種かなど基本的なことも覚えておくとよい。

【子どもが罹りやすい感染症・疾病】

麻疹(はしか)，風疹(三日はしか)，流行性耳下腺炎(おたふくかぜ)，伝染性膿痂疹，手足口病，伝染性紅斑(リンゴ病)，RSウイルス，ロタウイルス感染症，突発性発疹，溶連菌感染症

▶ 発達障害

自閉スペクトラム症やADHDなどの特徴，診断基準などはよく理解してお

きたい。また，心の病気と言われる反応性愛着障害や脱抑制型対人交流障害，愛情遮断症候群等についても，症状に気づき障害に合わせた対応ができるよう学びを深めておくとよい。

5. 環境および衛生管理・安全管理

▶ 環境・衛生管理

　室内の環境や室外の環境，温度(夏期26〜28℃，冬期20〜23℃)や湿度(50〜60%)を目安にする。玩具や器具は，水洗いおよびアルコールや次亜塩素酸ナトリウムなどで拭く。

▶ 安全管理

　災害時の対応，顕在危険，潜在危険についても理解を深めておく。教育・保育施設等における事故防止及び事故発生時の対応のためのガイドラインに沿って出題されることが増えてきている。誤嚥や窒息，食物アレルギーに関するマニュアル等，ガイドラインで確認しておくとよい。ヒヤリハット報告やPDCAサイクルなどについても理解を深めておくことが大切である。

6. けがの手当と応急処置

　創傷の手当，打撲時の対応(RICE)，鼻血や熱傷時の対応など基本的なことをしっかり覚えておくことが大切である。誤飲・誤嚥，窒息時の対応なども出題されている。心肺蘇生法やAEDの使用方法も動画で検索し，視覚から理解することも有効である。

　個別的な配慮を要するアレルギーの疾患をもつ子ども，食物アレルギーを持つ子どもへの対応などやアナフィラキシーショックの原因と対応についても理解を深めておく必要がある。

Q 演習問題

1 子どもの欲求と防衛機制に関する記述として適切なものを，次の①〜⑤から1つ選びなさい。　　　　　　　　　　　(難易度■■■■□)

　① 子どもが自分のほしいおもちゃを買ってもらえないとき，「あのおもちゃは面白くない」というのは「補償」の防衛機制である。

　② 子どもがTVのヒーローになりきって高い所から飛び降りたり，乱暴

な遊びをしたりするのは，「同一視」の防衛機制である。

③　弟や妹が生まれたとき，上の子に幼いころの行動が現われ，親に甘えたりするのは「置き換え」の防衛機制である。

④　子どもが自分の願いをなかなか言い出せず，我慢しているのは「抑圧」による防衛機制である。

⑤　幼い妹や弟に対して，自分の母親にそっくりな様子で世話をしたり叱ったりするのは「投影」の防衛機制である。

2 次の文は，自閉スペクトラム症に関する記述である。適切な記述を○，不適切な記述を×とした場合の正しい組み合わせを，あとの①〜⑤から1つ選びなさい。　　　　　　　　　　　　　　　　(難易度■■■■■)

ア　自閉スペクトラム症の症状には，「社会的コミュニケーションおよび対人的相互反応における持続的な欠陥」と「行動，興味，または活動の限定された反復的な様式」がある。

イ　2歳6カ月男児。友達や保育士と話すことはするが，会話が一方通行で目が合いにくい。母親との関係は良好である。砂場での泥遊びを極端に嫌がる。パチパチ手を打ち鳴らす。

ウ　自閉スペクトラム症は，自閉症，アスペルガー症候群，広汎性発達障害などを含む疾患概念で，発達障害のひとつである。

エ　自閉スペクトラム症は，知的障害は持っていないことが多く，てんかんを合併することがある。

オ　自閉スペクトラム症は，発達障害の中でももっとも頻度が高く，発症率は約100人に1人いるといわれている。また，女性よりも男性のほうが約2倍多い。

	ア	イ	ウ	エ	オ
①	○	×	○	○	×
②	○	×	○	×	×
③	○	×	×	○	×
④	○	○	○	×	×
⑤	×	×	○	○	○

3 子どもの障害や問題行動に関する記述として適切なものの組み合わせを，あとの①〜⑤から1つ選びなさい。　　　　　　　　　(難易度■■□□□)

ア　衝動的で攻撃的な子どもは，家庭で虐待を受けている可能性など家庭環境を含めて考える。

イ　子どもの爪かみ，指しゃぶりは内因性の神経性習癖と考えられる。

ウ　夜尿はトイレトレーニングが不十分なことが原因と考えられる。

エ　吃音は正しく言えるまで根気よく繰り返し発音させる。

オ　ADHDの子どもには，医師によって薬剤が処方されることがある。

　　① ア，オ　　② イ，ウ　　③ イ，エ　　④ ウ，エ

　　⑤ ウ，オ

4 次の文は，「保育所におけるアレルギー対応ガイドライン(2019年改訂版)」(厚生労働省，平成31年4月)による子どものアレルギーに関する記述である。適切な記述を○，不適切な記述を×とした場合の正しい組み合わせを，あとの①～⑤から1つ選びなさい。　　　　(難易度■■□□□)

ア　生まれ持ったアレルギーの症状は年齢によって変化することはない。

イ　乳幼児期で起こるアナフィラキシーの原因のほとんどは食物アレルギーである。

ウ　乳幼児期早期に発症する子どもの食物アレルギーのうち，鶏卵，牛乳，小麦などについては，かなりの割合の子どもが就学前に耐性化すると考えられている。

エ　通年性アレルギー性鼻炎は主に動物(猫や犬など)のフケや毛などが原因で生じる。

オ　気管支ぜん息のときに聞かれる音(喘鳴)は，気道が広くなることで起こりやすくなる。

	ア	イ	ウ	エ	オ
①	○	×	○	○	×
②	○	○	×	×	○
③	○	×	×	○	×
④	×	○	○	×	×
⑤	×	×	○	○	○

5 「健やか親子21」に関する記述として正しい記述を，次の①～⑤から1つ選びなさい。　　　　(難易度■■■■□)

①　2015年に策定された「健やか親子21」(第2次)は，2015年から5年間の

国民運動計画である。

② 2013年に発表された第1次計画の最終評価報告書によると，10代の性感染症罹患率は確実に減少している。

③ 2013年に発表された第1次計画の最終評価報告書によると，低出生体重児の割合は減少している。

④ むし歯のない3歳児の割合は，2012年現在80％を切っている。

⑤ 児童虐待による死亡数の最終評価目標は，心中以外・心中それぞれ50人以下である。

6 2023年の「人口動態調査」に関する記述として適切なものを，次の①～⑤から1つ選びなさい。　　　　　　　　　　　　　(難易度■■□□□)

① 「人口動態統計」(厚生労働省)によると，2023年の母親の年齢階級別合計特殊出生率で最も高い母親の年齢は30～34歳となっている。

② 2023年の人口動態統計において，乳児の男児における死因は先天奇形，変形及び染色体異常で約半数を占める。

③ 2023年の合計特殊出生率(総数)は，前年を上回った。

④ 2019年の出生数が100万人を下回り，その後2020年から2022年にかけて低下していたが，2023年は若干増加した。

⑤ 母親の年齢(5階級)別出生数は，全ての年齢で前年より減少した。

7 身体発育(身体発育曲線，カウプ指数)に関する記述として適切なものを，次の①～⑤から1つ選びなさい。　　　　　　　(難易度■■□□□)

① カウプ指数は，乳幼児の身体バランスを見る指標で，その計算方法は体重(g)÷身長(m)^2×10で示される。

② 出生率は，人口100人に対する出生数である。

③ 児童福祉法では，生後1年未満(新生児期を含む)の子どもは乳児に区分される。

④ 児童福祉法では，幼児は2歳以上就学前までである。

⑤ 新生児期の生理的体重減少は，通常，出生体重の15％程度減少する。

8 生理機能の発達について正しい記述を，次の①～⑤から1つ選びなさい。　　　　　　　　　　　　　　　　　　　　(難易度■□□□□)

① 脳細胞は出生後もしばらくは増え続け，それによって脳の重量が増える。

② 小児は一般に，大人より平熱が高い。

③ 乳児のうちは胸式呼吸だが，成長とともに腹式呼吸になる。

④ 乳児の脈拍は成人よりも多く，血圧も成人より高い。

⑤ 新生児が緑色の便をした場合は異常と考えられる。

9 精神運動機能の発達について正しい記述の組み合わせを，あとの①〜⑤から1つ選びなさい。　　　　　　　　　　　(難易度■■□□□)

ア　1〜2か月　――――　あやすと声を出して笑う。

イ　5〜6か月　――――　首がすわる。

ウ　9〜10か月　―――　ハイハイをする。

エ　11〜12か月　――　二語文を話す。

オ　1歳6か月〜2歳　――　おしっこを教える。

　①　ア，イ　　②　イ，ウ　　③　イ，エ　　④　ウ，エ

　⑤　ウ，オ

10 精神運動機能の発達について正しいものを，次の①〜⑤から1つ選びなさい。　　　　　　　　　　　(難易度■■□□□)

① 原始反射は生後3か月〜1歳頃まで見られる。

② 目の前に出されたものを唇と舌でくわえ，吸う運動が反射的に起こることを哺乳反射という。

③ 手のひらを強く握ると反射的に強く握り返すことを把握反射という。

④ 緊張性頸反射は，ハイハイをするのに都合のよい反射である。

⑤ 緊張性頸反射は，伝い歩きをするのに都合のよい反射である。

11 小児期に見られる疾患に関する記述として正しい組み合わせを，あとの①〜⑤から1つ選びなさい。　　　　　　　　(難易度■■■□□)

ア　SIDS(乳幼児突然死症候群)――　うつぶせ寝

イ　アトピー性皮膚炎　――――　細菌感染

ウ　周期性嘔吐症　――――――　過食

エ　熱性けいれん　―――――――　脳神経の働きの異常

オ　てんかん発作　―――――――　光の点滅

　①　ア，イ　　②　ア，オ　　③　イ，ウ　　④　ウ，オ

　⑤　エ，オ

12 けがの応急処置について適切な記述の組み合わせを，あとの①～⑤から1つ選びなさい。　　　　　　　　　　　　　　(難易度■■■□□)

ア　鼻出血　──── 仰向け

イ　溺水　───── 人工呼吸

ウ　やけど　──── 衣服を脱がし洗面器に溜めた水に患部を浸す

エ　ねんざ　──── 固定

オ　熱中症　──── 真水を与える

　　① ア，イ　　② イ，ウ　　③ イ，エ　　④ ウ，エ

　　⑤ ウ，オ

13 小児の予防接種に関する記述として適切なものを，次の①～⑤から1つ選びなさい。　　　　　　　　　　　　　　(難易度■■■□□)

① 保護者は，予防接種を受けるときは母子手帳を持参し，予防接種記録の記載を受けなければならない。

② 3種混合ワクチンは，ジフテリア，結核，破傷風に対するワクチンである。

③ 流行性耳下腺炎の予防接種は，任意予防接種である。

④ 予防接種は，ワクチンの種類によって一定の間隔をあけて接種するが，注射生ワクチンは次回接種までに20日間以上あける。

⑤ ポリオワクチンとBCGワクチンは，2012年より不活化ワクチンに変更になった。

14 事故防止並びに安全管理等に関する記述として適切なものを，次の①～⑤から1つ選びなさい。　　　　　　　　　　(難易度■■■■■)

① 通常の条件下では危険ではないが，何らかの条件の変化で危険となって現れる危険を顕在危険という。

② 「令和5年教育・保育施設等における事故報告集計」によると，教育・保育施設等の事故が一番起こりやすい場所は，施設内の屋内である。

③ 教育・保育施設等で発生した死亡事故や治療に要する期間が30日以上の負傷や疾病を伴う重篤な事故等(令和5年1月1日から令和5年12月31日の期間内)に国に報告のあった事故負傷等のうち7割以上が骨折によるものであった。

④ 「児童福祉施設の設備及び運営に関する基準」(昭和23年厚生労働省令

第63号)第6条第2項において，避難訓練は少なくとも1年に1回は行わなくてはならないと規定されている。

⑤　教育・保育中の事故の場合，事故に遭った子ども以外の子どもを事故が発生した場所と別の職員室等に移す。事故発生場所については，二次的な事故が発生する可能性があるためその場の片付け，物の移動等を行う。

⑮ 気道異物による窒息の子どもを発見した場合の対応として適切な記述の組み合わせを，あとの①〜⑤から1つ選びなさい。　（難易度■■■□□）

ア　意識があり咳き込んでいる場合は，咳を止めるように促す。

イ　苦しそうにして反応がある場合は，背部叩打法または腹部突き上げ法を行う。

ウ　異物が取れるか反応がなくなるまで，背部叩打法または腹部突き上げ法を繰り返す。

エ　意識がなく呼吸をしていない場合は，直ちに心肺蘇生法を行う。

オ　心肺蘇生の途中で口の中をのぞき込み異物が見えたら，胸骨圧迫を中断し指を入れて異物を探り異物を取り出す。

①　ア，イ，エ
②　ア，ウ，オ
③　イ，エ，オ
④　イ，ウ，エ
⑤　イ，ウ，オ

解答・解説

1 ②
解説
①　もっともらしい理由で自分を納得させるのは「合理化」。「補償」はある対象に劣等感を抱くとき，ほかのことで優位に立とうとする防衛機制。

②　適切。「同一視」は重要あるいは望ましい他者を自己と同一のものとみなす防衛機制である。

③　記述は「親に構ってほしい」などの欲求が挫折したことによる「退行」

である。「置き換え」はある物事への関心を別のものに置き換えて充足させようとする防衛機制。

④ 「抑圧」とは，願望や衝動を自分自身が受け入れ難い，あるいは実現困難なために，それを意識に上らせないようにしている防衛機制。記述は本人が願望をはっきりと意識している。

⑤ 母親を有能で優れた存在と感じ「同一視」している。「投影」は望ましくない自分の感情や考えを他人のものであると考える防衛機制。

2 ④

解説

ア 正しい。自閉スペクトラム症の2つの中心症状は，1つは社会的コミュニケーションの障害，もう一つは，反復的で常同的である。

イ 正しい。社会的コミュニケーション及び対人的相互反応における持続的欠陥と反復常同性(パチパチ手を打ち鳴らす)などの症状が見られる。

ウ 正しい。現在の医学の動向としては，アスペルガー症候群と自閉症は区別することなく，広汎性発達障害などを含め自閉スペクトラム症という。

エ 自閉スペクトラム症は，約半数が知的障害を持っており，てんかんを合併することも多い。

オ 自閉スペクトラム症は，女性よりも男性のほうが約4倍多い。

3 ①

解説

ア 適切。虐待を受けた子どもは精神面にもその影響が見られ，自己評価の低さ，衝動性，攻撃性，表面的で無差別な愛着などの特徴がある。

イ 爪かみ，指しゃぶり，吃音，緘黙，チック，夜驚症などの神経性習癖は，内因性ではなく心因性の適応障害と考えられる。

ウ 夜尿は排泄の自立後に起きる神経性習癖であり，ほとんどは自然に消失していく。昼間の緊張状態が原因となっていることがあり，子どもをリラックスさせるような働きかけが有効である。

エ 吃音は本人が強く意識して不安や緊張を感じると症状が悪化しやすいため，言い直しなどはさせない。

オ 適切。ADHDにより極度の興奮状態にある子どもには，医師の指示で薬剤が使われることがある。

4 ④

解説

ア 「変化することはない」が誤り。アレルギー症状は年齢によって変化し，次から次へと発症・軽快・再発する。

エ 「動物(猫や犬など)のフケや毛など」が誤り。主な原因はハウスダストやダニであるとされる。

オ 「広くなる」が誤り。気道(空気の通り道)での炎症が生じた結果，気道が狭くなることで起こりやすくなる。

5 ②

解説

① 「健やか親子21」は，女性と子どもの健康，思春期の健やかな体と性を目指して，NPO，関係機関・団体，地方，国が連携して支援しているもので，第1次計画が2001年度〜2014年度，第2次計画が2015年度〜2025年度までの国民運動計画である。

③ 増加している。従来死産となっていた児が出生となること等もあり，この指標が高いことは必ずしも悪いことを示してるわけではないという指摘もある。

④ 第2次計画によれば，2012年現在，81％である。5年後に85％，10年後に90％を目標としている。

⑤ 第2次計画では，心中以外，心中それぞれ一人でも減少することを目標としており，具体的な数値は掲げられていない。

6 ①

解説

① 適切。

② 2023年の乳児死亡(男児)の主な死因の構成割合では，先天奇形，変形及び染色体異常によるものは33.5％である。

③ 2023年の合計特殊出生率は，1.20であり，前年(2022年)の1.26より下がり，過去最低である。

④ 出生数は2016年以降毎年減少傾向である。

⑤ 45歳以上で前年より増加している。

7 ③

解説

① カウプ指数の計算式は，体重(g)÷身長(cm)^2×10，もしくは体重(kg)÷身長(m)^2×10である。

② 出生率は，人口1000人に対する一定期間，特に1年間の出生数である。

③ 適切。「乳児」は1歳未満の子どもを指す。児童福祉法と母子保健法で規定されており，生まれてから1歳の誕生日を迎える前日までは乳児として扱われる。

④ 幼児は，1歳以上小学校就学前までをいう。

⑤ 生理的多重減少は，通常4〜5%前後であり，10%を上回ることはないとされている。

8 ②

解説

① 脳細胞の数が出生後に増えることはないが，グリア細胞が増えるとともに，脳細胞間の連絡網が密になるため，脳の重量が増える。

② 正しい。小児は一般に，大人より平熱が高く，ちょっとしたことで発熱しやすい。

③ 乳児のうちは胸郭の広がりが小さいため腹式呼吸だが，成長とともに胸郭を広げることができるようになるため，胸式呼吸になる。

④ 乳児の脈拍は120〜140で成人の60〜80よりも多いが，乳児の血圧は100/60で，成人の120〜130/80よりも低い。

⑤ 新生児は生後24時間以内に黒緑色の便をしたり，授乳が進んでから黄色や緑色の便をすることがあるが，異常ではない。

9 ⑤

解説

　1〜2か月：明るい方を見る，あやすと笑う。　3〜4か月：首がすわる，あやすと声を出して笑う。　5〜6か月：寝返りをする。　7〜8か月：一人で座れる，「いないいないばあ」を喜ぶ。　9〜10か月：ハイハイをする，つかまり立ちをする。　11〜12か月：マンマ，パパなどの声を出す。　1歳〜1歳6か月：話す単語の数が増える。　1歳6か月〜2歳：二語文を話す，後追いが見られる，おしっこを教える。　2歳〜2歳6か月：走る。　2歳6か月〜3歳：ごっこ遊びをする，「これなあに？」を繰り返す。　4歳：自分で排

便する。　5歳：ブランコをこぐ，でんぐり返しができる。

したがって，解答は**ウ**と**オ**の⑤である。

⑩ ①
解説

① 正しい。原始反射は生後3か月～1歳頃まで見られ，大脳の発達とともに消失する。

② 哺乳反射は，口の周りに指が触れると，触れたものを探して唇と舌でくわえ，吸う運動が反射的に起こるものをいう。授乳の際に役立つ反射である。

③ 把握反射は，手のひらに物が触れた時に強く握りしめる運動が反射的に起こるものをいう。

④，⑤ 緊張性頸反射は，頭を一方に向けると，弓を引くように向けた側の手足を伸展し，反対側の手足を屈曲するもので，寝返りするのに都合のよい反射である。この反射が見られない場合や，極端に体を反らせてしまう場合は，神経系に異常があることも考えられる。

⑪ ②
解説

ア SIDS(乳幼児突然死症候群)の原因はまだはっきりとはわかっていないが，うつぶせ寝は発生頻度を高める要因の1つであることがわかっている。

イ アトピー性皮膚炎はアレルギー疾患の1つで，遺伝的体質に環境因子やアレルゲンが加わって発症する。

ウ 周期性嘔吐症は2～10歳の小児に多く，体質的なものに感染症や疲労，緊張，興奮などが誘因となって発症する。

エ 熱性けいれんは発熱によって起こるけいれん発作をいう。

オ てんかんとは，発作的に起こる脳の律動異常に対して，けいれんや意識障害などの症状が現れるもの。光の点滅が誘因となることがある。
したがって，解答は**ア**と**オ**の②である。

⑫ ③
解説

ア 誤り。鼻出血の場合，血液がのどへ流れないよう，上を向いたり仰向けにしたりしないことが原則。軽い出血ならティッシュで押さえるだけで止まるが，多い場合は首の付け根部分を冷やす。

イ　正しい。溺水した場合，呼吸をしていないようなら人工呼吸を行う。無理に吐かせようとすると胃の水が肺に入ることがあるので，あわてて吐かせなくてよい。

ウ　誤り。やけどは衣服を着せたまま流水で十分に冷やすことが原則。衣服を脱がせると皮膚がはがれる恐れがある。

エ　正しい。ねんざや骨折をした場合は，その部分が動かないように，添え木と包帯で固定する。

オ　誤り。熱中症の場合はただちに涼しい場所へ移動させ，体を冷やす。脱水を伴っていることが多いため，真水ではなくナトリウムイオンを含むスポーツドリンクなどを与える。

⓭ ③

解説

① 予防接種記録の交付は，母子健康手帳への記載又は予防接種済証の交付であり，母子手帳に記載を受けなければならないは誤り。

② 3種混合ワクチンは，ジフテリア，百日咳，破傷風に対するワクチンである。

③ 適切。

④ 注射生ワクチンの接種後，次の注射生ワクチンの接種を受けるまでは27日以上の間隔をおくこと。2020年10月から経口生ワクチンや不活化ワクチンの接種間隔は同じワクチンを複数接種する場合を除き，原則制限がなくなっている。

⑤ ポリオワクチンは，2012年より不活化ワクチンに変更になったが，結核の予防接種であるBCGワクチンは，生ワクチンであり，不活化ワクチンに変更されてはいない。

⓮ ③

解説

① 通常の条件下では危険ではないが，何らかの条件の変化で危険となって現れる危険は潜在危険と言われ，1：環境の潜在危険，2：服装の潜在危険，3：行動の潜在危険，4：心理状態の潜在危険などに分類できる。

② 負傷等の事故の発生場所は，施設内が2,481件〔90％〕，そのうち1,387件〔56％〕は施設内の室外で発生している。

③ 適切。死亡及び負傷集計2,772のうち2,189が骨折によるものである。

④ 児童福祉施設の設備及び運営に関する基準第6条においては，「児童福祉施設においては，軽便消火器等の消火用具，非常口その他非常災害に必要な設備を設けるとともに，非常災害に対する具体的計画を立て，これに対する不断の注意と訓練をするように努めなければならない。」とするとともに，避難及び消火に対する訓練は「少なくとも毎月1回」は行わなければならないとされる。

⑤ 「教育・保育施設等における事故防止及び事故発生時の対応のためのガイドライン【事故発生時の対応】～施設・事業所，地方自治体共通～」(平成28年3月　厚生労働省)では，事故直後についてはまずは事故に遭った子どもの応急処置を行う。施設・事業所の長，他の職員と連絡をとり，緊急時の役割分担表等に基づき各職員について事故対応に係る役割を分担する。また，事故が発生した現場を，現状のまま保存しておく。教育・保育中の事故の場合，事故に遭った子ども以外の子どもを事故が発生した場所と別の保育室等に移す。事故発生場所については，二次的な事故が発生する可能性がある場合を除き，片付け，物の移動等を行わない，と記載されている。

 ④

解説

ア　誤り。強いせきをしているときは，自力で異物を排出できることもあるため，咳を止めさせない方がよい。

イ，ウ　正しい。どちらかの方法を数回行い，効果がなければもう1つの方法に切り替え，両方を交互に繰り返す。異物が取れるか，反応がなくなるまで，または救急隊の到着まで続行する。

エ　正しい。

オ　誤り。心肺蘇生の途中で異物が見えたら，指で取り除くようにする。見えない場合はやみくもに口の中を探らず，そのために胸骨圧迫を長く中断してはいけない。

専門試験 保育原理

≡ POINT ≡

1. 保育に関連する法規

　法規関係は，自治体によって出題される・されないが明確に分かれる。しかし，試験で出題されなくても保育に携わる人物として基礎的な法規は把握しておきたい。ここでは特に保育所・保育士に関連する法規について掲載する。

▶ 児童福祉法（抜粋）

(児童の権利)

　第1条　全て児童は，児童の権利に関する条約の精神にのつとり，適切に養育されること，その生活を保障されること，愛され，保護されること，その心身の健やかな成長及び発達並びにその自立が図られることその他の福祉を等しく保障される権利を有する。

(保育の実施)

　第24条　市町村は，この法律及び子ども・子育て支援法の定めるところにより，保護者の労働又は疾病その他の事由により，その監護すべき乳児，幼児その他の児童について保育を必要とする場合において，次項に定めるところによるほか，当該児童を保育所(認定こども園法第3条第1項の認定を受けたもの及び同条第10項の規定による公示がされたものを除く。)において保育しなければならない。(省略)

　そのほか，第2条(国民等の責務)，第4条(児童・障害児の定義)，第18条の4(保育士)等は把握しておきたい。

▶ 児童の権利に関する条約（抜粋）

(子どもの最善の利益)

　第3条　1　児童に関するすべての措置をとるに当たっては，公的若しくは私的な社会福祉施設，裁判所，行政当局又は立法機関のいずれによって行われるものであっても，児童の最善の利益が主として考慮されるものとする。

　2　締約国は，児童の父母，法定保護者又は児童について法的に責任を有

する他の者の権利及び義務を考慮に入れて，児童の福祉に必要な保護及び養護を確保することを約束し，このため，すべての適当な立法上及び行政上の措置をとる。

3　締約国は，児童の養護又は保護のための施設，役務の提供及び設備が，特に安全及び健康の分野に関し並びにこれらの職員の数及び適格性並びに適正な監督に関し権限のある当局の設定した基準に適合することを確保する。

そのほか，第1条(児童の定義)，第6条(生命・生存の権利)，第17条(情報の利用)，第29条(教育の目的)等は把握しておきたい。

▶ 児童憲章(抜粋)

われらは，日本国憲法の精神にしたがい，児童に対する正しい観念を確立し，すべての児童の幸福をはかるために，この憲章を定める。

児童は，人として尊ばれる。

児童は，社会の一員として重んぜられる。

児童は，よい環境の中で育てられる。

一　すべての児童は，心身ともに健やかにうまれ，育てられ，その生活を保障される。

五　すべての児童は，自然を愛し，科学と芸術を尊ぶように，みちびかれ，また，道徳的心情がつちかわれる。

六　すべての児童は，就学のみちを確保され，また，十分に整つた教育の施設を用意される。

児童憲章は分量が多くないため，そのほか大事なキーワードはすべて覚えるように努めたい。

2. 教育思想

教育史に登場する代表的な人物は，西洋も東洋も区別することなく把握しておきたい。ここでは出題頻度の高い人物とその業績について，掲載をする。

○ロック(1632〜1704年)

イギリスの思想家・哲学者。イギリス経験論の大成者で，すべての知性は経験から得られるという「精神白紙説〈タブラ＝ラサ〉」は，人の発達における環境優位説につながった。主著に『人間悟性(知性)論』がある。

○ルソー(1712〜78年)

　フランスの思想家。教育的主著『エミール』の冒頭「造物主の手から出るときはすべて善いものである」という信念のもと，自然に従う教育(自然主義教育)や，自然に先立って教育をしてはいけないという消極的教育を主張した。児童中心主義の立場から，注入より自発性を，言語より直観や経験を重視した。

○ペスタロッチ(1746〜1827年)

　スイスの教育思想家・実践家。言語中心の主知主義教育を批判し，知的・道徳的・技能的な能力の調和的な発達を目指し，直接経験や感覚を通じた教授(直観教授)を展開した。また，幼児教育における家庭の役割を重視し，「生活が陶冶する」教育の原則を示した。主著に『隠者の夕暮』などがある。

○フレーベル(1782〜1852年)

　ドイツの教育家で，世界最初の幼稚園の創設者。子どもの本質を神的なものとし，不断の創造によってその本質が展開されると考え，子どもの遊戯や作業を重視した。また，そのための教育遊具として「恩物」を考案した。主著に『人間の教育』がある。

○エレン＝ケイ(1849〜1926年)

　スウェーデンの婦人思想家。主著『児童の世紀』では，20世紀は子どもが幸福になり，解放される時代と主張し，20世紀初頭の児童中心主義保育を求める新教育運動に大きな影響を与えた。

○デューイ(1859〜1952年)

　アメリカのプラグマティズムの代表的哲学者。シカゴ大学に実験学校(デューイ・スクール)を開設し，実生活における必要性から子どもが自発的に問題を発見し，解決していく問題解決学習を考案，実践した。また，個人の環境との相互作用を経験と呼び，教育において，経験が連続的に再構成されていく過程を教育の本質ととらえた。主著に『学校と社会』『民主主義と教育』がある。

○モンテッソーリ(1870〜1952年)

　イタリアの医師であり幼児教育の実践家・思想家。幼児教育施設「子ども

の家」での経験を活かし，感覚重視の幼児教育法(モンテッソーリ・メソッド)を確立した。主著に『子どもの発見』がある。

○松野クララ(1853～1941年)

ドイツ人。フレーベル創設の養成校で保育の理論や実践を学んだ。日本人と結婚して日本に居住し，東京女子師範学校附属幼稚園創設当時の首席保母として「恩物」の使い方や遊戯など，日本に初めてフレーベルの教授法を導入した。

○倉橋惣三(1882～1955年)

日本において児童中心主義を提唱し，幼稚園教育の基礎を築いた幼児教育研究者。1917年に東京女子高等師範学校附属幼稚園の主事となった。フレーベルの教育精神のもと，子どもの自発性を尊重し，自由な遊びの中で子どもの自己充実を援助できる環境を構築する「誘導保育」を提唱した。

3. 保育所保育指針

保育所保育指針は，保育所など多くの保育を実践する施設における重要な指針である。そのため，試験では多数出題されるのはもちろん，保育士として勤務し始めた後も常に目を通しておく必要のあるものである。ここでは目次のみ掲載しておくが，全文に目を通し，実際の保育の場面をイメージしながら理解を深めておきたい。

（目次）
第1章　総則
第2章　保育の内容
第3章　健康及び安全
第4章　子育て支援
第5章　職員の資質向上

4. 幼保連携型認定こども園教育・保育要領

2018(平成29)年に改訂された幼保連携型認定こども園教育・保育要領は，総則で，幼保連携型こども園における教育及び保育の基本が示されている。また，幼保連携型認定こども園の教育及び保育において育みたい資質・能力の明確化や小学校教育との接続の推進なども示されている。

演習問題

1 保育所と幼稚園に関する記述として正しいものを，次の①〜⑤から1つ選びなさい。　　　　　　　　　　　　　　　　　　(難易度■■■□□)

① 保育所も幼稚園も乳児や就学前の幼児を対象としており，ともに根拠となる法律は児童福祉法であって，所管官庁は厚生労働省である。

② 保育所の設置者は地方公共団体と社会福祉法人等となっているが，一方，幼稚園はこれらに加えて国も設置者となる。

③ 保育所，幼稚園ともに保育料は保護者負担となっているが，公私で保育料の格差が生じないように保育所，幼稚園とも国が単価についてのガイドラインを示している。

④ 2009(平成21)年の政権交代により，保育所と幼稚園の抱える問題点を解決するため，保育所と幼稚園を一体化する幼保一体化の検討化が始まった。

⑤ 保育と教育を一体的に提供する認定こども園には，幼保連携型，保育所型，幼稚園型，地方裁量型の4つのタイプが認められている。

2 次のA〜Eの人物と関係の深い用語の組み合わせを語群から選ぶとき，正しい組み合わせを，あとの①〜⑤から1つ選びなさい。

(難易度■■□□□)

A　野口幽香　　B　筧雄平　　C　石井十次　　D　赤沢鐘美

E　渡辺嘉重

〔語群〕

ア　子守学校

イ　二葉幼稚園

ウ　岡山孤児院

エ　農繁期託児所

オ　守孤扶独幼稚児保護会

① A－ア　　B－エ　　C－オ　　D－ウ　　E－イ
② A－ア　　B－イ　　C－ウ　　D－エ　　E－オ
③ A－イ　　B－エ　　C－ウ　　D－オ　　E－ア
④ A－イ　　B－ウ　　C－ア　　D－オ　　E－エ
⑤ A－ウ　　B－ア　　C－オ　　D－イ　　E－エ

3「保育所保育指針解説」（平成30年2月）の「第1章　総則」の「1　保育所保育に関する基本原則」の「(1)保育所の役割」で「保育士に求められる主要な知識及び技術」としてあげられている内容として誤っているものを，次の①〜⑤から1つ選びなさい。　　　　（難易度■■■□□）

① これからの社会に求められる資質を踏まえながら，乳幼児期の子どもの発達に関する専門的知識を基に子どもの育ちを見通し，一人一人の子どもの発達を援助する知識及び技術
② 子どもの発達過程や意欲を踏まえ，子ども自らが生活していく力を細やかに助ける生活援助の知識及び技術
③ 保育所内外の空間や様々な設備，遊具，素材等の物的環境，自然環境や人的環境を生かし，保育の環境を構成していく知識及び技術
④ 子ども一人一人の健康と安全がしっかりと守られるとともに，保育所全体で子どもの健康を増進させるための知識と技術
⑤ 子ども同士の関わりや子どもと保護者の関わりなどを見守り，その気持ちに寄り添いながら適宜必要な援助をしていく関係構築の知識及び技術

4 次の(a)〜(e)は「児童の権利に関する条約」の条項である。空欄（　A　）〜（　E　）に当てはまる語句を語群から選ぶとき，正しい語句の組み合わせを，あとの①〜⑤から1つ選びなさい。　　　　（難易度■■■□□）

締約国は，児童の教育が次のことを指向すべきことに同意する。
(a) 児童の人格，才能並びに精神的及び身体的な能力をその可能な（　A　）まで発達させること。
(b) 人権及び基本的自由並びに（　B　）にうたう原則の尊重を育成すること。
(c) 児童の父母，児童の文化的同一性，言語及び価値観，児童の居住国及

257

び出身国の国民的価値観並びに自己の（　C　）と異なる（　C　）に対する
尊重を育成すること。

(d)　すべての人民の間の，種族的，国民的及び宗教的集団の間の並びに原
住民である者の間の理解，平和，寛容，両性の平等及び友好の精神に従
い，（　D　）社会における責任ある生活のために児童に（　E　）させるこ
と。

(e)　自然環境の尊重を育成すること。

〔語群〕

ア　範囲	イ　最大限度	ウ　理想
エ　国際連合憲章	オ　世界人権宣言	カ　児童権利宣言
キ　文明	ク　国民	ケ　社会
コ　発展ある	サ　持続可能な	シ　自由な
ス　努力	セ　準備	ソ　訓練

① A－ウ　　B－カ　　C－ケ　　D－コ　　E－ソ

② A－イ　　B－エ　　C－キ　　D－シ　　E－セ

③ A－イ　　B－オ　　C－キ　　D－サ　　E－ソ

④ A－ア　　B－エ　　C－ク　　D－コ　　E－セ

⑤ A－ア　　B－カ　　C－ケ　　D－シ　　E－ス

5 次の【Ⅰ群】の法律(条約を含む)の条文と【Ⅱ群】の法律(条約名を含む)の
呼称を結びつけた場合の正しい組み合わせを，あとの①～⑤から1つ選び
なさい。　　　　　　　　　　　　　　　　　　　　　(難易度■■■■□)

【Ⅰ群】

A　締約国は，自己の意見を形成する能力のある児童がその児童に影響
を及ぼすすべての事項について自由に自己の意見を表明する権利を確
保する。この場合において，児童の意見は，その児童の年齢及び成熟
度に従って相応に考慮されるものとする。

B　児童は，人種的，宗教的その他の形態による差別を助長するおそれ
のある慣行から保護されなければならない。児童は，理解，寛容，諸
国民間の友愛，平和及び四海同胞の精神の下に，また，その力と才能
が，人類のために捧げられるべきであるという充分な意識のなかで，
育てられなければならない。

C　すべての児童は，家庭で，正しい愛情と知識と技術をもつて育てら

れ，家庭に恵まれない児童には，これにかわる環境が与えられる。

D　全て国民は，児童が良好な環境において生まれ，かつ，社会のあらゆる分野において，児童の年齢及び発達の程度に応じて，その意見が尊重され，その最善の利益が優先して考慮され，心身ともに健やかに育成されるよう努めなければならない。

【Ⅱ群】

ア　児童の権利宣言(国連)

イ　児童福祉法(日本)

ウ　児童憲章(日本)

エ　児童の権利に関する条約(国連)

オ　日本国憲法(日本)

	A	B	C	D
①	エ	ア	ウ	イ
②	イ	エ	ア	オ
③	ウ	ア	オ	エ
④	オ	ア	エ	イ
⑤	ア	エ	ウ	イ

6　保育の本質について適切でないものを，次の①～⑤から1つ選びなさい。
(難易度■■■□□)

①　保育については，子どもの最善の利益が優先されるべきである。

②　近年，核家族化などのさまざまな社会事情により，家庭や地域社会の子育て機能の低下が指摘されている。

③　2006(平成18)年に改正された教育基本法において，はじめて「父母その他の保護者は，子の教育について第一義的責任を有する」と明記された。

④　家庭のもつ養護的機能とは，身辺自立に対するしつけを行い，その家族が属している社会の言葉や文化を伝え，子どもの発達課題を達成させていく機能である。

⑤　保育の場には「家庭」，保育所などの「保育施設」，在宅で個別あるいは小集団で行う保育形態の「家庭的保育」がある。

7　次の【Ⅰ群】の記述と【Ⅱ群】の人物を結びつけた場合の正しい組み合わせを，あとの①～⑤から1つ選びなさい。　(難易度■■□□□)

【Ⅰ群】

A 初期の教育は純粋に消極的でなければならない。

B 教師は子どもの環境である。

C 私の家塾で放任主義を行うということは畢竟独立心を養うためである。

【Ⅱ群】

ア シュタイナー　**イ** ルソー　**ウ** 広瀬淡窓　**エ** 津田梅子

	A	B	C
①	ア	ウ	エ
②	ア	エ	イ
③	イ	エ	ウ
④	イ	ア	エ
⑤	ア	イ	

8 次の文は，「児童福祉法」第18条の5に規定される保育士資格欠格事由の一部である。(**A**)～(**C**)にあてはまる語句の正しい組み合わせを，あとの①～⑤から1つ選びなさい。　(難易度■■■□□)

一　(**A**)の故障により保育士の(**B**)を適正に行うことができない者として内閣府令で定めるもの

二　(**C**)以上の刑に処せられた者

三　この法律の規定その他児童の福祉に関する法律の規定であつて政令で定めるものにより，罰金の刑に処せられ，その執行を終わり，又は執行を受けることがなくなつた日から起算して3年を経過しない者

	A	B	C
①	心身	任務	懲役
②	身体	業務	禁錮
③	精神	業務	懲役
④	身体	任務	懲役
⑤	心身	業務	禁錮

9 次は「保育所保育指針解説」(平成30年2月)が示す「養護」と「教育」に関わる内容である。このうち，「養護」に関わる内容の組み合わせとして正しいものを，あとの①～⑤から1つ選びなさい。　(難易度■■■□□)

ア 生命　**イ** 環境　**ウ** 健康　**エ** 情緒　**オ** 表現

①　ア，ウ，エ　　②　ア，エ　　③　イ，ウ，オ　　④　イ，エ，オ
⑤　ウ，エ

10　「保育所保育指針」（平成29年3月）の「第1章　総則」のなかで述べられている「保育の目標」に関する記述として正しいものを，次の①〜⑤から1つ選びなさい。　　　　　　　　　　　　　　　　　　　（難易度■■■□□）

①　十分に教育の行き届いた環境の下に，くつろいだ雰囲気の中で子どもの様々な欲求を満たし，生命の保持及び情緒の安定を図ること。

②　人との関わりの中で，人に対する愛情と信頼感，そして環境を大切にする心を育てるとともに，自主，自立及び協調の態度を養い，道徳性の芽生えを培うこと。

③　生命，自然及び社会の事象についての興味や関心を育て，それらに対する豊かな心情や思考力の芽生えを培うこと。

④　生活の中で，コミュニケーションへの興味や関心を育て，話したり，聞いたり，相手の話を理解しようとするなど，言葉の豊かさを養うこと。

⑤　様々な指導を通して，豊かな感性や表現力を育み，創造性の芽生えを培うこと。

11　次は，「保育所保育指針」（平成29年3月）の「第1章　総則」から，「保育の環境」を構成するために留意することについて述べた文である。空欄（　A　）〜（　D　）に当てはまる語句を下の語群から選ぶとき，正しい語句の組み合わせを，あとの①〜⑤から1つ選びなさい。

　　　　　　　　　　　　　　　　　　　　　　　　　　（難易度■■■□□）

・人，物，（　A　）などの環境が相互に関連し合い，子どもの生活が豊かなものとなるよう，計画的に環境を構成する。

・子ども自らが（　B　）に関わり，自発的に活動し，様々な経験を積んでいくことができるよう配慮する。

・子どもの活動が豊かに展開されるよう，保育所の設備や環境を整え，保育所の保健的環境や（　C　）の確保などに努める。

・子どもが（　D　）と関わる力を育てていくため，子ども自らが周囲の子どもや大人と関わっていくことができる環境を整える。

〔語群〕

ア　自然　　　　イ　社会事象　　ウ　保育士等　　エ　場

	オ	環境		カ	計画		キ	安心		ク	衛生
	ケ	協力者		コ	安全		サ	人		シ	地域社会

① A－ア　　B－カ　　C－コ　　D－ウ

② A－ア　　B－オ　　C－ク　　D－シ

③ A－イ　　B－エ　　C－キ　　D－カ

④ A－エ　　B－オ　　C－コ　　D－サ

⑤ A－エ　　B－カ　　C－ケ　　D－サ

12 次のA〜Eは「保育所保育指針」（平成29年3月）の「第2章　保育の内容」から，乳児期，1歳児から3歳児未満，3歳児以上のそれぞれの発達段階における基本的事項を抜粋したものである。また，ア〜ウは3つの発達段階である。基本的事項と発達段階の組み合わせとして適切なものを，あとの①〜⑤から1つ選びなさい。　　　　　　　　（難易度■■■□□）

A　仲間と遊び，仲間の中の一人という自覚が生じ，集団的な遊びや協同的な活動も見られる。

B　視覚，聴覚などの感覚や，座る，はう，歩くなどの運動機能が著しく発達する。

C　自分の意思や欲求を言葉で表出できるようになる。

D　食事，衣類の着脱なども，保育士等の援助の下で自分で行うようになる。

E　特定の大人との応答的な関わりを通じて，情緒的な絆が形成される。

　　ア　乳児期

　　イ　1歳以上3歳未満児

　　ウ　3歳以上児

	A	B	C	D	E
①	ア	イ	ウ	ウ	ア
②	イ	ア	イ	ウ	ア
③	イ	ウ	ア	ウ	イ
④	ウ	ア	イ	イ	ア
⑤	ウ	イ	ア	イ	ア

13 「保育所保育指針解説」（平成30年2月）に示されている保育所での健康，安全に関して適切なものを，次の①〜⑤から1つ選びなさい。

　　　　　　　　　　　　　　　　　　　　（難易度■■■□□）

① 毎日の健康観察では，機嫌，食欲，顔色，活動性などどの子どもにも共通した事項の観察より，子ども特有の所見・病気等に伴う状態の観察に重点を置く。

② 心身の機能の発達は，脳神経系の成熟度合や疾病，異常によるところが大きく，出生前及び出生時の健康状態や発育及び発達状態，生育環境などの影響は受けない。

③ 心身の状態を把握することは，不適切な養育等の早期発見にも有効である。

④ 保育所は児童福祉施設であるが，感染症対策は学校保健安全法に準拠して行われる。

⑤ 保育所における食育は，健康な生活の基本としての「食を楽しむ力」の育成に向け，その基礎を培うことを目標としている。

解答・解説

1 ⑤

解説

① 保育所は「保育を必要とする」乳幼児が対象，根拠法は「児童福祉法」。所管官庁は厚生労働省であったが，2023(令和5)年4月よりこども家庭庁に移管された。一方，幼稚園は満3歳から小学校就学前までの幼児が対象，根拠法は学校教育法，所管官庁は文部科学省。

② 幼稚園の設置者は国，地方公共団体と学校法人等であり，社会福祉法人等ではない。

③ 保育所は記述のとおりだが，幼稚園は公私間の格差が大きいため，保護者の所得をもとに私立幼稚園就園児に対し，就園奨励金を出し，是正を図っている。

④ 幼保一体化ということばは，民主党政権が使っていたものだが，政権交代以前から，幼保一元化といわれて検討されている課題であった。2010年1月には「子ども・子育てビジョン」が閣議決定され，新たな制度構築が模索されている。

⑤ 正しい。地方裁量型とは認可のない地域の保育・教育施設が認定こども園として機能するタイプ。

2 ③
解説

A 野口幽香は1900(明治33)年，森島美根の協力で，貧民のための保育所二葉幼稚園を，東京の麹町に日本で最初に設立し，その後，東京のスラム街に移転した。

B 筧雄平は，1890(明治23)年，農繁期の農家のための託児所を日本で最初に設立した。このような季節託児所(保育所)は，昭和に入って全国的に普及した。

C 石井十次は，1887(明治20)年，日本で最初の孤児院(のちの岡山孤児院)を設立した。

D 赤沢鐘美は妻仲子と1890(明治23)年，日本最初の保育所(のちの守孤扶独幼稚児保護会)を設立した。

E 渡辺嘉重は1883(明治16)年，日本で最初の子守学校を設立した。子守学校は子守などの理由で学校へ通えない就学期の子どものために，明治政府が全国に設置を命じたもの。

3 ④
解説

保育士に求められる主要な知識及び技術は6項目ある。出題された①，②，③，⑤の他には，「子どもの経験や興味や関心に応じて，様々な遊びを豊かに展開していくための知識及び技術」「保護者等への相談，助言に関する知識及び技術」が挙げられている。関連する事項として，同解説の「第5章　職員の資質向上」の「1　職員の資質向上に関する基本的事項(1)保育所職員に求められる専門性」も確認しておきたい。

4 ②
解説

「児童の権利に関する条約」(児童の権利条約)は1989年，国連総会で採択され，日本は1994年に批准した。前文と54の条文で構成されており，設問部分は第29条第1項(教育の目的)である。Aには「最大限度」が入る。Bには「国際連合憲章」が入る。Cには「文明」が入る。Dには「自由な」が入る。「自由な社会」と，これに続く「責任ある生活」が対の関係にある。Eには「準備」が入る。したがって解答は②である。

5 ①

　日本国憲法の第3章には「国民の権利及び義務」が列挙されているが，この中で「児童」は「その保護する子女に普通教育を受けさせる義務を負ふ」(第26条)と「児童は，これを酷使してはならない」(第27条)の二度しか登場しない。しかし，第3章には児童が享有する権利も含まれているので，「すべて国民」の読み方に注意したい。「児童福祉法」には，児童(乳児，幼児，少年，障害児を含む)の定義，児童福祉施設，児童福祉審議会，児童相談所，児童福祉司，そして保育士についても詳細な規定がある。「児童福祉法」で初めて「福祉」が法令名に登場したことも覚えておきたい。「児童憲章」は，「児童福祉法」の制定後，さらにその法理を国民に浸透させる目的から起草されたものである。他方，国際的視点から，児童の権利の普及及び定着には国際連合の存在が必要だった。「児童の権利宣言」(1959年)では，その出生の時から姓名及び国籍をもつ権利(第3条)，社会保障の恩恵を受ける権利(第4条)，健康に発育し，かつ成長する権利(第4条)，教育を受ける権利(第7条)，その他，障害のある児童への配慮(第5条)，可能な限り両親の愛護と責任の必要性(第6条)，放任，虐待及び搾取からの保護(第9条)，あらゆる差別からの保護(第10条)などが列挙され，その上で児童は，「理解，寛容，諸国民間の友愛，平和及び四海同胞の精神の下に，また，その力と才能が，人類のために捧げられるべきであるという十分な意識のなかで，育てられなければならない」としている。「児童の権利に関する条約」(1989年)は，わが国では，「世界の多くの児童が今日なお貧困や飢餓などの困難な状況に置かれていることにかんがみ，世界的視野から，児童の人権の尊重，保護の促進を目指したもの」(文部次官通知)として受け入れられた。

6 ④
解説

①　適切。「児童の権利に関する条約」(児童の権利条約)は子どもの最善の利益が優先されるべきとしている。

②　適切。

③　適切。改正前の教育基本法には「家庭教育」の条項はなかった。改正法において第10条を「家庭教育」とし，その第1項で「父母その他の保護者は，子の教育について第一義的責任を有する」と明記している。

④　適切ではない。家庭には養護的機能，教育的機能の2つがあり，記述に

あるのは教育的機能にあたる。養護的機能とは，基本的生活を保つための機能であり，衣・食・休息などの生理的欲求の充足や精神的安定，あるいは衛生や健康を保つ機能である。

⑤　適切。「家庭的保育」の代表的なものにベビーシッター，ファミリー・サポート・センター，保育ママ(家庭福祉員)などがあり，これらのなかには国や自治体による公的補助があるものもある。

 ④

解説

高名な教育思想家の名言からの出題である。

A　「消極(的)教育」は，ルソーの教育論を象徴する。ルソー『エミール』(1762年)は時間があれば目を通しておきたい。なお，消極教育に与する教育思想書としては，フレーベル『人間の教育』(1826年)やエレン・ケイ『児童の世紀』(1900年)などがあるが，消極とは何かは決して簡単な問題ではない。

B　「環境」は，シュタイナーにとって教師は子どもの環境でしかなかった。つまり，子どもが誕生以来，出会うものの一つにすぎない。その子の親，兄弟姉妹，近所の人，そして就学後は学校の先生や友達だ。また，シュタイナーは，「子どもを畏敬の念で受け入れ，愛によって育み，自由の中へ解き放つ」という言葉を残している。

C　「放任主義」は，津田梅子が創立した女子英学塾(1900年)で採用された。津田は女子英学塾の教育目的を「allround woman」＝「完(まっ)たい女性」として，英語による職業教育を目指した。それは，わが国の女性の独立心の欠如を専門教育によって打破しようとした先進的な試みであった。「日本の女性は自分の頭で考え，行動する力を欠いている」(中嶋みさき)ため，津田は放任主義によって若い女性を家父長的支配から解放し，自己に立ち返らせようとした。

なお，広瀬淡窓は，江戸時代に私塾咸宜園を創設した儒学者・教育学者である。

 ⑤

解説

保育士は，「児童福祉法」第18条の4によれば，保育士の名称を用いて，専門的知識及び技術をもって，児童の保育及び当該児童の保護者に対する

保育に関する指導を行うことを業とする者を指す。保育士には，保育士資格欠格事由が存在する。同法第18条の5には，上記のほか，同法の規定その他児童の福祉に関する法律の規定であって政令で定めるものにより，罰金の刑に処せられ，その執行を終わり，または執行を受けることがなくなった日から起算して3年を経過しない者などが規定されている。さらに，「保育士の信用を傷つけるような行為」(同法第18条の21)や「正当な理由がなく，その業務に関して知り得た人の秘密を漏ら」す行為(同法第18条の22)が禁止されている。しかも，「保育士でなくなつた後においても」この禁止規定は適用される。このように責任や倫理が求められる専門職だからこそ，保育士はその名称を独占できる。同法第18条の23は，保育士でない者に「保育士又はこれに紛らわしい名称」の使用を禁止する。

9 ②

「養護とは，子どもの生命の保持及び情緒の安定を図るために保育士等が行う援助や関わり」であり，「教育とは，子どもが健やかに成長し，その活動がより豊かに展開されるための発達の援助」である(『保育所保育指針解説』)。アの生命，エの情緒が養護に関わる内容である。なお，正しくは「生命の保持」「情緒の安定」。保育所保育指針が示す養護に関わる内容はこの2つである。イの環境，ウの健康，オの表現は，それぞれ教育に関わる内容である。教育に関わる内容にはこのほか，人間関係，言葉があり，合わせて5つの領域で構成される。

10 ③

解説

① 「教育の行き届いた環境の下」でなく「養護の行き届いた環境の下」である。それによって，生命の保持，情緒の安定を図る。
② 「環境を大切にする心」ではなく「人権を大切にする心」である。
③ 正しい。
④ 「コミュニケーション」でなく「言葉」である。
⑤ 「指導を通して」でなく「体験を通して」である。
　「保育所の保育」は，保育の目標として，①〜⑤のほか，「健康，安全など生活に必要な基本的な習慣や態度を養い，心身の健康の基礎を培うこと」を加え，6つを目指して行うこととされている。

11 ④

解説

　Aには「場」が当てはまる。人とは保育士等や子どもなどの人的環境，物は施設や遊具などの物的環境などである。さらには自然や社会の事象などがあり，こうした人，物，場などの環境が相互に関連し合い，子どもの生活が豊かになるよう計画的に環境を構成していく。その留意点として4つあげている。Bには「環境」が当てはまる。留意点の1つは子ども自ら関わる環境である。Cには「安全」が当てはまる。留意点の2つ目は安全で保健的な環境である。3つ目は暖かな雰囲気と生き生きとした活動の場(本問では略)。Dには「人」が当てはまる。留意点の4つ目として，人との関わりを育む環境の重要性を指摘している。したがって解答は④である。

12 ④

解説

B，E　乳児期の発達に関する基本的事項である。出題の他には，乳児期の保育は愛情豊かに，応答的に行われることが特に必要であることなどに留意する。

C，D　1歳以上3歳未満児の発達に関する基本的事項である。出題の他には，歩き始めから，歩く，走る，跳ぶなどへと，基本的な運動機能が次第に発達し，排泄の自立のための身体的機能も整うようになることなどに留意する。

A　3歳以上児の発達に関する基本的事項である。出題の他には，運動機能の発達により，基本的な動作が一通りできるようになるとともに，基本的な生活習慣もほぼ自立できるようになることや，理解する語彙数が急激に増加し，知的興味や関心も高まってくることなどに留意する。

13 ③

解説

①　機嫌，食欲，顔色，活動性なども重要な観察事項である。

②　出生前及び出生時の健康状態や発育及び発達状態，生育環境などの影響も大きい。

③　適切。定期的・継続的に把握することによって不適切な養育等のほかにも，慢性疾患や障害の早期発見につなげることが期待される。

④　従来，学校保健安全法に準拠して行われていたが，保育所保育指針の

改定(平成20年3月)により，新たに「保育所における感染症対策ガイドライン」が策定され(平成21年8月。30年3月改訂)，このガイドラインに基づくこととなった。なお，保育所の管轄が厚生労働省からこども家庭庁に移管されたため，こども家庭庁で修正され，2023(令和5)年5月一部改訂，10月一部修正されたものが最新である。乳幼児は学童・児童と比較して抵抗力が弱いことなどの特性を踏まえた対応が必要なためである。

⑤ 「食を楽しむ力」ではなく，「食を営む力」である。

専門試験 社会的養護

≡ POINT ≡

1. 社会的養護の意義
▌▶ 社会的養護とは何か

社会的養護とは

　保護者のない児童や，保護者に監護させることが適当でない児童を，公的責任で社会的に養育し，保護するとともに，養育に大きな困難を抱える家庭への支援を行う

こと。

▌▶ 社会的養護の基本理念

社会的養護は「こどもの最善の利益」と「社会全体でこどもを育む」という考え方を基本理念としている。

2. 社会的養護の基本
▌▶ 子どもの人権擁護と社会的養護

　古代や中世の社会で子どもは，大人の所有物や小さな大人などとして認知され，「安価な労働力」として扱われるなど，今日的な人権思想とはかけ離れた扱いがなされていた。その後，子どもの権利を守ろうとする国際的な動きが活発となり，1989年には国連が「児童の権利に関する条約」(子どもの権利条約)を採択している(わが国は1994年に同条約に批准)。2016年には児童福祉法が大改正され，児童の権利に関する条約との関連性が明記されるようになった。なお，児童福祉法は2024年4月に施行されたものが最新の改正となっている。子育て世帯に対する包括的な支援のための体制強化及び事業の拡充として，こども家庭センターの設置や，自立支援の強化として児童養護施設，障害児入所施設の入居者を22歳までの入所継続を可能とする他，虐待や性犯罪から児童を守るための取り組みなどがある。

　今日のわが国の社会的養護では，児童の権利に関する条約に基づき，保護者に養護される権利を持つ子どもの権利が保障されない場合の代替的養護の実施など，子どもの権利が明確に示されている。虐待問題や特別なニーズ(個

別のニーズ)に応じたケアや支援，家庭環境の調整など，さまざまな支援や特別な配慮に関する子どもの権利についても押さえておきたい。

社会的養護の基本原則

社会的養護の基本理念である「こどもの最善の利益」と「社会全体でこどもを育む」という考え方をもとに，

① 家庭的養護と個別化
② 発達の保障と自立支援
③ 回復をめざした支援
④ 家族との連携・協働
⑤ 継続的支援と連携アプローチ
⑥ ライフサイクルを見通した支援

という6つの原理が示されている。

社会的養護における保育士等の倫理と責務

社会的養護に携わる保育士等には，専門職としての倫理が求められる。これら倫理は，**全国保育会倫理綱領や全国児童養護施設協議会倫理綱領**など，各種団体の倫理綱領により定められている。

また，保育士には児童福祉法において，信用失墜行為の禁止，守秘義務，自己研鑽の努力義務などが規定されている。

3. 社会的養護の制度と実施体系施設における児童養護

社会的養護の制度と法体系

児童福祉法をはじめとする社会的養護の関連法規や制度は，社会的養護に関する各種の施策の実施に関する基本事項を定めている。これら基本事項の理解は社会的養護の理解のための基礎となるため，確実に押さえておきたい。

社会的養護の仕組みと実施体系

社会的養護の基本的な流れとして，児童相談所への相談・通告・送致から始まり，受理会議や調査，一時保護を経て施設や里親等への措置までの経緯を押さえておきたい。また，委託された子どもの支援には，アドミッションケア(施設入所前の支援)，インケア(施設入所中の支援)，リービングケア(施設退所直前の支援)，アフターケア(施設退所後の支援)といった一連の流れがあることを理解しておきたい。

4. 社会的養護の対象と形態

▌▶ 社会的養護の対象

　社会的養護の対象については，その対象となる子どもや家庭等の状況から，

① 　予防的支援の対象

② 　在宅措置の対象

③ 　代替養育の対象

④ 　アフターケアの対象

という4つの視点の理解が大切である。それぞれの対象についてどのような支援が行われているのかを整理しておきたい。

▌▶ 家庭養護と施設養護

　わが国の社会的養護は，施設で子どもたちの養育を行う「**施設養護**」と里親等の家庭における養育である「**家庭養護**」の2つに大きく分けられる。また，児童福祉法改正後の「**新しい社会的養育ビジョン**」に基づいた取り組みが進められており，社会的養護の実施体系は

① 　施設

② 　良好な家庭的環境【施設(小規模型)】

③ 　家庭と同様の養育環境【小規模住居型児童養育事業，里親，養子縁組】

④ 　家庭【実親による養育】

の4つに整理されている(下図参照)。

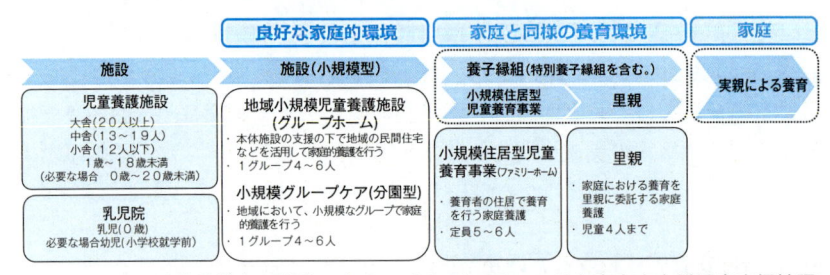

社会的養育の推進に向けて(令和5年4月　こども家庭庁支援局家庭福祉課)

▌▶ 社会的養護に関わる専門職

　社会的養護に関わる専門職員の職種や人員の規定は，「**児童福祉施設の設備及び運営に関する基準**」に定められている。各種資格の要件やそれぞれの専門性，また，職種間の連携の在り方等についても理解しておきたい。

5. 社会的養護の現状と課題

▶ 社会的養護に関する社会的状況

社会的養護の対象となる子どもの大半は施設で生活をしている。近年は特に虐待により措置される子どもが継続して増加傾向にあり，児童養護施設を利用する子どもの約65％程度が虐待を受けた経験を有している。

▶ 施設等の運営管理

社会的養護の施設は，要保護児童に対する適切な支援や援助を提供するために，子どもの人権や最善の利益を保障できる運営管理が求められている。各施設の運営管理に関する具体的な方針として，運営指針やガイドラインがこども家庭庁などにより定められているので，確実に理解しておきたい。

▶ 被措置児童等の虐待防止

社会的養護の施設や里親委託先で子どもが職員(里親)から虐待を受けること(被措置児童等虐待)を防止するための取り組みとして，**第三者評価制度**や**苦情解決制度**に関して理解をしておきたい。また，「**被措置児童等虐待対応ガイドライン**」など各種指針やガイドラインについても把握しておくことが大切である。

▶ 社会的養護と地域福祉

社会的養護の対象は，要保護児童や家庭に限定されるものではなく，児童相談所や施設には地域の中での子育て相談や社会的養護への理解や啓発の活動も行われている。それら取り組みについても理解しておきたい。

Q 演習問題

1 民間の児童福祉事業の代表的施設と，その創設者の組み合わせとして適切なものを，次の①〜⑤から1つ選びなさい。　(難易度■■□□□)

① 滝乃川学園——石井十次

② 家庭学校———石井亮一

③ 岡山孤児院——留岡幸助

④ 整肢療護園——柏倉松蔵

⑤ 二葉幼稚園——野口幽香

273

2 社会的養護の体系における施設養護として適当でないものを，次の①〜⑤から1つ選びなさい。 (難易度■■■□□)

① 乳児院

② グループホーム

③ ファミリーホーム

④ 児童自立支援施設

⑤ 児童心理治療施設

3 里親制度に関する記述として適切なものを，次の①〜⑤から1つ選びなさい。 (難易度■■■□□)

① 里親には，養育里親，専門里親，親族里親，短期里親，養子縁組里親の5種類がある。

② 全ての里親になろうとする者には，必要な研修を受講することが義務づけられている。

③ 里親への委託が可能な子供の年齢は原則として15歳未満までとされている。

④ ファミリーホーム(小規模住居型児童養育事業)は，社会福祉法に定める第二種社会福祉事業である。

⑤ 里親及びファミリーホームは，社会的養護を必要とする子どもを，養育者の家庭に迎え入れる「家庭的養護」である。

4 児童福祉施設に関する記述として正しいものを，次の①〜⑤から1つ選びなさい。 (難易度■■■■□)

① グループホームは原則6人までの少人数で，一般住宅などを利用して本来育つべき家庭や地域に近い形態で子どもを養育する家庭養護の一形態である。

② 児童養護施設で養育されるのは父母が死別，または遺棄された子どもであり，虐待を受けている子どもは母子生活支援施設で保護される。

③ 乳児院では，1歳未満の乳児の養育を行い，1歳以上になった子どもは両親，里親，親戚などの元へ引き取られるか，または児童養護施設に措置変更となる。

④ 児童自立支援施設は，非行児童を教護する児童福祉施設で，市区町村の決定によって措置を行っている。

⑤　福祉型障害児入所施設では，障害のある児童の保護，日常生活の指導及び独立自活に必要な知識技能の付与を目的としている。

5 児童養護施設の日常生活援助に関する記述として適切なものを，次の①〜⑤から1つ選びなさい。　　　　　　　　　　　　（難易度■■□□□）

①　子どもの社会性を育てるため，地域の子どもたちとの友達関係を大切にし，友人の家に遊びに行ったり，施設に招いたりできるよう援助していく。

②　児童養護施設では生活面や心理面の援助を行い，個別の学習指導は行わないことが原則である。

③　服装・髪型・ファッションなどは，職員が子どもに合うものや適切だと思うものを選び，買い与える。

④　食事は各自の好みや習慣を重視し，調理員が提供する。

⑤　集団生活では私物の管理についてのトラブルが起こりやすいので，貴重品などは職員が一括で管理する。

6 「児童福祉法」に関する記述として正しいものを，次の①〜⑤から1つ選びなさい。　　　　　　　　　　　　（難易度■■□□□）

①　「児童福祉法」では，児童が心身ともに健やかに生まれかつ育成されるよう努める責務はその保護者にあることを明記している。

②　「児童福祉法」には，乳児家庭全戸訪問事業についての規定が加えられている。

③　「児童福祉法」には，児童福祉施設の設備や職員配置などの最低基準が示されている。

④　「児童福祉法」は障害児を対象としておらず，その療育やサービスについての基本原則は「障害者総合支援法」に定められている。

⑤　保育所への入所要件である「保育を必要とする乳児または幼児」かどうかを決めるのは，市町村である

7 虐待に関する記述として正しいものを，次の①〜⑤から1つ選びなさい。　　　　　　　　　　　　（難易度■■□□□）

①　虐待を受けた子どものほとんどは，虐待を行った養育者ともう一度一緒に生活したいとは考えられず，養護施設の援助者や里親との関係に依存する傾向がある。

② 虐待を行う保護者が，保護した子どもに面会や通信を求めた場合，家庭裁判所の命令がない限り拒否することはできない。

③ 子どもの前でDV行為を行うことや，放置，好ましくないしつけなどは虐待ではなく家庭環境問題として扱われる。

④ 子どもの両親，家族からの暴力だけでなく，同居人や婚姻関係のないパートナーなどからの暴力も虐待通報することができる。

⑤ 「小さな子どもを残して親が度々外出している」，「子どもの泣き声が頻繁に聞こえる」などの理由だけでは，他人が関係機関や専門家に通報することはできない。

8 社会的養護に関連する用語について述べた文として正しいものを，次の①〜⑤から1つ選びなさい。　　　　　　　　　　（難易度■■■□□）

① パーソナルスペースとは，他人に近づかれると不快に感じる空間・対人距離のことである。近年，社会的養護関連施設における子ども間の性的問題等とも関連して，その教育・対応が重要視されている。

② スーパービジョンとは，子どもに役割を与えることで責任や達成感などを学ばせる指導法のことである。

③ ホスピタリズムとは，相手の立場に立って考え，心地よさや喜びを提供しようと努める姿勢のことである。

④ ノーマライゼーションとは，子どもの個性やニーズを認識し，個別に対応するよう心がける姿勢のことである。

⑤ アタッチメントとは，乳幼児期に関わるさまざまな養育者との間に形成される愛着関係のことである。

9 次のア〜エの記述は，乳幼児期におけるアタッチメントの形成過程に関するものである。ア〜エを形成過程の順に並べたものとして適切なものを，あとの①〜⑤から1つ選びなさい。　　　　　　　　　　（難易度■■■□□）

ア いつも世話をしてくれる人を識別する。その人がいないと不安になったり，人見知りをしたりする。

イ 自分をかわいがり，世話をしてくれる人に関心を示す。その人に対して，笑ったり，泣いたり，しがみついたりする。

ウ 自立して行動するようになる。恐いときや不安なときなど以外は，世話をしてくれる人にまとわりつくことが少ない。

エ　人に対して関心を示す。人の顔を見たり，人の声を聞いたり，人に抱かれたりすることを好む。
　　① 　ウ－ア－イ－エ
　　② 　ウ－イ－ア－エ
　　③ 　エ－ア－イ－ウ
　　④ 　エ－イ－ア－ウ
　　⑤ 　エ－ア－ウ－イ

⑩ 児童心理治療施設に関する記述として正しいものを，次の①～⑤から1つ選びなさい。 (難易度■■■■□)

① 　児童心理治療施設は居住型のほか，自宅から通うタイプのものもあり，学校に行ける子どもは地域の学校に通いながら施設での治療を併用することもできる。

② 　児童心理治療施設には心理療法を担当する職員として，児童養護の知識を有する看護師，保育士，児童指導員などを配置することができる。

③ 　児童心理治療施設での心理療法はプレイセラピーや箱庭療法などが中心であり，カウンセリングの形式では行われない。

④ 　児童心理治療施設では，さまざまな原因から社会不適応が起きている子どもの治療として，均等に役割が分担され，集団行動や社会性の訓練を重視する。

⑤ 　児童心理治療施設のニーズは高いものの施設数は年々減少している。

⑪ 次のア～オのうち，児童福祉施設の職員構成として正しいものの組み合わせを，あとの①～⑤から1つ選びなさい。 (難易度■■■■□)

ア　乳児院－小児科の診療に相当の経験を有する医師または嘱託医，看護師，個別対応職員，家庭支援専門相談員，栄養士又は管理栄養士，調理員

イ　児童自立支援施設－児童生活支援員，児童の遊びを指導する者，嘱託医及び精神科の診療に相当の経験を有する医師または嘱託医，個別対応職員，家庭支援専門相談員，栄養士又は管理栄養士，調理員

ウ　児童養護施設－児童指導員，嘱託医，保育士，個別対応職員，家庭支援専門相談員，栄養士又は管理栄養士，調理員

エ　児童心理治療施設－医師，心理療法担当職員，児童指導員，保育士，個別対応職員，看護師，家庭支援専門相談員，栄養士又は管理栄養士，

調理師

オ 主として自閉症児を入所させる医療型障害児入所施設－医療法に規定する病院として必要な職員，保育士，児童発達支援管理責任者

① ア，イ，オ ② ア，ウ，オ ③ イ，ウ，エ
④ ア，ウ，エ ⑤ イ，エ，オ

12 次のア～オのうち，「児童福祉法」に示された都道府県の業務として正しいものの組み合わせを，あとの①～⑤から1つ選びなさい。

(難易度■■■□□)

ア 児童に関する家庭その他からの相談のうち，専門的な知識及び技術を必要とするものに応ずること。

イ 児童の保健について，正しい衛生知識の普及を図ること。

ウ 児童及びその家庭につき，必要な調査並びに医学的，心理学的，教育学的，社会学的及び精神保健上の判定を行うこと。

エ 児童の一時保護を行うこと。

オ 児童の健康相談に応じ，又は健康診査を行い，必要に応じ，保健指導を行うこと。

① ア，エ ② ウ，エ ③ ウ，オ ④ ア，イ，エ
⑤ ア，ウ，エ

解答・解説

1 ⑤

① 1891(明治24)年に石井亮一によって設立された「孤女学院」(孤児のための施設)を，1897(明治30)年日本で最初の知的障害児教育の専門施設の「滝乃川学園」として改修・改称したもので日本初の知的障害者の教育施設とされている。

② 家庭学校は，不良少年の感化施設として，留岡幸助によって1899(明治32)年に東京巣鴨に設立された。今日の児童自立支援施設の先駆けである。

③ 岡山孤児院は1887(明治20)年に石井十次によって設立された，今日の児童養護施設の先駆けである。

④　柏倉松蔵は1921(大正10)年に日本初の肢体不自由児の療育のための施設である柏学園を東京小石川に開設した。整肢療護園は1942(昭和17)年に高木憲次により開設された肢体不自由児の療育施設である。

⑤　正しい。1900(明治33)年に野口幽香と森島峰によって，保育施設の先駆とされる二葉幼稚園(後，保育園)が東京の麹町に開設された。

2 ③

解説

　社会的養護とは，家庭で適切な養育が受けられない子どもを国や社会が養育する仕組みであり，施設養護と家庭養護の2種の類型がある。施設養護では，基本的に子どもたちは施設に入所して集団生活を送っており，そこに職員が通勤・住み込み等をする形態をとる。一方，家庭養護は養育者の住居等(養育者の生活拠点)で子どもを養育する形態をとる。なお，施設養護の中で可能な限り家庭的な環境を提供しようとする施設の分園であるグループホーム(地域小規模児童養護施設)や施設における小規模グループケアの導入をする取り組みのことを家庭的養護という。

①　乳児院は，保護者の養育を受けられない乳幼児を養育する施設。乳幼児の基本的な養育機能に加え，被虐待児・病児・障害児などに対応できる専門的養育機能も持つ。

②　児童養護施設の分園として運営されるグループホーム(地域小規模児童養護施設)はファミリーホーム(小規模住居型児童養育事業)と形態が似ており混同しやすいが，子どもたちが施設に居住しそこに職員が通勤・住み込みをする形態を取るので施設養護の位置づけとなる。

③　ファミリーホーム(小規模住居型児童養育事業)は，里親や児童福祉事業に携わったことのある養育者が5〜6人の子どもたちを自身の生活拠点(住居等)で養育する家庭養護で，里親を拡大・事業化したようなものと考えると理解しやすい。

④　児童自立支援施設は不良行為を行った子どもや行う恐れのある子ども，家庭の環境上の理由により生活指導などを要する子どもを対象とする施設である。

⑤　児童心理治療施設は「家庭環境，学校における交友関係その他の環境上の理由により社会生活が困難となった児童を，短期間入所させ，又は保護者の元から通わせて，社会生活に適応するために必要な心理に関する治療および生活指導を主として行う」施設である。

279

③ ④
解説

① 養育里親は，さまざまな事情により保護者と暮らせない子どもを一定期間，家族に迎え入れ養育する里親のことである。専門里親は，養育里親のうち一定期間の里親経験のある者や，児童福祉の分野に従事した経験のある者が，専門里親研修を受けて登録できる里親のことである。親族里親は養護を必要とする子どもを三親等以内の親族が養育するものである。現在，短期里親の区分は省令上，廃止されて養育里親に含まれる形となっている。養子縁組里親は，将来的に養子縁組をすることを前提として，最低6か月以上の期間，子どもを養育する里親である。

② 現在，親族里親については研修の義務化はなされていない(任意で受けることは可能)。養子縁組里親については平成28年の児童福祉法改正により，研修が義務付けられることになった。

③ この内容は特別養子縁組に関するもの。特別養子縁組は原則として15歳未満までの子どもに対して行われる。

⑤ 家庭的養護とは，施設における小規模化の取り組み(グループホームや小規模グループケアの導入など)のことである。里親やファミリーホームは「家庭養護」に位置付けられる。

④ ⑤
解説

① グループホームは2000年から制度化された児童養護施設の本体から分離した地域小規模児童養護施設の通称であり，施設養護に位置づけられる。

② 児童養護施設には虐待を理由に保育環境を得られない子どもが多く入所しており，近年は増加傾向にある。

③ 乳児院では主に1歳未満の乳児の養育を行うが，2004年の児童福祉法改正により年齢要件が変更され，必要に応じて小学校入学前の幼児も養育できることとなった。

④ 家庭裁判所などの決定により児童自立支援施設への措置を行っているのは児童相談所である。

⑤ 正しい

5 ①
解説

① 適切。地域の人々や同年代の子どもたちと積極的に関わりを持ち，社会性を育てるよう援助していくべきである。

② 家庭環境が不安定であることから学業が不振になる子どもが多いので，学校の教員と連絡を取りながら，個別の学習指導を検討する必要がある。学生ボランティアなどによる学習指導も検討する。

③ 服装や髪型などは子どもの好みや表現を尊重することが原則である。年長児は買い物を含めて自分に選択させる。

④ 施設養護での食事は全員に同じ食事を調理員が調理し，提供する。

⑤ 物を大切にする心を養うためにも，私物は各自で管理する。

6 ②
解説

① 保護者とともに，国及び地方公共団体にその責務があることを明記している。

② 正しい。2008(平成20)年の児童福祉法等の一部改正により，新たに乳児家庭全戸訪問事業についての規定が加わった。子育ての孤立化を防ぐ目的で，すべての乳児がいる家庭に市町村から専門の知識を有する者が訪問し，必要な支援に結び付けるサービスである。

③ 児童福祉施設の設備や職員配置などの最低基準が示されているのは「児童福祉施設の設備及び運営に関する基準」である。

④ 障害児も児童福祉法の対象となっている。

⑤ 法改正により，保育を必要とするか否かを決めるのは市町村ではなく保護者となった。

7 ④
解説

① ほとんどの子どもは虐待さえなければ本来の養育者と一緒に生活したいと望む。援助者は子どもと養育者が関係を修復できるよう支援していくべきである。

② 子どもの意に反したり，子どもの権利が守られない場合は，親の同意を得て保護した場合でも面会や通信の拒否を行うことができる。

③ 子どもの前でのDV(ドメスティック・バイオレンス)行為や放置，好ま

しくないしつけも児童虐待である。

④　正しい。同居人からの虐待や，それを知りながら放置することも児童虐待に含まれる。

⑤　保護者が子どもの監護を著しく怠る行為は虐待とされる。それらの徴候に気付いた者は，虐待が事実か確認できなくても，児童相談所や市区町村の関係機関などに通報する義務がある。

8 ①
解説

①　正しい。

②　スーパービジョンとは，対人援助職において指導的立場にある者(スーパーバイザー)から援助者(スーパーバイジー)がスキル向上等のために指導してもらうこと。

③　ホスピタリズムは施設で育った子どもが母親との接触や愛情関係を得られなかったために発育の遅れや情緒不安定などの症状を示し，成熟した後も人格の発達が不完全である状態のこと。施設症とも呼ばれる。

④　ノーマライゼーションとは，障害を持っている人も健常者と均等に，当たり前に生活するという福祉の理念である。

⑤　アタッチメントとは，乳幼児期に特定の養育者との間に形成される愛着関係のこと。

9 ④
解説

アタッチメントの形成過程順に並べると，**エ**は生後2〜3か月頃，**イ**は生後6か月頃，**ア**は生後7〜8か月頃，**ウ**は生後1歳過ぎ頃である。もちろん成長に個人差はあるが，このような過程を経て愛着関係が形成される。愛着関係が形成されない場合はかえって親から離れられない場合がある。

10 ①
解説

①　正しい。児童心理治療施設の利用には入所と通所があり，児童相談所が決定し措置する。

②　心理療法を担当する職員は，「児童福祉施設の設備及び運営に関する基準」に学校教育法の規定による大学(短期大学を除く。以下この項において同じ。)若しくは大学院において，心理学を専修する学科，研究科若し

くはこれに相当する課程を修めて卒業した者又は同法の規定による大学において，心理学に関する科目の単位を優秀な成績で修得したことにより，同法第102条第2項の規定により大学院への入学を認められた者であつて，個人及び集団心理療法の技術を有し，かつ，心理療法に関する一年以上の経験を有するものでなければならない。」と定められている。

③　ある程度年長の子どもにはカウンセリングも行われる。

④　児童心理治療施設では軽度の情緒障害児の社会的適応を図ることを目的とし，集団生活をしながら，一人一人の状況に合った個別の治療が行われる。

⑤　厚生労働省は児童心理治療施設を各都道府県に1施設以上設置することを求めており，施設数は年々増加している。全国に53施設(2024年)となっている。

 ④

解説

　イの児童自立支援施設には児童の遊びを指導する者ではなく児童自立支援専門員を，**オ**の主として自閉症児を入所させる医療型障害児入所施設には児童指導員も配置しなければならない。したがって解答は**ア，ウ，エ**の④である。

 ⑤

解説

　ア，ウ，エは，児童福祉法第11条第二号に規定されている。**イ，オ**は児童福祉法第12条の6に保健所の業務として示されている。

専門
試験

保育内容

≡ POINT ≡

1. 保育所保育における保育

　平成29年に告示された保育所保育指針では，第1章「総則」の中で，「1　保育所保育に関する基本原則」，「2　養護に関する基本的事項」，「3　保育の計画及び評価」「4　幼児教育を行う施設として共有すべき事項」について記述されている。

　第2章以降の内容はすべて第1章を基礎として記述されているため，第1章は保育所保育指針の核となる箇所である。特に下線部分は，保育所保育指針内で何度も説明される内容であるので，要点を押さえておきたい。

保育所保育指針(抜粋)

1　保育所保育に関する基本原則

(1)保育所の役割

ア　保育所は，児童福祉法(昭和22年法律第164号)第39条の規定に基づき，①保育を必要とする子どもの保育を行い，その健全な心身の発達を図ることを目的とする児童福祉施設であり，入所する子どもの最善の利益を考慮し，その福祉を積極的に増進することに最もふさわしい生活の場でなければならない。

イ　保育所は，その目的を達成するために，保育に関する専門性を有する職員が，②家庭との緊密な連携の下に，子どもの状況や発達過程を踏まえ，保育所における環境を通して，③養護及び教育を一体的に行うことを特性としている。

ウ　保育所は，入所する子どもを保育するとともに，家庭や地域の様々な社会資源との連携を図りながら，入所する子どもの保護者に対する支援及び④地域の子育て家庭に対する支援等を行う役割を担うものである。

エ　保育所における保育士は，児童福祉法第18条の4の規定を踏まえ，保育所の役割及び機能が適切に発揮されるように，⑤倫理観に裏付けられた専門的知識，技術及び判断をもって，子どもを保育するとともに，子どもの②保護者に対する保育に関する指導を行うものであり，その職責を遂行するための専門性の向上に絶えず努めなければならない。

　近年の保育の背景では，下線①から⑤の部分に特に注目が集まっている。

〈保育を必要とする子どもの保育（①）〉

　「保育を必要とする子どもの保育」を行うことが保育所の目的と記述されているが，改定前は「保育に欠ける子どもの保育」という表現であった。これは共働きなどの家庭の子どもを指すが，共働きでなくても「保育が必要」である子どもであれば誰でも保育を受ける権利があるという視点に変化した。質の高い乳幼児保育・教育が，子どもの将来に良い影響を及ぼすという国内外の様々な研究結果の成果でもある。

〈家庭との緊密な連携（②）〉

　乳幼児への虐待などの不適切な養育をする保護者や子育ての技術が未熟である家庭に対し，保育所が家庭と共に子育てをし，保護者自身が子育ての喜びを感じられるように支援することが重要視されている。

〈養護及び教育を一体的に行う（③）〉

　養護については今まで通りであるが，教育については保育所も幼稚園と同様に「幼児教育を行う施設」として位置付けられ，さらに養護と教育が一体となって保育が展開されていることを理解しておきたい。

〈地域の子育て家庭に対する支援等（④）〉

　在園児の保護者だけでなく，在園外の地域の子育て支援をすることが保育所の役割となっている。保育所は地域の子育て支援の拠点となることが重要であり，地域の子育て家庭を園に招いて一緒に行事を楽しんだり，近隣の公園で出前保育を行い，地域の子育て家庭と一緒に遊びを楽しんだり，相談にのったりする活動等がなされている。

〈倫理観に裏付けられた専門的知識，技術及び判断（⑤）〉

　社会福祉法人全国社会福祉協議会・全国保育協議会・全国保育士会の「全国保育士会倫理綱領　プライバシーの保護」で「私たちは，一人ひとりのプライバシーを保護するため，保育を通して知り得た個人の情報や秘密を守ります」と示されている。特に，個人情報の扱い方には細かい配慮が必要であるため，専門職としての知識や判断も重要である。

2. 保育の内容

　保育所保育指針では，乳児保育，1歳以上3歳未満児，3歳以上児の保育の3つに分けて子どもの発達に裏付けられた保育内容を記述している。また，それぞれの「ねらい及び内容」については，乳児保育では3つの視点としてまとめられ，1歳以上3歳未満児，3歳以上児の保育では5領域としてまとめられている。それぞれの関連性，発展性は以下の図の通りである。視点，領域が個々に独立しているわけではなく，それぞれが関連し合い，発展しながら学びとなり，子どもの生活や遊びを支えているのである。養護については，「生命の保持」と「情緒の安定」を図るために保育士等が行う援助や関わりのことであり，教育は5領域に関連する側面を扱っているが，実際の保育では養護と教育が一体となって展開されている。

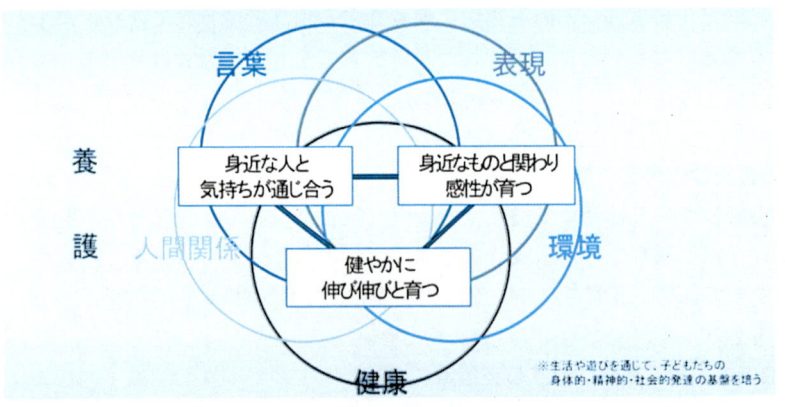

「保育所保育指針の改定について」(平成29年7月　厚生労働省　子ども家庭局　保育課)

3. 保育の内容における5領域

　1歳以上3歳未満児，3歳以上児の保育では5領域として保育の内容が保育所保育指針にまとめられている。

2　1歳以上3歳未満児の保育に関わるねらい及び内容

(1)基本的事項

イ　本項においては，この時期の発達の特徴を踏まえ，保育の「ねらい」及び「内容」について，心身の健康に関する領域「健康」，人との関わりに関する領域「人間関係」，身近な環境との関わりに関する領域「環境」，言葉の獲得に関する領域「言葉」及び感性と表現に関する領域「表現」としてまとめ，示している。

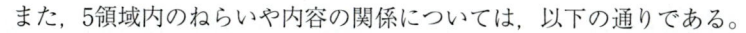

また，5領域内のねらいや内容の関係については，以下の通りである。

> 第2章　保育の内容
>
> 　この章に示す「ねらい」は，第1章の1の(2)に示された保育の目標をより具体化したものであり，子どもが保育所において，安定した生活を送り，充実した活動ができるように，保育を通じて育みたい資質・能力を，子どもの生活する姿から捉えたものである。また，「内容」は，「ねらい」を達成するために，子どもの生活やその状況に応じて保育士等が適切に行う事項と，保育士等が援助して子どもが環境に関わって経験する事項を示したものである。

　内容はねらいを達成するために保育士等が行う事項等のことである。さらにそれぞれについて「内容の取扱い」という項目があり，細かい留意点が記述されている。

Q 演習問題

1　「保育所保育指針」（平成29年3月）の「第1章　総則」の「1　保育所保育に関する基本原則」に関する記述として，適切でないものを，次の①〜⑤から1つ選びなさい。　　　　　　　　　　　　　（難易度■□□□□）

① 　一人一人の子どもの状況や家庭及び地域社会での生活の実態を把握するとともに，子どもが安心感と信頼感をもって活動できるよう，子どもの主体としての思いや願いを受け止めること。

② 　子どもの発達について理解し，一人一人の発達過程に応じて保育すること。その際，子どもの生命の保持に十分配慮すること。

③ 　子どもが自発的・意欲的に関われるような環境を構成し，子どもの主体的な活動や子ども相互の関わりを大切にすること。特に，乳幼児期にふさわしい体験が得られるように，生活や遊びを通して総合的に保育すること。

④ 　子ども相互の関係づくりや互いに尊重する心を大切にし，集団における活動を効果あるものにするよう援助すること。

⑤ 　一人一人の保護者の状況やその意向を理解，受容し，それぞれの親子関係や家庭生活等に配慮しながら，様々な機会をとらえ，適切に援助すること。

2 次のA～Dの文のうち，「保育所保育指針」(平成29年3月)の「第1章 総則」の「1　保育所保育に関する基本原則」に関する記述として，適切な記述を○，不適切な記述を×とした場合の正しい組み合わせを，あとの①～⑤から1つ選びなさい。　　　　　　　　　　　(難易度■■■■■)

A 十分に養護の行き届いた環境の下に，くつろいだ雰囲気の中で子どもの様々な欲求を満たし，基本的信頼感を形成すること。

B 様々な体験を通して，豊かな感性や表現力を育み，創造性の芽生えを培うこと。

C 生命，自然及び社会の事象についての興味や関心を育て，それらに対する好奇心や探究心の芽生えを培うこと。

D 人との関わりの中で，人に対する愛情と信頼感，そして人権を大切にする心を育てるとともに，自主，自立及び協調の態度を養い，道徳性の芽生えを培うこと。

```
      A  B  C  D
①    ○  ×  ×  ×
②    ○  ×  ○  ○
③    ×  ○  ○  ○
④    ×  ×  ○  ○
⑤    ×  ○  ×  ○
```

3 次のア～オの文のうち，「保育所保育指針」(平成29年3月)の「第1章 総則」の「3　保育の計画及び評価」の「(1)全体的な計画の作成」に関する記述として，正しいものの組み合わせを，あとの①～⑤から1つ選びなさい。　　　　　　　　　　　(難易度■■■□□)

ア 保育所は，保育の目標を達成するために，各保育所の保育の方針や目標に基づき，子どもの発達過程を踏まえて，保育の内容が組織的・計画的に構成され，保育所の生活の全体を通して，総合的に展開されるよう，全体的な計画を作成しなければならない。

イ 保育所は，保育の目標を達成するために，保育の基本となる「保育課程」を編成するとともに，これを具体化した「指導計画」を作成しなければならない。

ウ 全体的な計画は，子どもや家庭の状況，地域の実態，保育時間などを考慮し，子どもの育ちに関する長期的見通しをもって適切に作成されな

ければならない。

エ　保育課程に基づき，子どもの生活や発達を見通した長期的な指導計画
と，それに関連しながら，より具体的な子どもの日々の生活に即した短
期的な指導計画を作成しなければならない。

オ　全体的な計画は，保育所保育の全体像を包括的に示すものとし，これ
に基づく指導計画，保健計画，食育計画等を通じて，各保育所が創意工
夫して保育できるよう，作成されなければならない。

①　ア，イ，ウ，オ　　②　ア，ウ，オ　　③　イ，ウ，オ

④　イ，エ　　　　　　⑤　ウ，エ，オ

4　「保育所保育指針」(平成29年3月)の「第1章　総則」の「4　幼児教育
を行う施設として共有すべき事項」では，10項目の幼児期の終わりまでに
育ってほしい姿をあげている。次のア～コのうち，その内容として誤って
いるものの組み合わせを，あとの①～⑤から1つ選びなさい。

(難易度■■■■□)

ア　健康な心と体　　　　　　イ　自立心

ウ　協調性　　　　　　　　　エ　学び・意識向上の芽生え

オ　社会生活との関わり　　　カ　思考力の芽生え

キ　自然との関わり・生命尊重

ク　数量や図形，標識や文字などへの関心・感覚

ケ　表現力による伝え合い　　コ　豊かな感性と表現

①　ア，イ，ウ　　②　ウ，エ，カ　　③　カ，キ，ク

④　ウ，エ，ケ　　⑤　キ，ケ，コ

5　次の(a)～(d)の下線部のうち，「保育所保育指針」(平成29年3月)の「第
1章　総則」の「1　保育所保育に関する基本原則」の「(4)保育の環境」
に関する記述として，正しいものを○，誤ったものを×とした場合の正し
い組み合わせを，あとの①～⑤から1つ選びなさい。

(難易度■■□□□)

　保育の環境には，保育士等や子どもなどの人的環境，施設や遊具などの
物的環境，更には(a)自然や社会の事象などがある。保育所は，こうした
人，物，場などの環境が相互に関連し合い，子どもの(b)生活が豊かなもの
となるよう，次の事項に留意しつつ，(c)総合的に環境を構成し，(d)安全に

保育しなければならない。

　　　(a) (b) (c) (d)
① ○ ○ × ×
② ○ × ○ ○
③ × ○ ○ ×
④ ○ × ○ ×
⑤ × ○ × ○

6 次の文のうち，「保育所保育指針」(平成29年3月)の「第1章　総則」の「3　保育の計画及び評価」の「(3)指導計画の展開」に関する記述として，適切な記述を○，不適切な記述を×とした場合の正しい組み合わせを，あとの①〜⑤から1つ選びなさい。　　　　　　　(難易度■■■■□)

A　施設長，保育士など，全職員による適切な役割分担と協力体制を整えること。

B　子どもが行う具体的な活動は，生活の中で様々に変化することに留意して，子どもが望ましい方向に向かって自ら活動を展開できるよう積極的な支援を行うこと。

C　子どもの能動的な遊びを促すためには，保育士等が多様な関わりをもつことが重要であることを踏まえ，子どもの情緒の安定や発達に必要な豊かな体験が得られるよう援助すること。

D　保育士等は，子どもの実態や子どもを取り巻く状況の変化などに即して保育の過程を記録するとともに，これらを踏まえ，指導計画に基づく保育の内容の見直しを行い，改善を図ること。

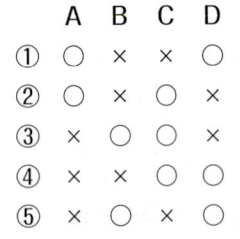

　　　A B C D
① ○ × × ○
② ○ × ○ ×
③ × ○ ○ ×
④ × ○ ○ ○
⑤ × ○ × ○

7 「保育所保育指針」(平成29年3月)の「第1章　総則」の「2　養護に関する基本的事項」に関する記述として，適切でないものを，次の①〜⑤から1つ選びなさい。　　　　　　　(難易度■■□□□)

① 一人一人の子どもの平常の健康状態や発育及び発達状態を的確に把握し，異常を感じる場合は，速やかに適切に対応する。

② 子どもは疾病への抵抗力が弱く，心身の機能の未熟さに伴う疾病の発生が多いことから，一人一人の発育及び発達状態や健康状態についての適切な判断に基づく保健的な対応を行う。

③ 清潔で安全な環境を整え，適切な援助や応答的な関わりを通して子どもの生理的欲求を満たしていく。また，家庭と協力しながら，子どもの発達過程等に応じた適切な生活のリズムがつくられていくようにする。

④ 子どもの発達過程等に応じて，適度な運動と休息を取ることができるようにする。また，食事，排泄，衣類の着脱，身の回りを清潔にすることなどについて，子どもが意欲的に生活できるよう適切に援助する。

⑤ 家庭との連携を密にし，嘱託医等との連携を図りながら，子どもの疾病や事故防止に関する認識を深め，保健的で安全な保育環境の維持及び向上に努める。

8 「保育所保育指針」(平成29年3月)の「第2章 保育の内容」の「3 3歳以上児の保育に関するねらい及び内容」の「(2)ねらい及び内容 イ 人間関係」の内容に関する記述として適切でないものを，次の①～⑤から1つ選びなさい。 (難易度■■■■■)

① 自分で考え，自分で行動する。

② 自分でできることは自分でする。

③ よいことや悪いことがあることに気付き，考えながら行動する。

④ 保育士等や友達と触れ合い，安定感をもって行動する。

⑤ 共同の遊具や用具を大切にし，皆で使う。

9 次のA～Dの文のうち，「保育所保育指針」(平成29年3月)の「第2章 保育の内容」の「3 3歳以上児の保育に関するねらい及び内容」の「(2)ねらい及び内容 エ 言葉」に関する記述として，適切な記述を○，不適切な記述を×とした場合の正しい組み合わせを，あとの①～⑤から1つ選びなさい。 (難易度■■■■□)

A 子どもが自分の思いを言葉で伝えるとともに，他の子どもの話などを聞くことを通して，次第に話を理解し，言葉による伝え合いができるようになるよう，気持ちや経験等の言語化を行うことを援助するなど，子

ども同士の関わりの仲立ちを行うようにすること。

B　身近な人に親しみをもって接し，自分の感情などを伝え，それに相手が応答し，その言葉を聞くことを通して，次第に言葉が獲得されていくものであることを考慮して，楽しい雰囲気の中で保育士等との言葉のやり取りができるようにすること。

C　絵本や物語などで，その内容と自分の経験とを結び付けたり，想像を巡らせたりするなど，楽しみを十分に味わうことによって，次第に豊かなイメージをもち，言葉に対する感覚が養われるようにすること。

D　子どもが日常生活の中で，文字などを使いながら思ったことや考えたことを伝える喜びや楽しさを味わい，文字に対する興味や関心をもつようにすること。

	A	B	C	D
①	○	○	×	○
②	○	×	○	○
③	×	○	○	×
④	×	×	○	○
⑤	×	×	○	×

⑩ 次の(a)～(d)の下線部のうち，「保育所保育指針」(平成29年3月)の「第2章　保育の内容」の「3　3歳以上児の保育に関するねらい及び内容」の「(2)ねらい及び内容　ウ　環境」として，正しいものを○，誤ったものを×とした場合の正しい組み合わせを，あとの①～⑤から1つ選びなさい。

(難易度■■■□□)

ア　身近な環境に親しみ，(a)動植物と触れ合う中で様々な事象に興味や関心をもつ。

イ　身近な環境に自分から関わり，発見を楽しんだり，考えたりし，それを(b)遊びに取り入れようとする。

ウ　身近な事象を見たり，考えたり，扱ったりする中で，(c)物の性質や数量，文字などに対する(d)知識を豊かにする。

	(a)	(b)	(c)	(d)
①	×	○	×	×
②	×	○	○	○
③	×	×	○	×
④	○	×	○	○
⑤	○	×	×	○

11 次のA～Dの文のうち，「保育所保育指針」(平成29年3月)の「第2章　保育の内容」の「3　3歳以上児の保育に関するねらい及び内容」の「(2)ねらい及び内容　オ　表現」に関する記述として，適切な記述を○，不適切な記述を×とした場合の正しい組み合わせを，あとの①～⑤から1つ選びなさい。　　　　　　　　　　　(難易度■■■■■)

A　生活の中で様々な音，形，色，手触り，動きなどに気付いたり，感じたりするなどして楽しむ。

B　友達同士で表現する過程を楽しんだりし，表現する喜びを味わい，意欲をもつようになる。

C　音楽に親しみ，歌を歌ったり，簡単なリズム楽器を使ったりなどする楽しさを味わう。

D　自分のイメージを動きや言葉などで表現したり，演じて遊んだりするなどの楽しさを味わう。

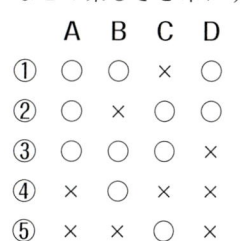

	A	B	C	D
①	○	○	×	○
②	○	×	○	○
③	○	○	○	×
④	×	○	×	×
⑤	×	×	○	×

12 「保育所保育指針」(平成29年3月)の「第2章　保育の内容」の「2　1歳以上3歳未満児の保育に関わるねらい及び内容」の「(2)ねらい及び内容　ア　健康」の内容に関する記述として，適切でないものを，次の①～⑤から1つ選びなさい。　　　　　　　　　　　(難易度■■□□□)

① 食事や午睡，遊びと休息など，保育所における生活のリズムが形成される。

② 　走る，跳ぶ，登る，押す，引っ張るなど全身を使う遊びを楽しむ。

③ 　個人差に応じて授乳を行い，離乳を進めていく中で，様々な食品に少しずつ慣れ，食べることを楽しむ。

④ 　保育士等の助けを借りながら，衣類の着脱を自分でしようとする。

⑤ 　便器での排泄(せつ)に慣れ，自分で排泄(せつ)ができるようになる。

解答・解説

1 ②

解説

① 　適切。安心感と信頼感とは基本的信頼感のことである。これが基盤となり，子どもの主体的な活動へつながっていく。

② 　不適切。子どもの生命の保持ではなく，「子どもの個人差」である。生命の保持とは，養護の概念の中に含まれる内容である。

③ 　適切。それぞれの発達段階を踏まえた保育が必要である。生活に必要な習慣や態度を身に付けながら，安定感をもって遊ぶことが重要である。

④ 　適切。人間関係領域では，1歳以上3歳未満児は保育士等の仲立ちにより他の子どもと関わりながら遊ぶこと，3歳以上児では，集団的で協同的な活動の中で遊ぶことが記述されている。

⑤ 　適切。保護者がそれぞれ抱えている背景に配慮し，適切に援助することが重要である。

2 ⑤

解説

A 　不適切。基本的信頼感を形成することではなく，「生命の保持及び情緒の安定を図ること」である。

B 　適切。5領域のうちの表現領域に関する記述である。

C 　不適切。好奇心や探究心ではなく，「豊かな心情や思考力」である。好奇心や探究心は，「幼児期の終わりまでに育ってほしい姿」の「キ　自然との関わり・生命尊重」に記述されている。

D 　適切。「保育の目標」の前文に，生涯にわたる人間形成にとって極めて重要な時期であることが記述されている。乳幼児期に人との関わり方の基礎を培い，のぞましい未来をつくり出す力へつなげていく。

3 ②

解説

　イ，**エ**はともに従前の「保育所保育指針」(平成20年3月)に含まれている
ものである。

4 ④

解説

　ウは「協調性」ではなく「協同性」，**エ**は「学び・意識向上」ではなく
「道徳性・規範意識の芽生え」，**ケ**は「表現力による伝え合い」ではなく
「言葉による伝え合い」である。

5 ①

解説

(a)　正しい。保育環境は3つに分類されている。人的環境，物的環境，自
　　然や社会の事象である。

(b)　正しい。イの記述に「子どもの活動が豊かに展開されるよう，保育所
　　の設備や環境を整え，保育所の保健的環境や安全の確保などに努めるこ
　　と」とあるように，すべての環境が子どもの生活に影響していると考え
　　られている。

(c)　誤り。正しくは「計画的に」である。「3　保育の計画及び評価」では
　　「保育の内容が組織的・計画的に構成され，保育所の生活の全体を通し
　　て，総合的に展開されるよう，全体的な計画を作成しなければならな
　　い」と記述されている。計画的に環境を構成し，総合的な保育へつなげ
　　ていくということである。

(d)　誤り。正しくは「工夫して」である。(b)の引用にあるように，保健
　　や安全の確保にも記述があるが，そのことだけにはとどまらない。

6 ①

解説

A　適切。保育所では多様職種の職員が協力して保育を実施している。第5
　　章「職員の資質向上」では，「保育士・看護師・調理員・栄養士等，そ
　　れぞれの職務内容に応じた専門性を高めるため」とその職員構成を具体
　　的に記述している。

B　不適切。積極的な支援ではなく「必要な援助」である。「援助」は子ど
　　もへ，「支援」は保護者や家庭へ使用する。

295

C　不適切。能動的な遊びではなく「主体的な活動」である。保育所保育指針では子どもの主体性や主体的な活動を重視している。

D　適切。「(4)保育内容等の評価」では，保育記録を通して評価を行い，保育実践の改善に努めることが記載されている。

7 ②

解説

①　適切。養護の理念には「子どもの生命の保持及び情緒の安定を図るために保育士等が行う援助や関わり」であることが記述されている。これは，生命の保持に関連する文である。

②　不適切。この文は「乳児保育における保育の実施に関わる配慮事項」の記述である。

③　適切。養護のねらいにあるように，健康や安全についての記述である。

④　適切。養護のねらいにあるように，積極的な健康増進についての記述である。

⑤　適切。特に生命の保持に関わる子どもの体調の変化には迅速な対応と正確な判断が求められる。

8 ④

解説

①，②　適切。人間領域では人々と支え合って生活するために，自立心を育てることをねらいとしている。

③，⑤　適切。社会生活における望ましい習慣や態度を身に付けることがねらいとされている。

④　不適切。健康領域の内容である。しなやかな心と体の発達を促すことが，健康領域の内容の取扱いで記述されている。

9 ④

解説

A，B　不適切。この文は「1歳以上3歳未満児の保育に関わるねらい及び内容」の記述である。

C，D　適切。絵本や物語，文字などへの記述は3歳以上児の保育で初めて示されている。

10 ③

解説

(a)　不適切。正しくは「自然」である。環境領域では，自然と動植物への親しみや感動などが大切にされている。

(b)　不適切。正しくは「生活」である。「生活や遊び」と並列で記述されることが多いが，ここでの「生活」は，遊びを含んだ子どもの日常生活全般を指す。

(c)　適切。幼児期の終わりまでに育ってほしい姿にも数量などに対する記述がある。

(d)　不適切。正しくは「感覚」である。「育みたい資質・能力」のひとつに「知識及び技能の基礎」と記述されているが，それらを身につけさせることは体験を通した感覚である。

11 ②

解説

A　適切。表現領域の「内容」①における記述である。このために遊具や用具などを整えることが大切である。

B　不適切。「幼児期の終わりまでに育ってほしい姿」の「コ　豊かな感性と表現」における記述の一部である。

C　適切。Aと同様の⑥における記述である。乳児保育以外では表現領域に「音楽」に関連する記述が見られ，乳児保育では「歌やリズム」と限定的な表現になっている。

D　適切。Aと同様の⑧における記述である。「演じる」ことについての記述はこの部分だけであるが，3歳児以下の保育でも演じる経験，何かを模倣する経験は大切にされている。

12 ③

解説

①　適切。健康領域の「内容」②における記述である。乳児保育では「生活のリズムの感覚が芽生える」とされ，1歳以上児の保育ではこのような記述となっている。

②　適切。「内容」③における記述である。この時期の運動発達での特徴は歩行の完成である。また手指の細かい動きも可能となってくる。

③　不適切。この記述は，乳児保育での「健やかに伸び伸びと育つ」視点

での記述である。離乳は生後5か月前後からスタートする。

④　適切。領域の「内容」⑥における記述である。手指の動きが発達してくる時期なので，ボタンはめなどもできるようになる。

⑤　適切。領域の「内容」⑦における記述である。おむつがはずれる時期は個人差があるが，この時期には排尿感覚がわかるようになり，また「おしっこ出た」など言語での伝達も可能となる。

保育の現状

1. 少子化問題・対策

▶ 少子化問題・対策

　日本の合計特殊出生率は，第1次ベビーブーム期には4.3を超えていたが，1950年以降急激に低下し，2005年には過去最低である1.26まで落ち込んだ。その後，2015年には1.45まで上昇したものの，2023年は1.20と8年連続で前の年を下回り，過去最低となった。

　少子化の背景には，核家族化の進展など家族を取り巻く環境の多様化や，個々人の結婚や出産，子育ての希望の実現を阻む様々な要因が絡み合っている。

▶ 新たな「少子化社会対策大綱」

　新たな「少子化社会対策大綱」が2020年5月29日に閣議決定された。基本的な目標として「希望出生率1.8」の実現を掲げ，目標実現のための具体的な道筋を示すことがねらいである。

【新たな「少子化社会対策大綱」のポイント】

(1) 結婚支援

　地方公共団体が行う総合的な結婚支援の取組を一層支援し，結婚に伴う新生活のスタートアップに係る経済的負担を軽減

(2) 妊娠・出産への支援

〈不妊治療〉不妊治療の費用助成を行うとともに，適応症と効果が明らかな治療には広く医療保険の適用を検討し，支援を拡充

〈切れ目のない支援〉産後ケア事業の充実等

(3) 仕事と子育ての両立

〈男性の家事・育児参画促進〉男性の育休取得率30％を目標に向けた総合的な取組の推進

〈育児休業給付〉上記取組の推進状況を踏まえ，中長期的な観点からその充実を含め，効果的な制度の在り方を総合的に検討

〈待機児童解消〉保育の受け皿確保

(4) 地域・社会による子育て支援

　保護者の就業の有無等にかかわらず多様なニーズに応じて，全ての子育て家庭がそれぞれが必要とする支援にアクセスでき，安全かつ安心して子供を育てられる環境を整備

(5) 経済的支援

〈児童手当〉財源確保の具体的な方策と併せて，子供の数や所得水準に応じた効果的な給付の在り方を検討

〈高等教育の修学支援〉多子世帯に更に配慮した制度の充実を検討

〈幼児教育・保育の無償化〉2019年からの無償化を着実に実施

2. 認可保育所と認可外保育所

　認可保育所とは，児童福祉法に基づき都道府県または政令指定都市または中核市が設置を認可した施設をいう。児童福祉法上の保育所に該当するが認可を受けていない保育施設は，「認可外保育施設」または「認可外保育所」と呼ばれ，設置は届出制である。

　令和5年度の認可保育所数は30,520か所であり，利用児童は2,543,370人である(令和5年社会福祉施設等調査の概況)。また，認可外保育所数は19,955か所であり，利用児童数は226,985人である(令和4年度　認可外保育施設の現況取りまとめ)。

　「**新子育て安心プラン**」では，さらに保育の受け皿の整備を行うとし，幼稚園の空きスペースやベビーシッター(認可外の居宅訪問型保育事業)を含めた地域のあらゆる子育て資源を活用するとしている。

3. 多様な保育サービスと支援

　子どもを取り巻く環境は多様になってきている。子どもの貧困，虐待，外国籍，ひとり親など子どもの成長・発達にネガティブな影響を与えると考えられている要因が数多く存在し，それぞれの家庭の背景に応じて，多様なサービスを用意し，必要な支援をしていく必要がある。

　保育所保育指針「第4章　子育て支援」では，「保育所における保護者に対する子育て支援は，全ての子どもの健やかな育ちを実現することができるよう，第1章及び第2章等の関連する事項を踏まえ，子どもの育ちを家庭と連携して支援していくとともに，保護者及び地域が有する子育てを自ら実践する力の向上に資するよう，次の事項に留意するものとする」と記載されている。

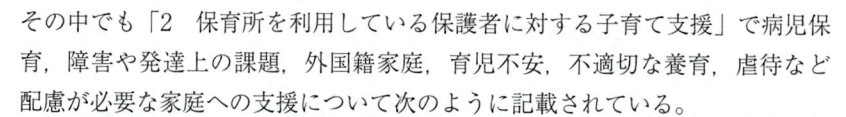

その中でも「2 保育所を利用している保護者に対する子育て支援」で病児保育，障害や発達上の課題，外国籍家庭，育児不安，不適切な養育，虐待など配慮が必要な家庭への支援について次のように記載されている。

(2) 保護者の状況に配慮した個別の支援

ア 保護者の就労と子育ての両立等を支援するため，保護者の多様化した保育の需要に応じ，病児保育事業など多様な事業を実施する場合には，保護者の状況に配慮するとともに，子どもの福祉が尊重されるよう努め，子どもの生活の連続性を考慮すること。

イ 子どもに障害や発達上の課題が見られる場合には，市町村や関係機関と連携及び協力を図りつつ，保護者に対する個別の支援を行うよう努めること。

ウ 外国籍家庭など，特別な配慮を必要とする家庭の場合には，状況等に応じて個別の支援を行うよう努めること。

(3) 不適切な養育等が疑われる家庭への支援

ア 保護者に育児不安等が見られる場合には，保護者の希望に応じて個別の支援を行うよう努めること。

イ 保護者に不適切な養育等が疑われる場合には，市町村や関係機関と連携し，要保護児童対策地域協議会で検討するなど適切な対応を図ること。また，虐待が疑われる場合には，速やかに市町村又は児童相談所に通告し，適切な対応を図ること。

4. 保育の課題と対策

▶ 少子化対策

少子化対策の一環として，結婚支援，妊娠・出産への支援，男女共に仕事と子育てを両立できる環境の整備，地域・社会による子育て支援，経済的な支援等，ライフステージに応じた総合的な少子化対策を推進している。2023 (令和5)年12月22日に閣議決定された「こども未来戦略」で2026年度までの3年間を集中取組期間と位置付け，その期間に実施する具体的な政策を「こども・子育て加速化プラン」として示している。「こども・子育て加速化プラン」には4つの柱があり，①経済的支援の強化，②全てのこども・子育て世帯への支援，③共働き・共育ての推進，④こども・子育てにやさしい社会づくりのための意識改革となっている。

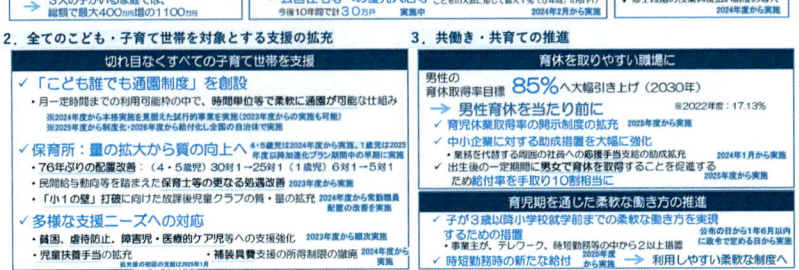

子ども虐待

　子ども虐待による死亡事例等の検証結果等について(第20次報告，厚生労働省)では，虐待死亡事例の半数近くが0歳児であることからも，子どもが低年齢・未就園である場合や離婚・未婚等によりひとり親である場合に，特に注意して対応する必要がある。

演習問題

1 日本の戦後の出生数及び合計特殊出生率について述べた文として適切でないものを，次の①〜⑤から1つ選びなさい。　　　　(難易度■■■□□)

①　合計特殊出生率とは，一人の女性が一生の間に産むとした子供の数の平均を示す。

②　第1次ベビーブーム期の1949年は，戦後最高の出生数であった。

③　1966年のひのえうまの年は，前年より合計特殊出生率が下がった。

④　2023年は，過去最低の合計特殊出生率であった。

⑤　2015年からは，毎年合計特殊出生率が上がり続けている。

2 次のA〜Dの文のうち，少子高齢化に関する2023年の国民生活基礎調査の結果の概要の記述として，適切な記述を○，不適切な記述を×とした場合の正しい組み合わせを，あとの①〜⑤から1つ選びなさい。

(難易度■■□□□)

A　65歳以上の高齢者が単独で生活している世帯は855万世帯(31.7%)となっている。

B　児童のいる世帯は全世帯の18.1%となっており，児童が1人いる世帯は児童のいる世帯の48.6%となっている。

C　1986年の調査では，1〜3人以上の児童がいる世帯は46.2%であったが，年々減少し，2023年では18.1%となっている。

D　少子高齢化になり，高齢者と児童が共に生活する三世代世帯は増加傾向にある。

	A	B	C	D
①	○	○	○	×
②	○	×	×	×
③	○	×	×	○
④	×	×	○	○
⑤	×	○	○	○

3 次の(a)〜(d)の下線部のうち，令和3年度出生に関する統計の概況における国際比較の内容として，正しいものを○，誤ったものを×とした場合の正しい組み合わせを，あとの①〜⑤から1つ選びなさい。

(難易度■■■■□)

韓国，シンガポール，フランス，ドイツ，イタリア，スウェーデン，イギリス及びアメリカについて合計特殊出生率の年次推移をみると，ヨーロッパの5か国は，1960年代後半から1970年代前半にかけて(a)上昇傾向がみられた後，フランス，スウェーデン及びイギリスは上下変動しながらも2000年から2010年頃まで(b)上昇したものの，その後(c)低下している。一方，(d)アメリカ及びシンガポールは，時期に差があるものの，合計特殊出生率3〜4という高い水準からの急激な低下がみられた後，1に近い水準で推移している。

	(a)	(b)	(c)	(d)
①	○	○	×	×
②	○	×	○	○
③	×	○	○	×
④	○	×	○	×
⑤	×	○	×	○

4 令和5年12月22日閣議決定された「こども大綱」に示されているこども施策に関する基本的な方針として該当しないものを，次の①～⑤から1つ選びなさい。　　　　　　　　　　　　　　　　（難易度■■■□□）

① こども・若者を権利の主体として認識し，こども・若者の今とこれからの最善の利益を図る。

② こどもや若者，子育て当事者の視点を尊重し，その意見を聴き，対話しながら，ともに進めていく。

③ こどもや若者，子育て当事者のライフステージに応じて切れ目なく対応し，十分に支援する。

④ 良好な成育環境を確保し，貧困と格差の解消を図り，全てのこども・若者が幸せな状態で成長できるようにする。

⑤ 科学技術の成果など新たなリソースを積極的に活用していく。

5 認定こども園に関する記述として不適切なものを，次の①～⑤から1つ選びなさい。　　　　　　　　　　　　　　　　（難易度■■□□□）

① 認定こども園は，教育・保育を一体的に行う施設で，幼稚園と保育所の両方の良さを併せ持っている施設である。

② 認定こども園には，幼保連携型，幼稚園型，保育所型，地方裁量型の4つのタイプが認められている。

③ すべてのタイプの認定こども園における必要な職員資格は，幼稚園教諭免許である。

④ 2011年には認定こども園数は762であったが，2024年には10,483に増加した。

⑤ 幼稚園型の認定こども園は，認可幼稚園が，保育が必要な子どものための保育時間を確保するなど，保育所的な機能を備えて認定こども園としての機能を果たすタイプである。

6 待機児童に関する記述として適切なものを，次の①～⑤から1つ選びなさい。 (難易度■■■■□)

① 待機児童とは，保育を必要とする保育所入所申請をしているにもかかわらず，保育所の施設定員超過などの理由で入所できない状態，またはその状態にある児童のことをいう。

② 1994年の「エンゼルプラン」を契機に保育所の新設が例年実施されてきたが，待機児童の数は増える一方となっている。

③ 待機児童は都市部よりも，認可保育所の数が少ない地方，特に過疎地域に多く見られるという現象が起きている。

④ 待機児童を3歳児以上と3歳児未満で区分した場合，3歳児未満が減少しているのに対し，3歳児以上の待機児童は1999(平成11)年以降，右肩上がりに増えている。

⑤ 待機児童の解消を目指し，女性の就業率の上昇を踏まえた保育の受け皿整備，地域の子育て資源の活用を進めるため，「子育て安心プラン」が2020(令和2)年に策定された。

7 次の【Ⅰ群】の記述と【Ⅱ群】の語句を結びつけた場合の正しい組み合わせを，あとの①～⑤から1つ選びなさい。 (難易度■■■■□)

【Ⅰ群】

A すべての子どもは，豊かな愛情のなかで心身ともに健やかに育てられ，自ら伸びていく無限の可能性を持っています。

B 全て児童は，児童の権利に関する条約の精神にのつとり，適切に養育されること，その生活を保障されること，愛され，保護されること，その心身の健やかな成長及び発達並びにその自立が図られることその他の福祉を等しく保障される権利を有する。

C 保育所は，児童福祉法(昭和22年法律第164号)第39条の規定に基づき，保育を必要とする子どもの保育を行い，その健全な心身の発達を図ることを目的とする児童福祉施設であり，入所する子どもの最善の利益を考慮し，その福祉を積極的に増進することに最もふさわしい生活の場でなければならない。

【Ⅱ群】

ア 保育所保育指針

イ 児童福祉法

305

　ウ　児童憲章

　エ　全国保育士会倫理綱領

	A	B	C
①	ウ	イ	ア
②	エ	イ	ア
③	ウ	ア	イ
④	エ	ウ	イ
⑤	イ	ウ	ア

8 次のA〜Dの文のうち，ヤングケアラーに関する記述として適切な記述を○，不適切な記述を×とした場合の正しい組み合わせを，あとの①〜⑤から1つ選びなさい。　　　　　　　　　　　　　　　（難易度■■■□□）

A　令和4年の調査報告で「ヤングケアラー」と思われる子どもがいるかわからないと回答した学校に理由をきいたところ，「家族内のことで問題が表に出にくく，子どものヤングケアラーとしての状況の把握が難しい」という回答が85％以上あった。

B　令和4年の調査報告では，ヤングケアラーと思われる子どもの状況については，「きょうだいの世話」が最も高く，80％近くを占めている。

C　「ヤングケアラー」とは，本来大人が担うと想定されているような家事や家族の世話などを時々行っている18歳未満の子どものことを指す。

D　「ヤングケアラー」はその責任や負担の重さにより，学業や友人関係などに影響が出てしまうことがあるので，周囲の人々の気付きや支援が必要である。

	A	B	C	D
①	○	○	×	○
②	○	×	○	×
③	×	○	×	○
④	○	×	×	○
⑤	×	○	○	×

9 保育所等に関する記述として適切なものを，次の①〜⑤から1つ選びなさい。　　　　　　　　　　　　　　　　　　　（難易度■■■■■）

①　保育所等数は平成27年度から令和6年度まで，平成28年に一度減少に転

じた以外は増加しつづけている。

②　保育所の定員は，平成27年度から令和6年度まで，増加し続けている。

③　保育所等利用児童数は，平成27年度から令和5年度まで増加し続けていたが，令和6年度では減少した。

④　保育所等待機児童数は，令和2年度に1万人を切った。

⑤　保育利用率は平成26年度以降，増加しつづけている。

⑩ 認可保育所に関する記述として適切なものを，次の①〜⑤から1つ選びなさい。　(難易度■□□□□)

①　保育所，幼稚園ともに児童福祉施設である。

②　対象児童は保育所が0歳から就学前の保育を必要とする児童であるのに対し，幼稚園は満3歳から就学前の幼児である。

③　入所は保育所，幼稚園とも市町村と保護者との契約によって決定する。

④　幼稚園には春，夏，冬休みがあるが，保育所の休みとなるのは基本的に祝祭日に限られている。

⑤　保育所や認定こども園を管轄するのは厚生労働省，幼稚園を管轄するのは文部科学省である。

⑪ 次のA〜Dの文のうち，多様な保育状況に関する記述として，適切な記述を○，不適切な記述を×とした場合の正しい組み合わせを，あとの①〜⑤から1つ選びなさい。　(難易度■■□□□)

A　夜間保育は，夜間，保護者の就労等により保育に欠ける児童の保育を実施することであり，おおよそ午後10時までとされている。

B　延長保育事業は，就労形態の多様化等に伴い，やむを得ない理由により，保育時間を延長するものであり，年々実施か所は増加している。

C　病児保育事業は，子どもが病気で自宅での保育が困難な場合に，病院や保育所等で病気の児童を一時的に保育する事業である。

D　障害児保育は，平成22年には13,950か所で行われており，令和4年度には21,874か所で行われ，増加している。

```
      A  B  C  D
①    ○  ○  ×  ○
②    ○  ×  ○  ×
③    ×  ○  ×  ○
④    ○  ×  ○  ○
⑤    ×  ○  ○  ×
```

⑫ 次の(a)～(d)の下線部のうち，外国籍の子どもの状況に関する記述として，正しいものを○，誤ったものを×とした場合の正しい組み合わせを，あとの①～⑤から1つ選びなさい。　　　　　　　(難易度■■■■□)

近年，日本に在留する外国人の増加に伴い，外国籍の乳幼児数が増加している。そのため，保育所等においても外国にルーツを持つ子どもの受入れが増加し，(a)英語が通じないことによるコミュニケーションの問題や(b)文化の違いに起因するトラブル，子どもの(c)行動発達の課題など様々な困難に直面する可能性があることが明らかになっている。

```
      (a)  (b)  (c)
①    ×    ×    ○
②    ○    ×    ○
③    ×    ○    ○
④    ○    ×    ×
⑤    ×    ○    ×
```

⑬ 「保育政策の新たな方向性」に関する記述として適切なものを，次の①～⑤から1つ選びなさい。　　　　　　　(難易度■■■■□)

①　待機児童の解消を目指し，保育の受け皿を整備する「保育政策の新たな方向性」が令和7年度にスタートした。

②　待機児童問題の早期解消を目指し，待機児童数50名以上の自治体数を令和7年度に0にする。

③　令和6年度に「こども未来戦略」(加速化プラン)に基づき，4・5歳児の職員配置基準を20：1に改善を図った。今後，1歳児の職員配置の改善も進める。

④　全ての子育て家庭に対して多様な働き方やライフスタイルにかかわらない形での支援を強化するため，こども誰でも通園制度を創設し，令和7年

度から制度化，令和8年度から本格実施する。

⑤　保育現場では手書きやアナログの業務が存続しているが，手続きや管理上ICT化が難しいため，これまで同様にICTの導入は限定的に留める。

14 子どもや家族を支える施設や機関，法律等として適切でないものを，次の①〜⑤から1つ選びなさい。　　　　　　　(難易度■■□□□)

①　各市町村などに設置されている子育て支援センターでは，子育て中の親が集う場を提供したり，様々な相談活動などを実施したりしている。

②　子育てを巡る様々な課題を解決するために，「子ども・子育て支援法」という法律が平成24年に公布された。

③　幼稚園と保育所は，厚生労働省所管の児童福祉施設である。

④　保護者が労働等により昼間家庭にいない児童(小学生)が，放課後に小学校の余裕教室，児童館等で過ごすことができるようにしている取組として，放課後児童クラブがある。

⑤　認定こども園とは，保育所と幼稚園の機能を併せ持つ施設である。0歳から就学前までのすべての乳幼児が対象となる。

15 次の(a)〜(d)の下線部のうち，認可外保育施設における状況に関する記述として，正しいものを○，誤ったものを×とした場合の正しい組み合わせを，あとの①〜⑤から1つ選びなさい。　　　　(難易度■■■■□)

　「認可外保育施設」とは，児童福祉法に基づく認可を受けていない(a)ベビーホテルなどの保育施設のことである。届出対象の認可外保育施設数は令和5年3月現在全国に19,955か所あり，前年の令和4年度よりも(b)減少している。就学前入所児童数は226,985人であり，その他に両親が夜間働いているなどの理由で認可外保育施設を利用している(c)幼児も8,842人いる。最も多く認可外保育施設が設置されている都道府県は(d)神奈川県である。

	(a)	(b)	(c)	(d)
①	○	×	○	×
②	○	○	×	×
③	×	×	○	×
④	○	○	×	○
⑤	×	○	×	○

解答・解説 Ａ

1 ⑤

2006年から合計特殊出生率の上昇傾向が続き，2015年は1.46で上昇傾向が続いていたが，2023年は1.20で8年連続で下がり続け過去最低となっている。晩産化や結婚をしない人が増えている影響が大きいとされている。

2 ①

解説

A　適切。夫婦のみの世帯は863万5千世帯(65歳以上の者のいる世帯の32.0%)で最も多い。

B　適切。児童のいる世帯18.1%のうち，一人っ子が最も多く8.8%，2人が7.2%，3人以上が2.1%である。

C　適切。2023年では8割以上が児童のいない世帯である。

D　不適切。児童が生活する三世代世帯は，1986年では468万8千世帯(27.0%)，2023年では110万5千世帯(同11.2%)となっており，減少している。

3 ③

解説

(a)　誤り。正しくは「低下傾向」である。

(b)，(c)　正しい。上昇した理由には，保育サービスの充実や子育て・就労に関する選択肢の増加などが原因として考えられるが，根本的な解決にはならなかった。

(d)　誤り。正しくは，「韓国」である。シンガポールは1970年には4を超えていたが，2020年は1.10である。また韓国は，1975年に3.3程度であったが，2020年には0.84であり，世界で最速で0人台になった。これはOECD加盟の38か国でも韓国だけである。

4 ①

2019年の出生数が90万人を割り込み，「86万ショック」とも呼ぶべき危機的な少子化の進展が浮き彫りになった。深刻さを増す少子化の問題は，社会経済に多大な影響を及ぼし，新型コロナウイルス感染症を乗り越えた

先にも存在し続ける国民共通の困難である。この困難に真正面から立ち向かい，子供や家族が大事にされる社会への転換が急務となっている。こうした少子化の問題に取り組むための基本方針として，2020年5月29日に新たな少子化社会対策大綱が閣議決定された。新たな大綱では，基本的な目標として「希望出生率1.8」の実現に向け，令和の時代にふさわしい環境を整備し，国民が結婚，妊娠，出産，子育てに希望を見出せるとともに，男女が互いの生き方を尊重し，主体的な選択により，希望する時期に結婚でき，かつ，希望するタイミングで希望する数の子どもを持てる社会をつくることを掲げている。基本的な考え方の残り1つは「結婚・子育て世代が将来にわたる展望を描ける環境をつくる」である。

5 ③

解説

① 適切。子ども・子育て支援新制度の中で，地域の実情に応じて設置される幼稚園・保育所の両方の機能を併せ持った施設である。

② 適切。もっとも多く設置されているタイプは幼保連携型であり，令和4年まででは全体のおよそ70％以上を占める。ついで，保育所型，幼稚園型，地方裁量型である。

③ 不適切。幼保連携型では保育士資格と幼稚園教諭免許の併有が求められているが，一定の経過措置がある。他のタイプでは満3歳児未満の保育には保育士資格が必要とされている。

④ 適切。認定こども園の数は，令和元年7,208，令和2年8,016，令和3年8,585，令和4年9,220，令和5年9,822，令和6年10,483と増加を続けている。

⑤ 適切。保育所型は，「保育が必要な子ども以外の子どもも受け入れるなど，幼稚園的な機能を備えることで認定こども園としての機能を果たすタイプ」である。

6 ①

解説

① 適切。ただし，入所可能な保育所があるにもかかわらず，第1志望の保育所に入所するため待機している児童などはあてはまらない。

② エンゼルプランの策定後も様々な対策が継続的に講じられ，待機児童数は増減している。2010(平成22)年に「子ども・子育てビジョン」が制定された後，待機児童は2011(平成23)年から2014(平成26)年にかけて減少

311

した。2015(平成27)年以降待機児童数は増加していたが，2017年(平成29年)をピークに減少している。

③　待機児童は都市部に多く見られる状況にあり，全体の約6割を占めている。

④　待機児童は1・2歳児に多く全体の85.1%を占めており，1・2歳児の受け皿拡大を中心に対策を進めていく方針である。

⑤　2020(令和2)年に策定されたのは「新・子育て安心プラン」,「子育て安心プラン」は2017(平成29)年に策定。

7 ②

解説

A　全国保育士倫理綱領の一部である。

B　児童福祉法「第1章　総則」の第1条である。

C　保育所保育指針「第1章　総則」の「1　保育所保育に関する基本原則」の「(1)保育所の役割」である。

8 ①

解説

A，B　適切。子ども自身も家庭も「ヤングケアラー」だという自覚がない場合もあり，その把握は困難である。

C　不適切。正しくは，「日常的に」である。

D　適切。障害のある家族に代わり家事をしたり，幼いきょうだいや障害者の身の回りの世話を日常的にしているため，学業や友人関係に使える時間が少なくなっている。

9 ⑤

解説

　以下の数値は全て「保育所等関連状況取りまとめ」(こども家庭庁，令和6年8月30日)による。

①　平成27年度から順に，28,783カ所，30,859カ所，32,793カ所，34,763カ所，36,345カ所，37,652カ所，38,666カ所，39,244カ所，39,589カ所，39,805カ所と増加を続けており，1度も減少していない。

②　保育所に限れば定員は平成27年から令和5年にかけて平成31年から令和2年を除き減少している。

③　保育所等利用児童数は令和3年まで増加していたが，令和4年度から減

少に転じている。

④ 保育所等待機児童数は令和2年は12,439人，令和3年は5,634人，令和4年は2,944人，令和5年は2,680人，令和6年は2,567人となっている。

⑤ 適切。

10 ②
【解説】

① 保育所は児童福祉施設だが，幼稚園は学校教育法に位置づけられており，学校という扱いになる。

② 適切。保育所が「保育を必要とする児童」すなわち，親の就労など入所に条件があるのに対し，幼稚園や認定こども園は誰でも利用できる。

③ 保育所は市町村と保護者との契約だが，幼稚園は幼稚園と保護者の契約による。②の解説でも述べたとおり，保育所への入所は条件があるが，幼稚園はだれでも入れるので，希望する幼稚園と保護者が直接契約すればよい。

④ 保育所は「保育を必要とする児童」を預かる施設なので，春，夏，冬休みがないだけでなく，休日，祝祭日にも対応する。

⑤ 2023年3月まで，認定こども園は内閣府，保育所は厚生労働省，幼稚園は文部科学省の管轄であった。2023年4月のこども家庭庁創設にともない，認定こども園と保育所はこども家庭庁の成育部門に移管された。

11 ④
【解説】

A 適切。令和5年度では，全国73か所の保育所で夜間保育が実施されている。

B 不適切。実施か所数は令和元年度29,463か所，令和2年度28,425か所，令和3年度29,277か所，令和4年度29,535か所で実施されている。

C 適切。

D 適切。多様な保育は，このほかにも医療的ケア児の保育や一時預かり事業がある。

12 ⑤
【解説】

(a) 不適切。正しくは「言語が通じないことによるコミュニケーション」である。英語だけにはとどまらない。

(b)　適切。宗教や食文化，保育や教育に対する考え方などがあげられる。

(c)　不適切。正しくは「言語発達」である。家庭では外国にルーツをもつ言語，保育所では日本語を主として使用するため，子どもの言語発達への課題がある。

⑬ ④

解説

① 「保育政策の新たな方向性」は，待機児童対策を中心とした「保育の量の拡大」から，「地域のニーズに対応した質の高い保育の確保・充実」と，「全てのこどもの育ちと子育て家庭を支援する取組の推進」に政策の軸を転換した。

② 正しくは「令和8年度」に0自治体にすることを目指している。

③ 正しくは「25：1」。従前の基準が「30：1」だったものを「25：1」とした。

④ 適切。

⑤ 保育DXの推進による業務改善を掲げており，保育現場におけるICT(保育に関する計画・記録や保護者との連絡，こどもの登降園管理等の業務，実費徴収等のキャッシュレス決済)や，こどもの安全対策に資する設備(午睡センサー・AI見守りカメラ)等の導入を推進する。

⑭ ③

解説

③が誤りであり，幼稚園は文部科学省の管轄，保育園は厚生労働省の管轄である。②に関して，平成24年「子ども・子育て支援法」によって，「認定こども園」が開設された。更に平成27年4月，内閣府は「子ども・子育て支援新制度」を立ち上げ，認定こども園の改善や居宅訪問型保育，家庭的保育，小規模保育，事業所内保育の地域型保育事業を創設した。

⑮ ②

解説

(a)　適切。ベビーホテルの他に，院内保育施設を含む事業所内保育施設，ベビーシッターなどの認可外の居宅訪問型保育事業等である。

(b)　適切。令和4年度20,058か所であり，103か所減少している。

(c)　不適切。正しくは「小学校就学児」である。

(d)　不適切。正しくは「東京都」である。東京都の認可外保育施設数は

3,586か所，次いで千葉県が592か所，埼玉県が484か所である。しかし，指定都市別では神奈川県横浜市が最も多く751か所である。

●書籍内容の訂正等について

　弊社では教員採用試験対策シリーズ(参考書，過去問，全国まるごと過去問題集)，公務員採用試験対策シリーズ，公立幼稚園教諭・保育士採用試験対策シリーズ，会社別就職試験対策シリーズについて，正誤表をホームページ (https://www.kyodo-s.jp) に掲載いたします。内容に訂正等，疑問点がございましたら，まずホームページをご確認ください。もし，正誤表に掲載されていない訂正等，疑問点がございましたら，下記項目をご記入の上，以下の送付先までお送りいただくようお願いいたします。

> ① **書籍名，都道府県・市町村名，区分，年度**
>   (例：公立幼稚園教諭・保育士採用試験対策シリーズ　秋田市の公立保育士
>   2026年度版)
> ② **ページ数**（書籍に記載されているページ数をご記入ください。）
> ③ **訂正等，疑問点**（内容は具体的にご記入ください。）
>   (例：問題文では"ア～オの中から選べ"とあるが，選択肢はエまでしかない)

〔ご注意〕

○ 電話での質問や相談等につきましては，受付けておりません。ご注意ください。

○ 正誤表の更新は適宜行います。

○ いただいた疑問点につきましては，当社編集制作部で検討の上，正誤表への反映を決
　定させていただきます(個別回答は，原則行いませんのであしからずご了承ください)。

●情報提供のお願い

　協同教育研究会では，これから公立幼稚園教諭・保育士採用試験を受験される方々に，より正確な問題を，より多くご提供できるよう情報の収集を行っております。つきましては，公立幼稚園教諭・保育士採用試験に関する次の項目の情報を，以下の送付先までお送りいただけますと幸いでございます。お送りいただきました方には謝礼を差し上げます。

(情報量があまりに少ない場合は，謝礼をご用意できかねる場合があります。)

◆あなたの受験された専門試験，面接試験，論作文試験の実施方法や試験内容

◆公立幼稚園教諭・保育士採用試験の受験体験記

- -

| 送付先 | ○電子メール：edit@kyodo-s.jp
○FAX：03－3233－1233（協同出版株式会社　編集制作部 行）
○郵送：〒101－0054　東京都千代田区神田錦町2－5
　　　　　　協同出版株式会社　編集制作部 行
○HP：https://kyodo-s.jp/provision（右記のQRコードからもアクセスできます） |  |

　※謝礼をお送りする関係から，いずれの方法でお送りいただく際にも，「お名前」「ご住所」は，必ず明記いただきますよう，よろしくお願い申し上げます。

【編集協力者】

阿部 真美子　聖徳大学　教育学部児童学科　教授

石田 成人　　東京未来大学　モチベーション行動科学部　講師

小田桐 忍　　聖徳大学　教育学部児童学科　教授

齋藤 有　　　聖徳大学　教育学部児童学科　准教授

作道 訓子　　聖徳大学　実習支援課　専門課長

杉浦 誠　　　常葉大学　保育学部保育学科　准教授

田中 真紀子　聖徳大学　教育学部教育学科　准教授

西園 政史　　聖徳大学　教育学部教育学科　准教授

初鹿 静江　　聖徳大学　教育学部児童学科　准教授

深津 さよこ　聖徳大学　教育学部児童学科　准教授

公立幼稚園教諭・保育士採用試験対策シリーズ

瑞浪市・本巣市・可児市・多治見市・中津川市の公立幼稚園教諭・保育士

編　集　　Ⓒ協同教育研究会
発　行　　令和7年5月25日
発行者　　小貫　輝雄
発行所　　協同出版株式会社
　　　　　〒101-0054　東京都千代田区神田錦町2 - 5
　　　　　TEL.03-3295-1341
　　　　　http://www.kyodo-s.jp
　　　　　振替　東京00190-4-94061
　　　　　印刷・製本　協同出版・POD工場